U0457773

适应国家治理能力现代化需要
的市场监管权力配置与约束机制研究

SHIYING GUOJIA ZHILI NENGLI
XIANDAIHUA XUYAO DE SHICHANG JIANGUAN QUANLI
PEIZHI YU YUESHU JIZHI YANJIU

刘继峰 缪慧 李勇 张雅◎著

中国政法大学出版社

2024·北京

声　明　1. 版权所有，侵权必究。

　　　　　2. 如有缺页、倒装问题，由出版社负责退换。

图书在版编目（CIP）数据

适应国家治理能力现代化需要的市场监管权力配置与约束机制研究 / 刘继峰等著. -- 北京 : 中国政法大学出版社, 2024. 8. -- ISBN 978-7-5764-1663-3

Ⅰ. F203.9

中国国家版本馆 CIP 数据核字第 2024R8B920 号

出 版 者	中国政法大学出版社
地　　址	北京市海淀区西土城路25号
邮　　箱	fadapress@163.com
网　　址	http://www.cuplpress.com (网络实名：中国政法大学出版社)
电　　话	010-58908435(第一编辑部) 58908334(邮购部)
承　　印	固安华明印业有限公司
开　　本	720mm×960mm　1/16
印　　张	18
字　　数	302千字
版　　次	2024年8月第1版
印　　次	2024年8月第1次印刷
定　　价	76.00元

作者简介 Author profile

刘继峰　中国政法大学教授，博士生导师。主要研究方向为竞争法、知识产权法、消费者法等。独著（合著）或主编著作20部。代表著作：《竞争法学原理》《横向价格卡特尔法律规制研究》《俄罗斯反垄断法研究》《反垄断法》等。独著教材：《竞争法学》《经济法学》《法学论文写作：规范与方法》《反垄断法》等。主编：《互联网新型不正当竞争行为研究》《中华人民共和国反垄断法理解与适用》《消费者权益保护法》等；合著：《经济法总论》《反垄断法的法学与经济学解释》等。在《中国法学》《政法论坛》《法学家》等期刊发表论文80余篇。主持国家社科重大课题、重点项目、一般课题，国家发展和改革委员会、国家市场监督管理总局等有关部委课题多项，相关互联网企业委托课题多项。曾获得北京市优秀教师、北京市课程思政优秀教师，中国政法大学优秀教师、中国政法大学优秀导师等荣誉。

缪慧　中国政法大学民商经济法学院经济法学专业博士研究生。先后于中国政法大学获得法学学士、经济法学硕士学位。在《国家检察官学院学报》《海南大学学报（人文社会科学版）》《中国社会科学院研究生院学报》《中国流通经济》等核心期刊发表论文近十篇。参与撰写和出版《互联网新型不正当竞争行为研究》《竞争法：规则与案例. 第二辑》等著作2部。作为主要研究成员参与国家社科基金重大项目、重点项目、一般项目等多项，国家市场监督管理总局委托项目等省部级课题多项；主持校级课题2项。

李勇 中国政法大学民商经济法学院经济法学专业博士研究生。先后于北京师范大学、中国政法大学获得法学学士、经济法学硕士学位。在《中国流通经济》《竞争政策研究》等核心期刊发表论文数篇。参加国家社科基金重大项目、重点项目、一般项目等多项,省部级项目2项。

张雅 郑州大学法学院讲师。主要研究领域为竞争法、数据法。先后于郑州大学获得法学学士、硕士学位,于中国政法大学获得经济法学博士学位。曾于香港城市大学法学院从事博士后、研究助理工作。在《学术论坛》《中州学刊》《中国政法大学学报》等刊物发表论文十余篇,获省部级以上学术奖励3项。参与国家社科重大项目等国际、国家级、省部级科研项目14项,主持省部级、校级科研项目5项。

前言 Preface

  政府和市场的关系是一个近百年来常提常新的话题。不同国家和同一国家不同时期政府与市场的关系都有所不同。从国民经济稳定运行的角度,需要不断完善政府和市场的关系。从市场监管的角度,需要不断完善与市场要求相适应的权力配置和运行制约机制。

  在我国,政府和市场的关系始终是国家政策不断论述的一个重要问题,也是经济学、法学等理论界从不同视角给予特别关注的问题。

  党的十八大以来,经济改革和市场发展要求不断调整政府与市场的关系。在理论研究中,有学者提出了"监管型国家"这一概念,用以描述政府和市场的关系模式。在这种模式下,国家实行市场经济,自由竞争,充分发挥市场机制在资源配置中的作用。党的十九届五中全会明确提出"有效市场和有为政府更好结合"这一理念,强调要充分发挥市场在资源配置中的决定性作用,让市场机制更加高效地引导资源流动和配置;同时也强调政府要积极履行职责,在宏观调控、市场监管、公共服务等方面发挥积极作用。为此,有学者提出了"回应性监管"的观念。《中共中央关于全面深化改革若干重大问题的决定》部署,国家改革市场监管体系,实行统一的市场监管。这是建立统一开放竞争有序的现代市场体系的关键部署。党的二十大提出了中国式现代化,包括中国式现代化的中国特色、本质要求和推进建设的重大原则等顶层设计。其中,明确了实现全体人民共同富裕是社会主义的根本原则和根本目的。共同富裕的前提有二:经济持续发展和公平合理的分配制度体系。经济增长建立在资源有效配置和有序竞争的基础上。为此，党的二十届三中全会进一步提出了"完善要素市场制度和规则，推动生产要素畅通流动、各类资源高效配置、市场潜力充分释放"的监管政策目标。这是新时代对市场监管提出的新要求。

回顾我国改革开放以来的市场监管，尽管不同时期的理念和目标不完全相同，但始终承认一个基本事实：市场是有缺陷的，其自身无法解决因自然垄断、外部性、信息不充分、集体行动等原因带来的市场失灵问题，因而需要外部性的力量对市场主体的活动进行监督和控制，以预防和矫正市场失灵问题。

面对新时代数字技术的广泛应用，市场纷繁复杂——不同领域具有不同的专业性和独特性，需要进一步适应性改进监管的方式和手段。这是市场监管的新的挑战。既无法从其他国家的市场监管模式上获得直接的经验；也不可能仅基于本土环境就可立竿见影、快速调整。

那么如何应对新的挑战？

一是需要承认经济发展对市场监管的决定作用。经济发展状况是市场监管建设最直接的推动力，只有在经济发展水平不断提高的情形下市场才可以迸发出活力，凸显出发展的问题，才能为市场监管指明方向。二是确认市场监管的调适其核心在于"权力—权利"的配置关系。权力配置的终极目标是构建更加有效率的权力运行模式。权力的优化配置关系到经营者权利的最终实现，关系到行政机构的权威，关系到行政公信力的提高。三是基于数字经济的发展，市场监管权力也需要适度向外授权和实现监管方式的技术化，以适应新时代多元主体及其社会连带关系的特殊性。

在上述基础上，本书以权力运行的科学、合理为目标，集中探讨决策权、执行权和监督权为基础的监管运行中的三大权力束，以合理分配三大权力束为着眼点，使之形成相互促进、协调与制约的良性关系。同时，在监管范围、参与者、监管手段等方面提出了"光谱式的监管模式"，合理配置各部门和组织的内部权力的同时，将相关外部主体也纳入到监管的体系中。其内容包括但不限于坚持权责法定，健全分事行权、分岗设权、分级授权、定期轮岗等制度，明晰权力边界，规范工作流程，强化权力制约。监管的手段既包括传统的刚性手段，也包括具有提示、协商等性质的柔性手段。

当然，在监管职能综合化的背景下，市场监管权力的配置既需要理论的深入探讨，更需要权力与权利关系设计与制度构建的现实落地。同时，还需要在经济发展的不同阶段进行动态观察和调整。限于作者的理论水平，书中的不足在所难免，敬请读者批评指正！

作者

2024 年 7 月 15 日

目录 Contents

第 一 章

市场监管法治的基本理论

对监管的认识大致上有两种，一是作为对私人自治之干预的监管，二是作为合作事业的监管。前者认为监管的主要甚至唯一目标就是经济效率的最大化，在此基础上，监管机构独立于行政机关，并通过制定规则、签订合同等方式实现监管，以尽可能减少干预。后者认为监管不局限于经济目标，还包含社会目标，监管的独立性也不是机构设立的关键原则，整个行政系统相互协作，形成复杂的监管空间（regulatory space），监管方及其下属机构与被监管方形成逐层授权的体系，即使是自我监管也是对进一步授权的反映。[1] 在我国的经济社会语境下，就目的而言，市场监管的直接目的肯定是经济目标，不过也需要协调好其他社会目标；就手段而言，市场监管要坚持法治，通过法定或意定的规则提高可预见性。因此，市场监管法治总体上更类似于对私人自治之干预的监管。

一、市场监管的理论基础

波兰尼早年提出"双向运动"理论，即经济自由运动与为防止市场机制带来的侵害而实施的反向保护运动构成了市场经济中的两种基础运动。后者正是指政府对市场经济进行的干预。[2] 对于经济法而言，提升治国理政的能力最重要的就是厘清并落实政府与市场的关系。如果没能明确政府与市场之间的关系，就会造成无效监管、资源浪费以及监管缺漏。而外部性理论揭示了市场的非常态运

---

〔1〕 参见［英］托尼·普罗瑟：《政府监管的新视野：英国监管机构十大样本考察》，马英娟、张浩译，译林出版社 2020 年版，第 6~7 页。

〔2〕 参见［英］卡尔·波兰尼：《大转型：我们时代的政治与经济起源》，冯钢、刘阳译，浙江人民出版社 2007 年版，第 114、136、164 页。

行，是经济自由运动转向反向保护运动的界标。

（一）外部性理论与市场失灵

市场经济建立在市场主体往来的基础之上，因此市场主体的行为必然具有一定程度的外部性。外部性本身只是对市场机制的重新描述。而外部性所带来的问题根源于缺乏明确的产权界定和存在交易成本，进而导致补偿支付机制欠缺、资源无法实现最优配置。[1]

1. "外部性"概述

"外部性"又被称作"外部经济"或者"外部效应"，20世纪初，经济学领域开始研究外部性问题。外部性问题与社会经济福利、市场失灵等议题有重要关系，该问题较为复杂且在学界颇具争议。有学者认为，"经济学曾经面临和正在面临的问题都是外部性问题，有的是已经解决的外部性问题，有的是正在解决的外部性问题。"[2]

如何理解"外部性"概念的内涵存在诸多争议，其概念本身令人费解、较为空泛，由于其在多类学科体系中所具有的重要地位，长期以来诸多学者都尝试对外部性的概念进行定义。目前主流观点认为："只要某人的效用函数或某厂商的生产函数所包含的某些变量在另一个人或厂商的控制之下，就表明该经济中存在外部性。"[3]

上述定义体现了外部性概念的三个特点：其一，外部性的影响应当在经济主体之间直接体现而非间接体现。由此，经济主体因价格变动所受到的影响不在此列，原因在于该等影响是通过市场价格机制、以交易的手段产生的，是间接生成的。其二，外部性所带来的影响有正负之分，正外部性给他人带来利益，也称作"外部经济"；负外部性给他人带来损失，也称作"外部不经济"。其三，外部性出现于生产领域或者消费领域，其影响的对象既可能是消费者，也可能是经营者。对于消费者而言，外部性会影响消费者的偏好序列目的或者行动；对经营者

---

〔1〕 参见［美］罗纳德·哈里·科斯：《企业、市场与法律》，盛洪、陈郁译校，生活·读书·新知三联书店上海分店1990年版，第5、37页。
〔2〕 参见盛洪：《盛洪集》，黑龙江教育出版社1996年版，第136页。
〔3〕 James M. Buchanan, Wm. Craig Stubblebine, "Externality", *Economica*, Vol. 29, No. 116., 1962, p. 371.

而言，外部性与技术可行性条件或目标链接。[1]

就外部性的分类而言，正外部性与负外部性是根据外部性的影响效果而划分。正外部性能够给承受者带来某些利益，如某居民对自家花园的打理使得路过的行人心情舒畅，或某厂房出于自身需要对某一段道路加以修缮，因此同时改善了周围交通状况。负外部性则代表该等影响将对承受者造成某种损害，如某工厂对外排放有害气体，污染了周围居民的生活环境，但工厂并未通过市场机制向居民支付该行为的对价。一个经济主体的同一行为可能同时产生正外部性和负外部性。归根到底，外部性影响的是其他主体的成本及其利润，如果某甲的行为使某乙的成本增加或利润降低，则某甲对某乙产生负外部性效果；如果某甲行为使某乙成本减少或利润增加，则某甲对某乙产生正外部性效果。

除此之外，外部性还可以按照其他标准进行分类，从来源看可以分为货币外部性和技术外部性；从产生的主体看可以分为生产外部性和消费外部性；从承受者能否预料看可分为可预期的外部性和不可预期的外部性等，在此不一一赘述。然而，并非所有的分类都会产生法律意义，法律意义上的分类是指立法者通过类型化考虑赋予某种现实以特定法律效果，根据特定的分类标准进行价值判断，从而实行差别对待。[2] 正负外部性的划分对政府规制具有重要意义，指明了政府规制的对象。

2. 外部性导致资源配置失衡

外部性问题的产生源于私人成本和社会成本之间的偏移，负公私外部性导致了私人资源与公共资源配置失衡。为了生产或消费某一件物品，生产者或消费者所承担的成本是私人成本，其所产生的额外成本是外部成本，而后者往往转嫁到社会成本中。也就是说，社会成本是私人成本和外部成本的总和。当外部成本为正时，社会成本增加，则这一行为主体产生的是负外部性的效果；当外部成本为负时，社会成本降低，此时这一行为产生正外部性效果，社会获得一定利益。在外部性存在的情况下，由于私人成本（或效益）和社会成本（或效益）会发生偏移，因此社会资源的最优配置往往无法实现，从而导致市场失灵。具体而言，负外部性对资源配置有不利影响，造成负外部性的物品生产过剩或价格较低时，

---

[1] 参见 ［美］丹尼尔·F. 史普博：《管制与市场》，余晖等译，格致出版社、上海三联书店、上海人民出版社 2017 年版，第 40 页。

[2] 参见 ［德］卡尔·拉伦茨：《法学方法论》，黄家镇译，商务印书馆 2020 年版，第 285～286 页。

外部性成本不能被厂商所消化，因此厂商缺乏降低外部性成本的动力和欲望。甚至正外部性对资源配置也可能有不利影响，具有正外部性的物品产量较小或价格较高，或厂商没有因外部收益而获利，因而失去增加该外部性的动力。不过，后者不利影响较小，一般能够被市场自我纠正。

外部性除了对私人资源产生影响之外，还会对公共资源的配给产生影响。公共物品具有非竞争性和非排他性，这是其与私人物品相区分的重要依据。竞争性是指某个人使用一种物品而减少其他人使用该物品的特性，[1] 排他性是指一个人使用一种物品而能排除他人使用该物品的特性。公共物品的非竞争性和非排他性使得其与外部性有着某种紧密的联系。事实上，可以将公共物品看作是正外部性的一种特殊形式。公共物品的特性使得其能够影响每个人的福祉，在这一概念下，场域内生产者或消费者的成本效益都受到不被决策控制的公共物品的影响，且这一影响在技术上难以排除，从这里可以看出公共物品和生产者或消费者有外部依赖关系的特征。在一定范围内，公共外部性的影响不为某主体或某特定群体所专有，且一部分主体对其的消费不会排斥另一部分主体对其的消费，主体之间的影响不存在排他性和竞争性。例如，某厂房向空气中排放废气，废气对该区域内生活的居民的影响具有公共外部性特征。与之相反，私人外部性产生的影响具有排他性和竞争性，其对应的受体数量有限，且受体所受的影响与受体数量呈负相关。例如，某垃圾填埋场如果修建在 A 村镇附近，则意味着 A 村镇受到的影响较多，其他村镇受到的影响随之减少。市场主体的正外部性的行为与具有公共效用的产品相类似，公共物品的价值所在也就表现为它的正外部性。在市场失灵的情况下，公共物品的缺失也可以看作是正外部性的缺失，或是其他市场主体行为的负外部性的增加，如工厂排污对空气和水源的污染。

公私领域的负外部性危害程度不尽相同，公共物品往往涉及自然资源和基础设施等重要生产资料，一旦缺失将导致社会生产受阻。因此，在公共领域，规制更加严苛，如土地征收征用、市场准入管制以及国家控股等经济行为，从市场进入之初和所有制层面就会受到限制或排除市场参与。

3. 外部性理论下的市场失灵

一般认为市场失灵包含六个方面，即公共物品缺失、垄断、信息不对称、外

---

〔1〕 参见 [美] 曼昆（Man Kiw. N. G.）：《经济学原理》，梁小民译，机械工业出版社 2003 年版，第 188 页。

部性、分配不公和周期性宏观经济波动。[1] 但是这种分类方式不具有统一的分类标准，可能导致分类的不周延和交叉。例如，宏观经济的波动很大程度上就是金融交易中交易双方信息不对称导致的，因而证券法也主要是为了保障金融市场信息公开透明而展开的制度设计。并且上述分类还遗漏了交易过程中违反商业道德的恶性竞争行为。总体而言此通说分类是不周延且有交叉的。

按照史普博的观点，市场失灵应当分为市场进入壁垒、外部性和内部性。[2] 这种分类方式是将经营者在市场中可能遇到的市场弊病依生产经营的逻辑链条串联。首先，若市场主体进入市场之前存在垄断企业或者其他限制，经营者将面临市场壁垒。如果这种市场壁垒来自自然垄断，那么我们需要做的不是反垄断而是进行价格和费率的规制。但是如果这种垄断不具有规模经济的合理性，我们一方面可以直接进行管制，要求其降价或者调整费率，另一方面也可以动用反垄断法。其次，当市场主体进入市场之后，经营者在市场经营中可以将对市场的影响分为外部性影响和内部性影响。负外部性和负内部性就需要政府的干预。

在传统分类中，分配不公并非市场失灵的现象而只是市场正常运行必然导致的结果。传统的经济法更多承担效率的价值追求，而公正的价值追求更多由社会法保障。[3] 垄断只是产生进入壁垒的原因之一，除此之外可能还有新兴领域技术标准不兼容而造成的壁垒。公共物品缺失可以视为市场主体逐利过程中的一种负外部性，更准确地说是正外部性的缺失而导致的负外部性。市场主体每享用一部分公共资源就应当提供相应的公共物品作为回报，但很多企业因逐利性并没有提供对价的无偿性公共物品。信息不对称也只是内部性产生的原因之一。宏观经济的波动是金融市场内部性的结果。故从合逻辑的角度，市场失灵下外部性与进入壁垒和内部性并列，并且三者还有或多或少的联系。

（1）外部性与进入壁垒。根据新古典经济学，完全竞争市场中存在数量众多的卖方和买方，市场中的商品同质可分，资源自由流动，信息全面。在该等环境下，每种商品只有一个价格，消费者可以根据自身条件做出效益最大化的决定。然而，自19世纪开始，学者就对垄断问题展开了讨论，有人意识到在某些

---

〔1〕　参见薛克鹏主编：《经济法学》，中国政法大学出版社2018年版，第24~25页。

〔2〕　参见［美］丹尼尔·F. 史普博：《管制与市场》，余晖等译，格致出版社、上海三联书店、上海人民出版社2017年版，第28~54页。

〔3〕　参见张守文主编：《经济法学》，北京大学出版社2014年版，第21~22页。

经济领域，一个追求利润最大化的企业垄断经营比多个企业竞争经营更有经济效果。20世纪初，垄断理论逐渐成熟和完备，不完全竞争理论和垄断竞争理论被同时提出，[1] 经济学界开始意识到完全竞争市场只是理想状态，更为常见的是垄断市场。

垄断意味着对市场具有某种程度的控制力，依赖这种能力，垄断者可以自行调高或者降低商品价格，对其竞争对手造成影响并获取利益，而这种行为无需征求消费者或其竞争对手的意见。对于消费者而言，消费者的自由选择权受到限制，垄断者"强制改变"了消费者的选择偏好，这种选择偏好不是消费者主动改变的，而是垄断者主动实施的。由此可见，当垄断者对其他竞争者或消费者施加影响时，这种影响不受遭受垄断的一方的控制，他们之间存在外部性，垄断利润实质上是垄断者的外部性收益，而外部性成本表现为其他竞争者和消费者的损失。

（2）外部性与内部性。与外部性相对，内部性意指由交易者所经受的但没有在交易条款中说明的交易的成本和效益。[2] 交易产生的成本以及不完全信息可能导致交易参与方不能完全分配交易所产生的净利益，进而导致内部性问题。在很大程度上，内部性问题就是交易成本与信息不完备的问题。

任何一项经济决策和任何一次交易行为都需要依据一定的信息，而人们获取信息是需要付出成本的，这些成本包括搜集寻找信息所消耗的时间、精力和智力等资源，消耗成本的多少也就决定了信息的价值大小。本质上相似的产品或服务具有不同的价格，也很可能是因为生产者获取相关信息的成本有所不同。

在经济活动中，交易双方所具有的信息分布呈现非对称性，一方面，双方具有共同的知识，如法律法规、商业惯例等，这些知识具有公共物品的特征；另一方面，特有的知识使得信息呈现非对称性，如商业秘密、个人隐私、个人能力导致的信息转化差异等，这些知识具有私人物品的特征。

信息不完备还可能导致时间和空间外部性。时间上，例如，人类对环境的破坏和资源的过度消耗，这类负外部性的影响可能不会在当代立刻产生，而会在几

---

〔1〕 参见［美］哈尔·R. 范里安：《微观经济学：现代观点》，费方域等译，格致出版社、上海三联书店、上海人民出版社2015年版，第313~325页。

〔2〕 参见［美］丹尼尔·F. 史普博：《管制与市场》，余晖等译，格致出版社、上海三联书店、上海人民出版社2017年版，第45页。

十年、上百年后才逐步显现。而届时后人显然无法与先人展开对话、进行磋商选择，而只能成为负外部性的受害者。空间上，不对称的信息可能使得需要承担责任的经济主体不承担或不完全承担损失，这部分无人承担的后果可能会破坏市场的平衡，或使得市场效率降低。例如，许多消费者购买电视机依照的标准都是尺寸规格而非电视机的分辨率或者其他质量参数，如果尺寸较小的电视机标价高于尺寸较大的电视机，则可能会很难打开销路。民众不愿意了解电视机的具体定价标准及其成本构成，一台电视机的性价比究竟如何，生产者比消费者更为了解，这就构成了二者的信息不对称。为了更好地销售产品，生产者可能会一味地追求扩大电视机尺寸，对电视机的其他性能（如声音质量及分辨率等）的提高缺乏动力。生产者依靠信息优势攫取了更多的利润，而不知情的消费者却为此买单，在这样的交易中，信息分布不均导致了负外部性的出现。

（二）社会连带理论与社会连带关系

"社会连带"的元语言是法语"Solidarité Sociale"，sociale 指社会，solidarité 的涵义则是团结和协作，整个词组强调的是社会成员之间互为依赖的联合关系。后经日本学者译作日文"社会的连带"，其在日语的文化体系中也表达了团结、互助与协作的含义。

1. 社会连带的元语义与内涵的丰富

从观念上而不是用语上分析，"社会连带"缘起于卢梭的原始契约思想，后经法国社会学家涂尔干和狄骥的进一步深化发展，成为社会科学晚近以来的一种影响力较大的思想观念。狄骥在卢梭、涂尔干等学者的思想的基础上提出了社会连带主义法学思想。他认为，一方面，由于人们在生存方面有共同需求，所以必须建立起一定的关系；另一方面，由于人们也有不同的个体需求且个人的才干相异，需要相互协助才能满足各自的需要。因此，社会连带存在两种类型，一种是求同的，另一种是分工的。"法律的状态是以一种普遍的方式，即每个人负有根据其所处的位置来协作维持两种形式的社会连带，以及不去做那些对社会连带构成损害的事情的义务。"[1]

狄骥等人的思想对于识别经济法的特征具有一定的意义。但是，前述社会连带思想是建立在个人主义方法论的基础上的。实际上，狄骥等人指称的社会连带

---

〔1〕 ［法］莱昂·狄骥：《公法的变迁·法律与国家》，郑戈、冷静译，辽海出版社、春风文艺出版社 1999 年版，第 443~444 页。

思想应当理解为"社会协作"或者"社会团结"。[1]在意涵上,狄骥等人的社会连带具有促成性,只是指出了社会团结中单个个体间的具体联系方式。从字面上看"连带"是在社会成员之间存在的纽带,方式是以契约为中心连接结构。这是一种社会学的视角。

在法学上,麦克尼尔在《新社会契约论》中对狄骥的思想进行了拓展适用,提出了两种理想的契约形态,一种是个别性契约,另一种是关系契约。在个别性契约中,除了物品的单纯交换之外当事人之间不存在其他的关系。在关系契约中,当事人之间的关系不再是一次性、即时性和孤立性的,而是将一些事项"悬而不决"留待后续根据需要再行确定,体现出延续性。具体言之,交易是风险的平衡,在传统经济交往中,交易物转移风险随之转移;但在现代经济交往中,交易物转移风险未必完全转移,如产品销售后的一定期间内生产者和销售者还将承担保障产品质量的责任,这突破了传统契约的限制。

在关系契约理论中,麦克尼尔提出了有别于传统契约理论的新理念,即契约团结与权利相互性。虽然关系契约理论带有浓厚的涂尔干、狄骥的社会学思想的影子。但是,麦克尼尔在传统思想上又向前迈出了一小步,他在指出涂尔干理论中具有两种错误的个人主义的倾向后,[2]以利他性为基础强调分析个体间关系的社会属性。区别于传统契约中追求个体利益的最大化,关系契约中契约团结催生了社会的稳定性,增进了社会共同体的利益。麦克尼尔的关系契约理论揭示了现代交易过程中无法实现未来风险的现实控制问题。如果产品交付意味着风险完全割断,则无法形成生产者的产品质量责任。所以,个人选择与公共选择间存在着"相互性的参与"。当然,关系契约只是从契约的角度阐述社会连带的含义,但进入现代以来,社会连带不仅仅在契约关系中体现,甚至主要不是体现在契约关系中。

2. 市场监管的依据是现代市场关系具有社会连带性

市场监管关系中不特定主体利益和特定主体的利益之间所形成的即社会连带关系,如反垄断法中经营者从事了一个垄断行为,在侵害具体经济主体的同时,会危害不特定他人的利益——竞争者或消费者利益。这种社会连带性是由经营者

---

〔1〕 参见龚永芳:《"社会连带主义"之谬》,载《理论界》2011 年第 4 期。

〔2〕 参见 [美] 麦克尼尔:《新社会契约论》,雷喜宁、潘勤译,中国政法大学出版社 2004 年版,第 88~90 页。

的市场力量打破了传统的平等的交易关系而产生的。在涉及不平等主体间关系时，经济法上的社会连带关系具有三元的主体结构：以一个涉嫌违法的主体为中心，与之发生关系的直接主体，以及关系之外的其他不特定主体。例如，竞争法中，经营者—消费者—竞争者；产品质量法中，生产者—销售者—消费者。换言之，以一个主体为中心，它的横向关系和纵向关系主体都被纳入到系统中进行考察，而不同于传统合同关系只关注一个孤立的环节。之所以如此，是因为主体间的不平等关系导致一方权力的影响向外扩散或"转嫁"，此时需要国家介入，以保障国民经济的良性发展。

社会连带关系的提出，进一步强化了学界公认的经济法保护社会公共利益的观念。经济法保护社会公共利益在具体制度中是以保护不特定主体利益为体现。它在法益的层面高度抽象，而在具体经济关系向经济法律关系的转化中具有复合性，即特定主体间的法律关系和不特定主体间的法律关系的复合。由于特定主体的利益是私益、不特定主体利益的总和是社会公共利益，所以，在结构上，得以公共利益的优位价值限制私益，这是国家干预具备正当性的法益基础。

3. 社会连带关系的类型化与市场监管

社会连带是主体之间具有的社会性的关联，这种关系不仅与主体自身有关，还关涉社会公共利益。学理上认为，经济法的调整对象的范畴包括宏观调控关系和市场监管关系。如果从社会连带的角度分析，这两种类型的连带是有所区别的。第一种是团结型连带，即不同主体间基于连带关系相互协作，构筑较为稳定的体系，促进国民经济的健康发展。第二种是辐射型连带，在这种连带关系中，中心主体之间的行为会影响到具有社会连带关系的不特定第三人。

国民经济体系化形成了国民经济内部相对稳定的构架，使得国民经济内部主体之间具有关联，即团结型连带。从社会分工角度看，国民经济的宏观组成部分，如不同区域、不同产业承担不同的职能，而它们作为共同体又具有彼此协作互相帮扶的关系。在这种连带中，国家通过构建完整和坚固的连带关系，通过资源在不同主体之间的分配、倾斜、转移实现不同主体间的均衡、协同发展。团结型连带关系与前述卢梭、涂尔干、狄骥等人的社会连带思想较为接近，当然也与麦克尼尔理论中强调的主体间相互性与团结性密切相关。但不同之处在于，这已经不是方法论上的个人主义，而是整体主义。

辐射型连带关系模型更为复杂，具有双重复合关系的结构特性。首先，存在一个中心法律关系，即特定主体之间封闭的私人关系，如合同两方主体之间，这个中心关系是传统民法的调整对象。其次，在中心关系之外，还存在外围关系，中心关系中的行为会辐射到外围关系中。申言之，辐射型连带的双重结构关系，指以特定主体形成法律关系的中心结构，这个中心波及外部主体进而产生外围结构。由于经营者行使经济权利时附带的风险具有横向或纵向的传导性，可能传导给外围的不特定的第三人，造成社会性的风险，损害社会公共利益，因而被纳入经济法的调整对象中。辐射型的社会连带与关系契约的不同之处在于，关系主体不再是个人，而是企业。另外在观察视角上进行了一百八十度的调转。关系契约以当事人为基准向外延展，辐射型社会连带关系则是从外部不特定主体关系向内辐射，考察的对象是"中心圈"行为的适当性。之所以如此，是由于中心关系具有外部性，尤其是负外部性。当然，进一步观察不难发现，辐射型连带与关系契约在性质和内容上也具有一定的差异。关系契约中的"社会"是基于当事人对他人的依赖形成的积极性的确认关系；经济法所调整的辐射型连带关系之"社会"是基于他人对以当事人为中心向外辐射的风险的警觉而形成的消极性的排除关系。

（三）针对外部性和社会连带关系的监管思路

政府干预市场的公共规制，即外部性规制是一种社会规制，其目的是消除或减少负外部性导致的市场运行低效。但是市场失灵并不是政府干预市场的充分条件，政府对市场的干预还需要考虑干预的可能性和可行性。首先，在传统上市场自我规制机制失灵时，人们便认为有必要对此进行公共规制，但这种观察问题的方法是会将人引入歧途的。[1] 一方面，政府作为理性经济人，很有可能利用公权力谋取私利。而另一方面，政府颁行管制政策具有双面性，表面维护公共利益而真实的意图很可能是帮助经营者打压竞争对手或者获取其他利益。一旦采取管制手段就难以避免管制捕获的现象发生。一个集团可以通过诉讼或立法成功利用规则来支持自己的利益，它还可以继续利用这些规则去获取其他合法或非法的利益——它已取得一次成功并留待受先例或成文法语言约束的法官去执行这个新制

---

[1] 参见 [美] 理查德·A. 波斯纳：《法律的经济分析》，蒋兆康译，中国大百科全书出版社 1997 年版，第483页。

度。[1] 其次，政府进行市场干预还需要考虑干预的可行性，特别需要进行成本效益分析。并非一旦发生市场失灵就必须进行市场干预，如果市场干预付出的成本远远高于可能获得的效益，那就完全没有干预的必要。

公共规制中的监管到放任并非绝无过渡的两极，以经营者的自由为滑尺，可以大致形成从宽到严的市场运行序列：自由放任、私法控制、间接控制和直接控制（后二者均属于行政控制）。不同的规制方式对应不同的市场状况。

1. 私法控制的不足

财产法和交易法也能够解决部分市场失灵的问题。例如，为了解决工厂生产造成的环境负外部性问题，可以通过征收污染税，将外部成本内部化进行规制；也可以通过明确污染指标、明确产权，并建立污染指标交易市场来进行规制。

私法控制非常接近于自由放任，这种方法的有效实施有赖于高效的市场进入与退出机制，以及价格指示功能的发挥。事实上，任何的自由在社会化之后都要受到社会分工的限制，[2] 而私法很大程度上又以私主体的逐利性为着眼点。法玛（Fama）在 1970 年首次提出了有效市场假定理论，以检验股票市场的有效性。[3] 市场机制完善、交易成本几乎为零，市场信息透明充分的假设成为了大多数民商法设定的基础。因此，私法理论所依据的假设条件也决定了私法控制的适用范围是有限的，只能在一定程度上纠偏市场失灵，而不能根除市场固有弊端。

2. 行政控制

与私法控制不同，行政控制，即政策性控制，对私主体的逐利性保持相当的怀疑态度。民法关于意思表示也存在着内在意思与外在表示的争论，但是其本质在于以意思自治的方式通过有效制定的法律规则形成法律关系。[4] 但是行政控制的意图并非协助当事人尽可能实现内心真意，而是意在支持特定的经济制度，

---

〔1〕　参见［美］邓肯·肯尼迪：《判决的批判：写在世纪之末》，王家国译，法律出版社 2012 年版，第 181 页。

〔2〕　参见［德］京特·雅科布斯：《规范·人格体·社会——法哲学前思》，冯军译，法律出版社 2001 年版，第 55~62 页。

〔3〕　*See* Eugene F. Fama, "Efficient Capital Markets: A Review of Theory and Empirical Work", *The Journal of Financial*, Vol. 25, No. 2., 1970, p. 383.

〔4〕　参见［德］维尔纳·弗卢梅：《法律行为论》，迟颖译，法律出版社 2013 年版，第 57、62~65 页。

追求一定的经济效果。[1] 民法可能也会对经济产生影响，但制定者对此是"无意识的"。简言之，当事人的意思在管制法中更多扮演受谴责的角色，而非构成性角色，其意思的外观拟制成为意思本身。

行政控制在二战后一度呈兴盛势态主要是因为其具有专业性和效率性。专业性主要来源于其管控的事务多具有技术性。而行政控制的效率性主要因为行政体系内经济信息集中、经济监督适时、行政裁决及时。

客观、全面地分析市场结构、市场行为和市场结果的关系离不开相关的经济信息。"广泛观察经济事件和经济运行情况是每一种经济行政的基础，共同体和国家机关为了完成其任务，以各种方式依赖于完整的、现实的、可靠的和有说服力的数据。为了了解总体经济状况（总体发展趋势）、部分范围的经济状况（区域的、部门的发展状况）以及一定市场中的经济状况，了解国家措施的变化和作用，这些数据是特别需要的。"[2] 行政体系内拥有采集与统计经济信息的专业人员和收集信息的专业渠道。行政体系内集中的经济信息为进行经济监督和实施行政制裁提供基础条件。在现代社会，经济规制的行政控制是一种典型的国家任务。

根据行政控制实现的方式不同，可以分为间接控制与直接控制。间接控制方法一般是通过政策杠杆间接引导被规制者向预先设定的方向行进从而控制外部性的方式，如征税、收费等。直接控制方式主要为政府直接制定被规制者的行为所可以产生的外部性的界限，如制定标准、公布禁令、发放许可证等。例如，直接控制中，政府通过调查，寻找社会所能承受的最大环境污染界限，并根据这些数据制定行业排污标准，对违法违规排放的主体实施制裁。通过此种控制手段，能够使污染主体的活动尽可能不超过产生负外部性的界限，从而在边际成本和边际效益之间取得平衡，优化资源配置。市场监管本质上就是直接控制的方法。

究竟应该选择哪一种手段进行公共规制呢？私法控制的公正性强但私人成本较高；行政控制的效率性较高，但可能出现权力滥用。这两种手段的选用可能并不存在绝对的划分标准，需要在特殊情况下衡量利弊后决定。

---

〔1〕 参见［法］阿莱克西·雅克曼、居伊·施朗斯：《经济法》，宇泉译，商务印书馆 1997 年版，第 79~80 页。

〔2〕 ［德］罗尔夫·斯特博：《德国经济行政法》，苏颖霞、陈少康译，中国政法大学出版社 1999 年版，第 207~208 页。

二、市场监管的特点与要求

在市场监管法治化的背景下，配置全面、合理、完善的市场监管权是有效开展市场监管的重要因素和基础。市场监管权既是一种法律所授予的权利，同时也是一种以国家强制力为保障的行政权力，权利与权力具体含义有所不同，但在市场监管权中两者兼具，由此着重体现出在市场监管中权利与权力复合的重要特征。

市场监管法这种复合性特征与公法私法化有关。经济法作为第三法域是在"国家—市民"二分的基础上产生并发展的。而在此基础上，德国与日本的经济法发展又有一定的特殊性，二者对经济法的认识主要是来自经济危机时期和战时公法之统制法的扩大时期，例如，1932 年日本出台的《金钱债务临时调解法》。[1] 尽管也有学者对此持怀疑态度，但是不可否认的是，经济性、财务性、可计算性等新公共管理的核心理念，已经使得经济管理逐渐偏离普通的行政管理。而产生于会计领域的受托责任作为这一切的核心，必然配合着法治，并逐渐呈现出复合性的特色。[2] 而在英国，新公共管理与一系列的特别政策有关：创设下一步行动机构、部长管理信息系统、开放政府激励、市场测试等。这些政策的组成更加强调受控的授权、在特定现金限制内的物有所值、更强烈的消费者或顾客导向、商业计划规定和正式合同中的代理协议、分权化的成本中心、富含业绩目标和业绩相关的薪酬、中央人事管理的废弃以及同级结构。[3] 这些政策标志着政府组织关系与市民财产关系的融合，所有权和管理权在公共管理中的分离，市场监管的独特性就此产生。具体而言，我国市场监管具有如下特点与要求：

（一）依法监管

基于全面依法治国的要求，法律权利应是行政权力的基础，行政权力应当以法律权利为根基。若对于某一行政权力而言，其缺少相应合法的权利基础，则该行政权力便失去了合法存在的基础，根据行政法上的一般性原则"法无授权即禁

---

〔1〕 参见［德］拉德布鲁赫：《法学导论》，米健译，商务印书馆 2013 年版，第 77 页。另见［日］金泽良雄：《经济法概论》，满达人译，甘肃人民出版社 1985 年版，第 30~33 页。

〔2〕 参见葛家澍主编：《市场经济下会计基本理论与方法研究》，中国财政经济出版社 1996 年版，第 76~78 页。

〔3〕 *See* Peter Barberis, "The New Public Management and A New Accountability", *Public Administration*, Vol. 76, No. 3., 1998, pp. 453-454.

止"来看，缺少合法权利基础的行政权力便有可能与现有法律制度相冲突，即存在违法的可能。正是因为市场监管权既具备上述法律权利的性质，同时也具备行政权力的性质，两者的相互融合恰恰体现出市场监管中权利与权力复合的特点，这是我国市场监管的重要特征，由此可以更进一步深入研究市场监管的特点。

一方面从法律权利的角度而言，市场监管权作为市场监管主体所享有的法律权利，应当由法律进行明文规定并授权，并在行政法规、部门规章中加以细化落实。若法律未对市场监管主体进行特定的授权，则市场监管主体不具有相应的监管权限。法律权利缺失的直接影响便是相应的行政权力无法被行使，而超出权限范围的监管行为便存在违法可能。之所以需要在法律权利的层面对市场监管权进行限定，不仅仅是由市场监管权所具备的权利属性所决定，同时其背后也体现出对行政权力的限制。市场监管权由相应的行政机关所掌握并行使，一旦权力不受法律权利的限制即存在权力被肆意扩大或滥用的可能，而这显然与我国市场监管的目的相背离。

另一方面从行政权力的角度而言，市场监管权作为市场监管主体所享有的行政权力，其具有行政权力的一般性特点，如以国家权力为保障，具有执行效力上的强制性等。市场监管权的权力属性实际上体现出国家对于市场的强制干预力，其原因在于即便市场自身具有一定的调节能力，但其自身调节能力存在着不足，这种自身调节能力的不足在经济形势低迷或是紧急状态下会凸显出来，因此需要引入外部的监管力量加以完善，国家便承担起主要的外部监管职责，并授予市场监管主体一定的市场监管权以实现从外部对市场进行监管干预。

法治作为一种被追求的政治理想，已经被普遍认同。法治不等同于法律体系，但是法治基于法律体系，法治是良好的法律体系。要成为良好的法律体系当然需要满足一些条件，而这些条件的选择正好也从另一个侧面反映了法治的含义。不过，不论是形式法治的支持者还是实质法治的支持者都会认可某些基本要求。在这些基本要求的表述中，最被广泛接受的就是富勒的观点。富勒从其假想的国王（King Rex）统治臣民却失败的例子中归纳出法治的内在道德。法治的内在道德包含了 8 个要素，即一般性、公开性、可预见性、明确性、不得自相矛盾、稳定性、不得颁发超出人们能力要求的规则和官方行动与法律的一致性。[1]

---

〔1〕 参见［美］富勒：《法律的道德性》，郑戈译，商务印书馆 2005 年版，第 40~111 页。

当一个法律体系具备以上的特征之后，它就极大地排除了统治者的专断与妄为。这样的统治就不是人治，而是法治。相应地，依法监管是我国市场监管的重要特点，主要包括法律制度层面依法规定市场监管权以及实践层面监管主体依法行使市场监管权这两项内容。

第一，市场监管权应当由法律加以规定。并非所有的规范性文件都可以对市场监管权加以设定，对于市场监管权的创设应当由全国人大及全国人大常委会所出台的法律进行规定，行政法规、部门规章等下位规范性文件应当在法律创设的市场监管权范围内进行进一步的细化，结合各地区实际情况落实职权行使主体，将抽象的市场监管落实为具体的监管职责，从而自上而下构建完善的市场监管权力法律体系。

第二，市场监管权应当在法律授权的范围内行使，任何市场监管主体所作出的市场监管行为不得违反相关法律规定。我国现行法律法规、部门规章对于市场监管部门的职权均作出了具体规定，如《反不正当竞争法》《反垄断法》《产品质量法》[1] 等法律赋予了市场监管部门特定事项上明确的监管职权，因此市场监管部门应当依照相应的法律法规开展具体的执法行为。若仅仅在法律层面规定合理完善的市场监管权，而在具体市场监管行为中不能有效地依法开展监管，那么法律规定也只是一纸空文而不能发挥其应有之效力，这显然与最初的立法目的相违背。因此在依法监管的进程中，既要注重针对市场监管权进一步完善法律制度的立法工作，及时将先进的经验、做法转化为法律规范以指导下一阶段的市场监管工作。同时也应当注重现实法律实践，真正在市场监管主体所开展的具体市场监管行为中实现依法行政，将市场监管权纳入法律规制的空间，避免市场监管权被不法分子所滥用。依法监管是我国市场监管的重要特点，在法治框架内开展市场监管不仅是中国特色社会主义法治的基本要求，同时也是规范市场监管行政行为的重要保障，是有效开展市场监管的重要基础。

（二）有限监管

有限监管是指对于单一的市场监管主体而言，其所具有的市场监管权往往有限，即其仅仅具有市场监管中某一方面的监管职能。有限监管的理念根植于现代

---

〔1〕《反不正当竞争法》《反垄断法》《产品质量法》，即《中华人民共和国反不正当竞争法》《中华人民共和国反垄断法》《中华人民共和国产品质量法》，为方便表述，本书中涉及的我国法律直接使用简称，省去"中华人民共和国"字样，全书统一，不再赘述。

国家理论中的契约论：国家的权力来源于人民的让渡，人们通过成立国家保全自己以谋求更为满意的生活，最基本的是脱离战争的悲惨状态，[1] 因此国家的权力并非自然权利，而是拟制权力，在没有授权的情况下，该部分权利由人们保留。

我国《宪法》并没有接受契约论。建立在人民主权原则基础上的中国政治逻辑瓦解了人民与国家之间的隔阂，人民是国家的主人。[2] 那么，之所以我国的市场监管也存在有限监管的特点，是因为随着中国特色社会主义市场经济的快速发展，我国市场经济内容愈加丰富，市场监管的难度也随之增加，单一的市场监管权越来越难以应对复杂的市场问题。且近些年来在我国行政机关机构调整的过程中，行政机关的职能分工进一步精细化、明确化，随之市场监管权的内容也得到进一步的丰富与扩大，在该过程中各项具体的市场监管权限逐渐分布在不同的行政机关中，因此对于特定的某一行政机关而言其职责范围仅仅会涵盖部分的市场监管权限。即便是作为主要市场监管主体的国家市场监督管理总局也无法对市场监管面面俱到，因此为了更好地开展市场监管势必需要多个部门同时联动，这正体现出在市场监管过程中市场监管主体有限监管的特点。可见，该逻辑是主动进取而非消极防御的，人们想要富强，就需要主动采取限制政府的方式。

从市场监管整体视角来看，有限监管这一特点还体现在市场监管权并非市场监管部门所独有的职能，事实上市场监管还会涉及教育、交通、公安等多个职能部门，因此在具体的市场监管行为中往往需要多部门同时联动，互相合作以实现真正有效的监管。在单一部门有限监管的前提下，一方面应将顺各部门具体的监管权限，明确各自监管职责，完善多部门共同开展市场监管的工作机制；另一方面市场监管部门作为我国主要的市场监管主体，需要对有限监管这一特点进行主动认识，积极发现并弥补有限监管对市场监管工作可能产生的影响，注重加强同其他部门的沟通交流、协调联动，以完善市场监管过程中单一部门有限监管之不足。

（三）能动监管

市场监管权作为市场监管主体所享有的行政权力，不仅应当依法行使权力，同时还应当积极行使权力，主动落实各项规章政策，避免出现怠于监管、疏于监

---

〔1〕 参见［英］霍布斯：《利维坦》，黎思复、黎廷弼译，商务印书馆1985年版，第127~128页。

〔2〕 参见张劲：《团结宪章——宪法的中国意义》，载《政法论坛》2014年第1期。

管、面对问题不作为等情形，后者体现出我国市场监管中能动监管的特点。之所以需要坚持能动监管，要求市场监管主体主动行使所享有的职权，是因为目前我国市场环境仍处于成长发展阶段，其自身监管能力不足，且在互联网经济下越来越多的新问题涌现，如平台经济中垄断企业的监管问题、商家与消费者不公平交易问题等，如果没有国家公权力的积极介入，那么就难以对上述问题开展有效的监管，同时在互联网经济下违法行为的隐蔽性往往较强，因此需要市场监管主体积极开展市场监管，尽可能从源头上预防、遏制违法行为的发生。

能动监管与新公共管理理念的发展有关。共享共治是新公共管理的核心思想。当政府采取合同、合资等方式提公共服务的时候，责任自然延伸到了相对方，即自愿组织、代理机关、中间利益团体等，如英国慈善协会。[1] 有的学者提出，公民参与和共同生产的理念并非源自市场，而是源自社区。社区的特点是社会互动、共同空间感和共同契约。这些特征可以增强社区的凝聚力和团结，因为社区成员之间的社会关系具有互助、合作以及整体主义纽带的特征。在这种社区中，公民和公务员彼此都有责任识别问题和实施解决问题的方案。[2] 共享共治同时也意味着共担责任风险，政府从被动地避免承担责任逐渐转变为积极地管理，责任的含义也在新公共管理中得到了再塑造。

能动监管的具体要求包括以下两方面：一方面，市场监管主体仍应坚持依法行政，结合市场现实情况开展监管执法活动，积极履行自身职责。能动监管与依法监管两者并不矛盾，而是相辅相成，如鸟之两翼、车之双轮。能动监管与依法监管相比而言，依法监管更强调在法治的大背景下开展具体监管，侧重构建并遵守完善的法律制度体系，而能动监管则要求市场监管主体在现有职权范围内最大可能地发挥管理效用，有效保障市场的平稳运营。另一方面，能动监管对市场监管主体提出了更高的要求，即监管主体应当在法治框架内主动创新，积极探索针对新问题、新形势的解决方案，如在互联网经济下针对隐蔽违法行为的监管，以破解传统市场监管中的执法难题。市场监管主体在监管行为中应该积极开展试点创新，在试点创新进程中及时总结经验并加以推广，从而自下到上推动我国市场监管体制的改革与完善。

---

〔1〕 参见邓峰：《论经济合同：权力、市场与政府商事行为》，中国人民大学 2001 年博士学位论文。

〔2〕 参见〔美〕珍妮特·V. 登哈特、罗伯特·B. 登哈特：《新公共服务：服务，而不是掌舵》，丁煌译，中国人民大学出版社 2004 年版，第 111 页。

三、我国市场监管的难点

新时代的经济发展并未根本颠覆市场监管法的框架理论和政府与市场的关系，但从一定程度上对市场监管法的具体制度带来了冲击，这种冲击既有长久以来的普遍性因素，亦有落位于当前社会的全新因素，种种因素的共同作用造就了当前市场监管的难点。具体言之，当前我国市场监管的难点从市场要素的角度去观察，可分列为如下三个维度。

（一）企业数量和规模的增长——市场监管的直接压力

企业数量的绝对增长导致市场商事活动总量增长，与其相配套的即是监管压力的提升，相应地，对监管能力的要求也进一步提高。

1. 新时代背景下激增的企业数量和巨大规模的商事活动

企业数量的增长是市场监管需要持续应对的动态性难题。在市场经济不断发展和配套制度不断改革的大环境下，企业数量的增长是应势而动，不可逆转的。

第一，市场准入门槛被降低。国家取消了一般公司的注册资本额限制，出资方式也由实缴制变成认购认缴制，极大程度上缓解了创设公司的资金压力；同时市场监管部门合一办理多个许可证、证照分离、营业执照上加附统一社会信用代码的措施，也大大降低了初创企业的程序成本。

第二，对企业尤其是小微企业实施减税降费政策。在增值税、企业所得税等领域降低税率并增加各种抵扣，再加上疫情背景下持续出台的普遍税收优惠政策，较大程度上缓解了公司的经营压力，提升创设公司吸引力。

第三，市场经济之下，创业是实现财富获取的理想途径，国家尽力提供的竞争环境和产业政策让创业势头总体向好。以 2019 年的数据来观察，工业企业单位数达到了 377 815。[1]《中华人民共和国国民经济和社会发展第十四个五年规划和 2035 年远景目标纲要》（以下简称《"十四五"规划和远景纲要》）在第十五章中提到打造数字经济新优势，促进数字技术与实体经济的融合、加快传统产业转型升级、催生新产业新业态新模式等任务，第十九章明确提出激发各类市场主体活力，推动国有企业完善现代企业制度，优化民营企业发展环境等重要目标，《"十四五"规划和远景纲要》确立的上层建筑为中国企业数量的增长提供了强大后盾。同时，《优化营商环境条例》于 2020 年稳步施行，随着保护市场主

---

[1] 参见国家统计局网，载 https：//data. stats. gov. cn/search. htm？s＝工业企业单位 2019，最后访问日期：2022 年 3 月 31 日。

体、优化市场环境、提高政府服务水平等一系列措施的推行，我国企业数量的增长将被注入强大的动能。

新时代经济的发展需要一个相对自由进入和退出的环境以充分发挥市场要素的作用，不断涌现出的新企业可以带来活力，同时企业数量的增长带来了整体商事活动规模的扩张。加之在数字经济的背景下，新增市场主体的形式更加灵活，新商户新品牌新产品急速涌现且快速迭代，政策待遇更加多样，故此种商事活动规模的扩张使得市场监管压力直接而显著地提升。

而进一步的问题在于，市场监管压力的提升是无法通过增加市场监管机构工作人员数量来持续性化解的，这就是经济法理论中的内部性和政府扩张问题。因为国家财政预算总是有限的，强行追加此类常态性预算不仅会导致国家财政支出预算的灵活性降低、对国家职能的发挥产生限制，过度扩张的公共支出还可能会侵占私人部门的投资和消费，抑制市场作用的发挥，甚至诱发行政部门的自利性，造成"国进民退"，并且与此相伴的往往是棘手的债务膨胀问题，所以基于此种考量，单纯增加监管机构工作人员数量是行不通的。

这就是当前市场监管中的最直接难点：不断增长的企业数量和扩张的商事活动规模对监管能力的要求提升与监管人员数量有限性之间的矛盾。监管工作中"人少事多"的矛盾愈益凸显，传统"人盯人、普遍撒网"的监管方式已与当前的经济社会发展不相适应。[1] 如何创设更加高效精准、覆盖率高的监管机制是需要进一步思考的问题。

2. 市场力量生成的快速性和变动性

在哲学上，霍布斯将权力定义为"获得未来任何利益的当前手段"。[2] 罗素则认为，权力是某些人对他人产生预期效果的能力。[3] 从权力概念的元意义出发，权力来自对资源的控制，因资源类型的不同和控制能力不同，权力的特性、类型等也不同。一般而言，控制资源意味着拥有权利，但不等于拥有权力。比较关系上的不平等控制才可能形成权力。在一般意义上，作为权力来源的"资

---

〔1〕　参见中国市场监督管理学会：《发布"智慧监管"创新举措　破解市场监管难题》，载《中国市场监管研究》2020 年第 10 期。

〔2〕　[英] 托马斯·霍布斯：《利维坦》，陆道夫、牛海、牛涛译，群众出版社 2019 年版，第 34 页。

〔3〕　[英] 伯特兰·罗素：《权力论：新社会分析》，吴友三译，商务印书馆 2012 年版，第 26~27 页。

源"不限于财产,如时间、信用、地位、宗教等都可以生成为权力。[1] 但并非拥有这些资源本身就自然具有权力的属性。用以生成权力的资源既有质上的特性,也有达到一定量的规模要求。前者如政府确立的垄断性经营的主体,后者如在一个在相关商品市场中占有超过 60% 比例的企业。与非垄断经营的同类设施的经营主体及同一相关市场的其他经营者相比较,垄断存在资源占有上的不平等,这种不平等表现为市场关系地位上的不平等,进而形成了权力。互联网时代,"平台+算法+数据"的经济运行模式,可能快速生成市场力量,也可能基于并购等市场力量发生快速变动,这都对市场监管提出了新的问题和挑战。从权力本源的角度看市场力量,其本质就是一种特殊的权力,有必要创建"经济权力"概念,借以科学揭示市场监管的主要目标。

(二)行业种类的扩张——市场监管的全新挑战

随着科技的发展和理念的更新,直播带货、新能源汽车、外卖配送、酒店试睡等新的行业不断产生,《"十四五"规划和远景纲要》第九章、第十章、第十五章等都对新行业的打造和发展给予了充分强调和支持。新行业带来的问题体现于两方面:一方面,行业扩张本身即是一片新领域的开发,需要制定相关监管法律予以回应;另一方面,新行业与原有行业的联动反应也需要施以新的观察。时代发展带动全新行业产生,新行业自身的全新特性和新行业与原有市场建立的全新关系要求政府从监管层面对其予以回应。

1. 新行业自身带来的挑战

全新行业的诞生自然需要配备与传统行业相同的监管结构,所以配套确定相应的法律法规和机构职权的问题就成了重中之重。执法对象日益多样化、商品种类日益繁多、商品检查方法存在差异性等使得行业种类的扩张在不同程度上增加了监管难度。[2]

新行业在结构特点、行业行为等方面与过去的行业并不相同,这就会导致新行业在市场中确立新的关系,而这种新的关系与过去的监管方式往往不相适应,所以这就要求国家对新的情形确立与过去不同的监管规则。当前我国经济发展走

---

〔1〕 参见〔美〕丹尼斯·朗:《权力论》,陆震纶、郑明哲译,中国社会科学出版社 2001 年版,第 148 页。

〔2〕 参见金敏、张海涛:《垄断行业价格监管存在的问题及其对策建议》,载《价格月刊》2019 年第 12 期。

在前列，新行业产生得既多又快，很多行业在世界上其他国家并没有出现或者与我国同步出现，所以面对新行业的监管问题，我国缺乏可供参考的经验。这就给我国的经济特性观察能力和规则创造能力带来了全新的挑战，此种挑战的全新之处不仅仅在于为新行业配置新的规则，更重要的是对市场监管规则的创造力提出了更高要求。比如，《国务院反垄断委员会关于平台经济领域的反垄断指南》（以下简称《反垄断指南》）就是针对平台这一互联网全新行业结构制定的全新规则，是全球第一部官方发布的系统性、专门性针对平台经济领域的反垄断指南，对于强化平台反垄断和防止资本无序扩张具有重要作用。未来需要国家对各种全新行业进行分析和规则制定，这一目标任重而道远。

新行业带来的挑战具体而言就是新行业的监管力度配置问题，该问题涉及对新行业在市场中的效应分析。当一个行业于市场健康发展和产业结构升级有益，则应当放宽对其的监管力度，帮助其迅速发展（如过去的电子商务）；当一个行业本身与市场发展和国家政策不合，则需要采取较强的监管力度让其审慎发展（如过去的证券市场）。

监管力度配置的难点不在于对行业基本属性的判断，因为一个行业是否适应于市场这不难判断（或者说不必经过很长时间的市场运行就可发现其端倪），但程度化的事项很难明晰，针对行业特性如何进行市场监管组合拳的配置是一个关键问题。

举例到当前的市场环境，新能源汽车的监管力度配置问题就是一个亟待解决的问题。新能源汽车以电力为动力能源，必将成为未来后化石燃料时代的主力军。在当前双碳目标的战略部署背景下，新能源汽车行业的发展需要来自政府方面的有力支持。包括降低行业准入门槛以激发市场活力、持续完善新能源汽车标准以有力支撑该产业高质量发展[1]、包容审慎监管以尊重和保障新兴市场竞争自由、实施税收优惠政策以激励新能源汽车行业的商业投资、适时通过消费补贴以促进新能源汽车消费、完善资本市场以服务于新能源汽车行业的投融资和创新发展需要，等等。[2] 政府如何在其中采取合理的手段配置资源、做到精准监管，

---

[1]　中华人民共和国工业和信息化部：《2024年汽车标准化工作要点》，载工业和信息化部官网，https：//wap.miit.gov.cn/jgsj/zbys/qcgy/art/2024/art_a58fcd16195a4364ad8cc479b4887ba7.html，最后访问日期：2024年12月5日。

[2]　其中后3项为宏观调控的内容，但其效果也会对市场监管力度的配置带来影响。

这非常困难。具体而言，宏观调控和市场监管在对于一个行业的影响上各有作用。宏观调控和市场监管是否需要、若需要则各自应当占据何种比重、执行层面应当如何落实，这都涉及了对宏观调控和市场监管的各自效能和配合后效能的清晰认识，两种手段间的合理配置即是监管力度配置的第一步。第二步涉及市场监管内部方法的选用，直接性抑或间接性、普遍性抑或具体性、强硬性抑或温和性，政府能否对监管手段的力道认识清晰，市场对监管手段的回应是否符合预期，这都是选用手段时须考虑的因素。上述两步完成后还需要通过供需分析、成本效益分析以及市场集中度等指标对监管力度配置进行后置评价。监管力度在上述两步配置上的抉择对立法和行政都充满考验。

2. 新行业与原有行业的关系带来的挑战

不存在完全独立的行业，新行业与原有行业之间存在着普遍联系，如新能源汽车行业仍涉及原有的汽车制造、销售行业；直播带货仍与传统货物销售具有直接联系；外卖配送涉及店家和消费者这一对传统的餐饮服务合同法律主体。当就一个新行业进行上游和下游的溯源作业时，它将必然与原有行业产生联系，此种联系是不可避免的。此种联系给市场监管带来的主要挑战是政府需要对新行业与原有行业之间建立的全新通路进行发掘，并判断该通路是否存在新特点。

但这一挑战实属困难：全新通路的明晰须以对新行业的清晰认知为前提，而后者的实现实属不易，因为并非所有新行业的特性都存在监管可以出手的空间，清晰认知不仅需要对新行业的各种特性充分知悉，还需要对其中哪些特性需要被监管作出判断和拣选，对于全新通路的新特性的判断则要在此基础之上。

以直播带货[1]为例，其特性有三：实时售卖、隔空售卖、售卖者非货品直接所有者。其中，"实时售卖"要求一定数量的直播观看者，在收益转化相同的情况下，观看者数量越高，销量越高，但此特性本身并无被监管的必要，因为实时性本身对社会福利无任何影响，其影响的只是监管的难度本身——直播对实时监管和证据留存的要求极高。"隔空售卖"本身确有问题，因为隔空使消费者不能准确探知所售商品的质量，故而进行的买卖亦具有不确定性。但此问题在《消费者权益保护法》中关于网购货物的"七天无理由"退换货之规定中已有涉及，关于隔空售卖这一特性，直播带货与网购无异，故而也不需要专门分析此特性。

––––––––––––

〔1〕 此处的直播带货指向的是由专业的带货主播进行的商品直播售卖活动，不讨论商家的直售活动。

唯一值得分析的就是"售卖者非货品直接所有者",这一点与委托代理几无区别,但重点在于代理是民法范畴的概念,而经济法并未直接规定代理行为的法律效果,此时直播带货的代理面对的是社会不特定多数人,代理行为具有了可能损害社会福利的性质,经济法也就应当予以回应,行政机关也因此需要关注此特性。此时依据代理行为建立的就是售卖者与货品直接所有者及售卖者与消费者之间的两个全新通路。民法要求代理行为的法律效果归于被代理人,但经济法不能如此定性。在直播过程中,带货主播的角色有时会发生变化,既是促销活动的节目主持人,又会承担一些娱乐活动角色,这种身份变换使其承担"传媒""促销者""社会交往者""娱乐从业者"等多重角色,进而使得直播带货中出现问题时很难进行责任划定,"传播""促销""社交"和"娱乐"功能的整合,也使这种促销模式复杂化。[1] 从购买本质来看,当下直播带货蓬勃发展,出现了一众"知名主播",众多消费者聚集在主播直播间等待优惠活动,此时广大消费者购买主播带货的产品是基于对主播的直接信赖而并非对产品的信赖,主播起到了广告宣传的作用,对消费者施加的影响力并不亚于品牌代言人。随之产生了虚假宣传、产品质量风险等经济法相关问题,如主播欺诈消费者声称是某面膜全网最低价、直播间热销榜上的网红食品不具备生产资质,等等。这类情形下行政机关是否应当强化过程性合规监管、严格经济法责任,如果存在监管必要如何把握监管力度、协调消费安全与产业效率,种种问题都需要得到解决。

(三) 新特性的诞生——市场监管的底层重构

当前我国已进入全新的信息时代,从《"十四五"规划和远景纲要》可见,其第四篇"形成强大国内市场构建新发展格局"就围绕数字要素进行经济发展和结构构建予以大力支持,大数据和互联网已经成为新的战略高地。信息时代下的大数据和互联网特性的凸显意味着未来全行业将被赋予一种全新的属性,"互联网+"的模式建立带给所有行业以巨变,各行业自此普遍地拥有了数据化属性,这实在让人振奋。但新特性带来的新的结构模式、行为方式是对过去经济形态的重构,数字产业化和产业数字化的双向发展,引导产业从要素使用、生产模式、商业模式等多个领域实现颠覆式变革,[2] 新特性的诞生要求市场监管的底

---

〔1〕 参见苗月新:《直播带货的营销动因、主要问题及对策》,载《中国市场》2021 年第 5 期。

〔2〕 参见李英杰、韩平:《数字经济发展对我国产业结构优化升级的影响——基于省级面板数据的实证分析》,载《商业经济研究》2021 年第 6 期。

层重构无疑是市场监管当前最大且首要的难点，其带来的强大动能也将施加于市场监管之上，这就要求市场监管对此进行全流程的探索和应对，此种光明前景背后的挑战，不可不察。

1. 人工智能的风险管控问题

大数据和互联网、物联网的联结结构[1]成为了新时代的战略高地，其本身带来的强大动能也给市场监管带来了全新挑战。人工智能是当前互联网的风口之一，其应用在全面展开，人机交互、无人驾驶、远程控制、法律文书辅助等领域均可清晰看见其身影。人工智能具有独立创造全新行业和为原有行业进行科技赋能的双重能力。一方面，人工智能在当前尚未突破科技关卡，往往优劣相伴相生，这实在使得政府难以把握对其的态度，市场监管的整体力度配置难以确定；另一方面，人工智能的侵权责任问题带来规则制定的困难，其中责任主体的确定尤为困难。

以自动驾驶为例，就新技术优劣相伴来看，当前特斯拉等新概念汽车已经能够进行简易的自动辅助驾驶，在高速公路路段能够对道路进行识别并自动进行转弯、变道、变速等基本操作，驾驶者在高速公路路段几乎不需要进行任何操作。然而，由于当前科技水平的局限，在其前方有车的情况下该类车对入弯的角度分析和速度控制表现得极不稳定，经常需要驾驶者进行手动控制。此种不确定因素的存在使得自动驾驶这一原本为了驾驶者得以放松的技术让驾驶者实际驾驶时反而变得更累，因为其需要时刻防止事前不可控的危险情形的出现。人工智能在当前的瑕瑜互见给行政机关对其应当秉持何种市场监管的态度带来了困难：如果为鼓励其发展而在准入、运行监管等方面予以放松，则可能导致不成熟的人工智能大行其道，危害社会秩序与安全；如果对当前的负面效应过度小心而强化监管力度，又会导致人工智能发展受阻。[2] 制度环境会对交通工具的应用产生重要影响，从马车被汽车替代这一历史过程中就可窥见一斑，例如，英国 1865 年颁布

---

〔1〕 应当注意的是，互联网、物联网是人、物各自之间及相互之间实现连接的一种结构，而数据是存在于各种结构中的一种信息资产，其本身包括但不限于在互联网、物联网中流动。

〔2〕 人工智能领域的发展面临的受阻因素具有复杂性：一方面同其他行业一样，由于监管力度强硬而使得企业进入动力减弱、市场疲软；另一方面，人工智能需要大量经验来进行计算机训练，且此种训练为黑盒测试（即进行功能训练，只能通过大量经验随机地提升能力而不知内部的原理结构，与白盒测试相对），监管的过度审慎会导致人工智能很可能因缺乏相关经验而始终不能在特定情况下运行，最终导致行业进步速度的减慢甚至停滞。

的《公路机动车法案》中，机动车运行的速度受到极大的限制（城市中上限为 2 英里每小时，乡村中为 4 英里每小时），同时法案采取在机动车前面安排引导员的方式来控制速度，引导员在前方手持红旗或红灯笼，一方面限制车速，另一方面防止行人或马匹受到惊扰，[1] 该规定极大地阻碍了汽车在技术上的发展。历史表明，在新的技术因为不稳定性而招致制度的严厉限制时，其技术应用和产业发展会受到极大影响。

就侵权责任问题来看，自动驾驶技术使得完成驾驶活动的操作者由驾驶者一人变为驾驶者和汽车两方。对于机动车侵权责任，我国的《道路交通安全法》第 76 条是最为重要的法律规范，它对责任主体的界定只用了"机动车一方"的表述，而在实际案件中，通说认为机动车侵权责任的责任主体是机动车的保有人，以"运行支配"与"运行利益"两方面标准来具体判断。一般来说，机动车所有人是责任主体，当因租赁等情形使得机动车所有权与使用权相分离时，使用人是责任主体。但是在自动驾驶领域情况就变得非常复杂，以自动化的程度区分，自动驾驶汽车可以被分为不同的等级，不同等级下驾驶者对汽车的支配力也不同，对于自动化程度较高的汽车而言，驾驶者和汽车已经分离，但汽车本身是不能作为责任主体的，所以一起自动驾驶汽车侵权案件可能涉及的主体共四方：受害人、驾驶者（保有人）、保险人、生产者，除受害人、保有人与保险人这三方传统主体以外，是否要发挥经济法保护弱势群体的理念来分配责任，能否或者如何就每一具体案件将自动驾驶汽车生产者纳入责任方，是否要对自动驾驶汽车这一特殊产品单独立法，种种问题都值得研究。

2. 大数据的信息安全问题

大数据带来的信息安全问题[2]主要涉及的是经营者通过各种信息采集技术终端对信息进行获取分析，该行为让消费者成为信息时代的"裸体人"。技术的升级可能带来风险的升级，大数据这一全新生产要素在建立新秩序的同时必将形成全行业对新的数据处理技术依赖的新惯性，新技术将数据从传统物理空间中的分布式转向虚拟空间的集中化，[3] 此时新惯性的存在将会导致一旦技术被破解，

---

[1] 参见张守文：《无人驾驶的制度环境及其优化》，载《人民论坛·学术前沿》2021 年第 4 期。

[2] 需要明确的是，所谓大数据的信息安全问题并非由大数据导致，而是经营者为构建大数据库、利用全新数据采集方式进行的信息采集和分析（主要是算法的运用）而给消费者带来的信息安全问题。

[3] 参见胡凌：《刷脸：身份制度、个人信息与法律规制》，载《法学家》2021 年第 2 期。

海量集中信息泄露将造成的损害无法估量。具体来看，大数据的前端采集、数据处理、跨境管控和利益冲突等方面都会给监管带来难点。

（1）全新数据收集方式带来的监管困难。[1] 数据收集是指企业根据自身经营发展需求从个人用户、网络平台或其他第三方收集相关的数据，由于这个环节既是数据全生命周期的起点，也是数据后续处理应用、商业化开发的基础，故各方经营者都会采取各种方式最大限度收集数据信息。当下企业数据的主要收集方式有三种：第一种是通过与个人信息主体交互或记录个人信息主体行为等直接收集，如网络服务提供者运营 APP 时，由用户直接按照标准的格式上传个人信息（姓名、性别、职业、身份证件、住址、联系方式等），系统自动存储这些信息；第二种是从公开或半公开网络平台收集数据，如部分企业会自行或委托第三方通过爬虫技术或 API 等方式从公开网络平台或半公开网络平台收集数据；第三种是通过合作方共享、转让，间接收集数据。如美团收购摩拜单车后，双方通过一封确认函，告知用户将实现账号互通，美团将共享用户在摩拜端的各类数据。

其中第一种收集方式与个人信息主体直接交互，向个人信息侵入最深，所以网络服务提供者运行 APP 时，须确保收集数据时已经取得个人信息主体对收集行为、数据使用目的、方式与范围的充分授权许可，并符合数据收集的必要性原则，不得超过授权范围收集和使用。但是否获得了信息主体的有效授权往往也是最不可察的，此种收集方式由于其隐蔽性和分散性特性给监管带来了较大的困难。经营者通过 APP 的权限来调用各种移动终端的输入信息（文字、声音、图片），此种调用往往能够在该 APP 界面退出后仍对消费者的各种可被采集的信息进行收取。监管此种信息收集的难度实在太高，一方面需要同样体量的资源来对每个移动终端的活动进行监控，监管资源需求极大，可能不合比例原则；另一方面事后证据实在难以获取，全天候实时监控有其必要性却又无法实现。此外，行政机关的监控容易引发道德风险：行政机关如果想要监管相关行为，也需要像 APP 一样获取用户的各种权限来进行监控，且这种权限的给予是强制性的（否则行政机关就无法履行其职责），此时行政机关也成为了和经营者一样的角色，

---

[1] 此问题的前置问题为个人信息保护选择"权利保护"模式还是"权力保护"模式，前者通过民法路径救济解决，后者通过行政机关监管控制。基于个人信息交互性、分享性、公共性的特点，"权力保护"应当成为选择，且我国《个人信息保护法》也在第六章明确履行个人信息保护职责的部门，"权力保护"将成为个人信息保护的必要条件，故此处不讨论个人信息权益的法律定性问题。参见王锡锌：《个人信息国家保护义务及展开》，载《中国法学》2021 年第 1 期。

如何防止行政机关的权力滥用就成为了新的问题，此时是否需要行政让步，交由司法进行事后规制也颇具讨论空间。

（2）大数据处理的能力升级对监管能力进步的全新要求。大数据的采集能力和分析能力在不断进化，从开始仅通过获取用户权限获取个人信息，到现在通过用户输入信息、调用手机麦克风进行环境录音来实现对用户信息的多维度采集，并依靠算法的不断优化实现了精准化定向分析。与之相比，监管手段一直以来具有不小的滞后性，直到 2021 年 5 月 1 日施行的《常见类型移动互联网应用程序必要个人信息范围规定》，才对 APP 获取用户信息权限进行了一定的限制。当前大数据处理技术的提升使得依靠技术中立实现自动运行和秩序维护成为可能，但算法在实现智能化的同时也将数据处理的规则和流程封装在"黑箱"之中，这一方面因为透明度的缺失损害了市场主体的知情权，又在另一方面对社会理性矫正技术机械运行的个案正义实现路径进行了排除。[1] 此外需要注意的是，监管手段的滞后性在大数据收集领域是致命的，因为数据一经收集即被分析利用，这个时间间隔在当前的算法技术运作下是极其短暂的，收集过的数据将永久地发挥价值，即使日后采取了监管手段也是亡羊补牢。

（3）监管空间范围的限制。从数据利用的一般途径来观察，先后分别经过数据采集、数据整理、数据分析处理、数据应用等阶段，由于大数据依靠虚拟空间建立，所以上述几个阶段的现实发生地往往出现分离，[2] 此时就可能出现部分地点在国外的情形，一国政府如何确定监管的边界就成为一个难题。数据利用问题的发掘并非做好一环的监管就可高枕无忧，其需要对全流域进行监管以作出综合判断：一行为可能在数据采集上是合理的，但在数据应用方面被滥用于禁止性领域中（如将简历内容擅自进行买卖）；一行为可能在数据应用领域上没有问题，但对数据的分析处理作了不适当的加深和揭露（如观察职工健康状况时却擅自进行了基因分析）。当一国政府只能进行部分领域的监管时，必将放任其他领域的不法行为。但若进行跨国监管，也存在不少问题：一方面，跨国监管会产生侵犯他国主权的问题；另一方面，即使寻求国际合作，数据监管方面的合作也很难达成，因为数据是当前各国的核心资源，授予他国对本国领域内的数据调查监

---

〔1〕　参见袁康：《金融科技的技术风险及其法律治理》，载《法学评论》2021 年第 1 期。

〔2〕　此种分离体现在两个维度：一是不同阶段发生地的分离；二是同一阶段的多发生地情景，如数据采集涉及不同用户，地点自然不同。

管权限可能产生一国重要数据被他国获取的国家利益损害风险。

（4）大数据的利益冲突问题。数据爬取已成为当前影响信息安全的重要因素，其中的关键问题是信息权属界定和数据爬取的边界。信息权属界定的特殊性在于信息的分享特性和权利传统归属之间的冲突：如果将个人信息权属完全归于个人，则会出现相关数据收集机构无法将个人信息进行共享、流通和交易，造成数据信息的闲置和浪费；[1] 如果将个人信息权属归于收集者，有可能带来收集机构超目的使用的情形。[2] 两难境地导致传统的消极权利防御机制无法发挥作用，需要行政机关在数据利用过程中进行监控。关于数据爬取的边界问题，有学者认为应当依据"卡尔多-希克斯效率"比较一方受的损害和另一方获得的收益以确定数据爬取行为的合法性。[3] 数据具有共享价值，其利益往往通过分享得以实现，不过问题在于，该收益是否仍需要区分利益类型和爬取信息的类型。就前者而言，如果获益方所获收益为完全的企业私益（如数据的爬取是为进行定向化商业广告推送），是否能确定此种爬取行为的合法性，是否要给予数据爬取以完全的基于分享价值的支持，是否只要能够实现边际效益大于边际成本的效果即一概支持，此类问题值得研究；[4] 就后者而言，是否不问信息类型均可进行数据爬取，如果需要区分，隐蔽的信息类型又要如何识别。未来如何就数据爬取行为进行监管尺度的确立必将成为信息时代的关键问题之一。

3. 互联网要素配置下的新问题

（1）应用软件的安全与不安全的技术性冲突。当前网络攻击频仍，对网络攻击的防御很大程度上依靠用户的个性化特征凝集的信息集来实现，几乎所有的应用软件都会出于保护账号安全的目的要求用户提供各种个人信息，换言之，虚拟空间的账号安全保护机制以用户让渡隐私信息为代价，且让渡得越充分，账号就会相对越安全。但隐私的让渡一方面可能会导致遭遇网络攻击时隐私信息亦被泄露，得不偿失，另一方面也需要提防掌握信息的企业抵抗不住利益诱惑引发的

---

〔1〕 参见邢会强：《大数据时代个人金融信息的保护与利用》，载《东方法学》2021年第1期。

〔2〕 参见［德］尼古拉·杰因茨：《金融隐私——征信制度国际比较》，万存知译，中国金融出版社2009年版，第31页。

〔3〕 参见许可：《数据爬取的正当性及其边界》，载《中国法学》2021年第2期。

〔4〕 这里实际上就是经济学家与社会实际的抗争问题，经济学家往往重视社会总福利的问题，并基于此批评增税、对外贸易管制等问题（因为这些行为损害社会总福利），却没有看到通过这些行为很多时候能更好地保障一个国家低收入人群的生活并逐步缓解贫富差距。

道德风险，此种背景下行政机关必须出手。然而矛盾的是，行政机关实现监管职能又使得其也成为了知悉个人信息的一方，信息泄露的风险从此角度看又升高了，故而行政机关如何选取监管的力度和环节，如何划定个人信息的让渡底线等问题都成为了未来的重点问题，此问题从实际操作困境上与大数据收集带来的信息监管问题相同。

（2）互联网要素侵权问题。互联网要素侵权问题主要涉及用户在互联网要素配置的场域下的惯常行为带来的问题，从本质上看该问题并非一个客观问题，而是心理问题，其中关键在于消费者对于网络信息缺乏等同现实的警惕性，此种警惕性的缺乏主要体现在使用互联网产品时消费者对相关条款观察力的缺失。具体而言，这会导致部分互联网企业可以凭此加入一些如信息获取权限等对于消费者的不利条款，[1] 这种警惕性的缺乏一方面是过去信息权限强制要求带来的惯性，另一方面是由于社会节奏逐步加快给人们带来了急躁心理，而从最根本的角度考虑，在于用户对于政府管控和法律规制的信任。此种心理业已形成，就现实状况而言，过去将信息共享选择权交由用户的方法似乎已不可行，因为用户并不能有效地实现此权利，相比权利外放当前更需要通过法律法规划定条款底线，但是，底线的量和度为何将是未来的一个难点。

（3）互联网的新型结构创设（以"二选一"为例）。随着数字经济的发展，互联网的典型结构之一 ——平台日益壮大，关于平台经济领域经营者要求商家"二选一"、"大数据杀熟"、未依法申报实施经营者集中等涉嫌垄断的问题日益增加。如"二选一"问题成为必须应对的重要问题，基于某些交易领域对平台的特殊结构的依赖，相关平台经营者通过某些技术措施或者合同安排，使得交易对象面临要么"与该平台经营者进行交易，且不能与其他平台经营者进行交易"，要么"无法与该平台经营者进行交易"的唯二选择，并通过惩罚性或奖励性的措施促使交易对象选择前一"选项"，从而排除竞争平台经营者的交易机会。这种行为涉及搜索、电商、社区团购、社交平台等多个领域，依托于平台特殊结构，"二选一"行为会同时损害平台内商家和消费者的权益，会阻止商家多栖，直接导致商家失去在其他竞争对手平台经营者获得发展和实现收益的可能

---

〔1〕　需要说明的是，关于格式条款的法律规定中确有关于双方权责不合理配置问题的规定，要求权责重点条款突出显示。但问题在于，突出显示本身不能解决这个问题，互联网产品的使用条款往往非常冗长，消费者普遍不会阅读而倾向于直接确认。

性，也压榨了消费者的选择空间，迫使消费者成为商品涨价的最终承担者；对于平台经营者而言，如果限制这些关键的商家资源，就可以成功阻止其他平台经营者的市场进入和成长，通过排除和限制对手来损害竞争。虽然《反垄断指南》对上述问题进行了一定的回应，但规范一旦完成制定便具有滞后性，平台经济是当前最具活力的经济模式之一，发展变化速度快，不断创造新要素和新能力，故依据互联网结构和算法数据加持的平台经济需要持续性回应；从该指南制定的目的来看，最终《反垄断指南》仍然要服务于《反垄断法》的修改，需要《反垄断法》通过专门设计实现平台经济领域反垄断规范法律地位的确立和体系的构建；从立法体系来看，当前该指南仅锚定于平台经济在竞争法领域的垄断问题，对于平台经营者在竞争法的其他领域、消费者权益保护法[1]、金融监管法[2]等的全新规则需要尽快建立以实现体系性应对。

四、我国市场监管的目标

随着社会主义市场经济的发展以及政策体制改革的深入推进，现阶段我国经济发展所面临的国内环境与国际形势都发生了很大的转变，世界整体经济形势正发生着深刻复杂的变化。

(一) 市场监管目标确立的基础

市场监管是指在市场经济中，市场监管机关为了追求一定的经济和社会目的，依照法律规定的职权和程序对市场主体及其经营行为进行直接限制、规范或禁止等干预活动的总称，也是国家干预经济的基本形式。作为政府的四项基本职能之一，科学有效的市场监管在规范市场主体及其市场行为、引导市场有序发展、促进经营者公平竞争、维护市场整体秩序稳定以及保护社会公共利益等方面都发挥着重要作用，是国家公权力机关借以调控市场失灵现象、促进市场健康有序发展的重要工具之一。

1. 我国市场监管目标确立的经济基础

现阶段我国经济发展面临双重经济环境的压力。一方面，就国内发展环境而言，我国顺利完成"十三五"期间的经济发展计划，经济发展已经进入到了高

---

〔1〕《消费者权益保护法》中关于平台经济领域的问题主要集中于消费者的争端解决问题，如当前微信支付的平台内争端解决机制几乎形同虚设，对平台争端解决机制在质上的强制性要求成为一个问题。

〔2〕 当前互联网金融平台依凭基金大热，对于平台经营者是否履行投资者适当性测试义务以及诱导投资的观察需要在互联网金融平台准入资格审查和运营监管中持续进行，平台的金融监管法应对已成为市场监管的重点之一。

质量发展阶段，具备了初步稳定的经济基础与趋向良好的发展态势，发展前景乐观。但与此同时，我国经济发展所面临的结构性、体制性、周期性问题复杂多变，未来经济发展所面临的困难与挑战也不容小觑。另一方面，就国际发展环境而言，国际环境的复杂性与政治局势的强烈变化加剧了国际经济市场发展的不稳定性与不确定性，也对我国的内部经济发展提出了更高的要求与挑战。这使得我国未来的经济发展面临着很大的不确定性与未知性，新时代下我国的经济发展情况呈现出与以往明显不同的特征，进而导致了与之匹配的市场监管理念与具体推行措施的转变。

具体监管措施的推行离不开正确目标理念的引导，市场监管的目标确立对于监管机关出台并落实相关政策措施，以及明确市场经营主体的行为边界等都具有重要意义。在不同的经济发展阶段确立具有针对性、科学性、合理性的监管目标与监管理念有利于精准调控市场运行状况、推进市场经济的健康有序发展。监管理念往往是立法机关通过总结上一阶段经济运行总体规律，同时结合下一阶段市场发展目标而高度凝练出的概念性理论，其更多以原则或观念的形式贯穿于市场监管工作的始末，难以直接运用到市场管理的实践当中。而监管目标的确立则体现为更加明确具体的直接任务设定与整体计划安排，主要分为短期目标与中长期目标、实体目标与法益目标等，通过为一定时间跨度内的市场监管工作提供具体实施计划与长远发展目标，有效指导市场监管机关稳步推进市场监管工作、落实市场监管计划，进而引导社会主义市场经济的健康可持续发展，对于市场监管工作的有序开展与后续推进都具有重要意义。在把握我国社会主义市场经济发展规律以及现阶段市场运行状况的基础上，应当因时制宜地更新市场监管的目标，为市场监管工作的下一步开展提供正确有效的引导。以科学精准的目标指导市场监管、以正确有效的方式推进市场监管，积极探索具有中国特色、符合时代要求的市场监管新模式，进而为不同的市场经营主体营造公平竞争的发展环境、规范市场竞争行为与市场运行秩序，这是现阶段我国进行市场权力配置探讨所面临的重大课题之一。

2017 年 1 月 12 日，国务院正式印发《"十三五"市场监管规划》（以下简称《"十三五"规划》）[1]，在总结"十二五"时期市场监管工作所取得的成就以

---

〔1〕 参见《国务院关于印发"十三五"市场监管规划的通知》（国发〔2017〕6 号）。

及尚存问题的基础上，对我国 2016 年至 2020 年的市场监管工作提出了新的展望与要求，确立了该阶段市场监管工作的整体思路与方针政策。《"十三五"规划》提出，我国的市场监管工作应当兼顾综合性、基础性与战略性，从维护市场公平竞争出发，从维护广大消费者权益出发，对市场秩序与市场环境进行综合监管。这一规划实质上提出了我国现阶段市场监管所面临的两个总体目标，即以维护市场公平竞争秩序为主的实体监管目标，以及以保护社会公共利益为主的法益监管目标。《"十四五"规划和远景纲要》中提出了以"互联网+监管"为基本手段、以重点监管为补充、以信用监管为基础的新型监管机制，推进线上线下一体化监管的模式。通过上述目标的确立，一方面发挥市场监管工作的直接效用目的，即在微观经济领域对市场经济主体及其行为施加影响、进行调控干预，以防止市场失灵现象的出现，保证社会主义市场经济的有序运行，平衡政府干预与市场发展之间的关系。另一方面，回归政府干预市场经营的本质目的，即通过规范市场主体经营行为、促进市场公平有序竞争等一系列操作满足社会公众需要，维护社会公共利益与公众权利，彰显社会本位的治理观念。

2. 我国市场监管目标确立的法益基础——维护社会公共利益

监管以权力的运用为主要形式，权力的运用中要防止权力的滥用。权力运用和权力滥用之间的最大的区别是行为是否符合社会公共利益。

（1）市场监管的实体目标是维护市场公平竞争秩序，法益目标是维护社会公共利益。市场监管机关与其他主体管理约束行为的区别，使其应设立特有的实体目标与法益目标。市场监管是政府等国家公权力机关在经济法中的基本职责之一，强调政府在市场中的地位与作用。市场监管机关通过履行法律所授予的监管职责，对市场主体及其行为进行规范与制约，其监管理念与监管目标的确立都蕴含了经济法责任的相关理念，即维护社会公共利益、保护社会公众权利。不同于以救济和保护自然人、法人等个体利益为目的的民事责任，以及以维护行政相对人权利为目的的行政责任，经济法责任是指因违反经济法规定的义务、危害社会公共利益，由国家专门机关认定并强制执行的对于违法者的制裁。市场监管机关正是以监管为基本方法规范市场主体行为，通过禁止性、限制性或命令性等强制性规范追究市场主体经济法责任的职能部门。

由此可见，市场监管与民事诉讼、行政诉讼等私益诉讼存在本质的区别，主要体现在对其实体目标与法益目标的追求与保护上。市场监管并非为了保护某个私主体利益或某部分社会特殊群体利益而设立，其具有极强的社会性与公共性，主要体现在对于社会公共利益的考量与保护。通过对市场经营主体资质的监管审查以及对违法经营行为的管控惩罚，达到维护市场公平竞争秩序的实体目标，进而对经营者的公平竞争权，消费者的知情权、人身与财产安全权和公平交易权，以及其他相关群体的合法权益都起到保护作用，达到维护社会公共利益的法益目标。国家公权力的运用是为了满足社会公共利益的需求，但在追求社会公共利益这一根本目的的同时，可能会对个体权利起到反射性保护作用，这是市场监管工作所带来的间接效果而非直接目的，也是与其他私益诉讼相比所存在的本质区别。

此外，通过与其他主体的相关管理约束行为进行对比，也不难发现市场监管的法益目标具有特殊性。与市场监管行为相类似，以行业协会为代表的民间组织通常也会对其内部成员进行管理、约束与规制。例如，中华全国律师协会与地方律师协会通过出台相关政策规定对律师的执业行为进行规范约束，一旦律师出现违法执业行为便会受到相应的处罚惩戒，等等。但这种民间组织的监管更多体现为行业内部的少数管理与约束，无论是适用范围、权力来源还是宗旨目的都与市场监管存在很大差异。首先，民间组织的监管往往针对某个行业或某个团体展开，其监管对象具有特定性、针对性；而市场监管机关则是针对全国范围内的市场经营主体以及相关经济行为展开规制，其监管对象与监管范围更为广泛，涵盖市场经济发展的整体。其次，民间组织的监管权力来源往往是行业内成员所共同制定的行业相关章程，而市场监管机关则是依据法律法规的授权行使监管职责。最后，民间组织的监管目的往往是实现行业利益或团体利益的最大化，不会将社会公共利益或公共权利纳入考量范围，但市场监管以维护市场经济秩序和社会公共利益为宗旨，两者也存在本质的差异。

（2）市场监管工作的本质目的是维护社会公共利益。上文已述，市场监管的直接调整对象是市场经营主体与市场经营行为，所要达成的实体目标是维护公平竞争的市场秩序、促进社会主义市场经济的健康有序发展。而上述目标的实现最终都指向同一法益目标，即维护社会公共利益。市场秩序的有序与经济发展的稳定最终都会反馈到包含消费者利益、经营者利益在内的社会公共利益中去，市场监管正是通过对市场经济运行的实体内容调控实现维护社会公共利益的最终目标，保护社会公共权利。

　　首先，市场监管法中不同法律所确立的监管目标与立法宗旨均体现了维护社会公共利益的法益基础。市场监管法由许多分散的单行法组成，主要包含规制垄断行为的《反垄断法》、规制不正当竞争行为的《反不正当竞争法》、规制产品质量以及食品生产经营行为的《产品质量法》与《食品安全法》，以及保护消费者权益的《消费者权益保护法》，等等。由于上述法律的具体适用领域与调控管制对象存在差异，其立法宗旨与具体监管目标也各不相同，但通过梳理不难得出，其所确立的监管目标均体现了维护社会公共利益的法益基础，本质目的仍为保护社会公共利益。《反垄断法》第1条规定，其规制垄断行为是为了"保护市场公平竞争，鼓励创新，提高经济运行效率，维护消费者利益和社会公共利益，促进社会主义市场经济健康发展"。其中保护市场公平竞争与提升经济运行效率作为直接实体目标，最终指向维护消费者利益和社会公共利益的法益目标。此外，《反不正当竞争法》在其规制目标中提及"保护经营者和消费者的合法权益"[1]，《食品安全法》的立法宗旨是"保障公众身体健康和生命安全"[2]。上述法律的立法宗旨无一不体现对于社会公共利益的考量与保护，经济法通过设立专门的监管机构对危害社会公共利益的行为进行监管与规制，以更好地实现维护社会公共利益的目标。很大程度上，上述"保护经营者"是指保护中小企业，这是由中小企业的身份、特点、功能等决定的。

　　其次，从市场监管的监管对象、措施以及具体内容来看，市场监管机关之所以对垄断、不正当竞争、发布虚假广告、制售伪劣产品以及破坏自然环境等违法行为进行管控与规制，正是因为这些行为扰乱了正常的市场经营秩序，损害了众多市场主体的合法权益。为了维护社会公共利益，不同法律直接规定了各种危害社会公共利益的行为表现，并作出具体规制措施。《反垄断法》将垄断协议、滥用市场支配地位和滥用行政权力排除、限制竞争等垄断行为作为危害社会公共利益的行为予以禁止，对经营者集中的行为进行限制。《反不正当竞争法》规定了对商业混同、商业贿赂等危害竞争秩序、损害社会公共利益的行为的规制措施。纵观我国市场监管的整体规制体系，都是围绕着社会公共利益的不同体现形式进行设计并加以展开的。市场监管机关通过有效监管，对违法经营行为进行惩戒处

---

　　[1]《反不正当竞争法》第1条规定："为了促进社会主义市场经济健康发展，鼓励和保护公平竞争，制止不正当竞争行为，保护经营者和消费者的合法权益，制定本法。"
　　[2]《食品安全法》第1条规定："为了保证食品安全，保障公众身体健康和生命安全，制定本法。"

罚,以彰显市场监管的决心与意志,维护市场公平竞争秩序,保护消费者、经营者以及其他产业相关者的合法权益,维护行业整体发展秩序与社会公共利益,进而保障国家整体经济发展的平稳有序。因此,市场监管法是维护市场秩序和社会公共利益的基本法,其目的具有明显的社会性与公共性。

最后,社会本位的理念要求市场监管机关以维护社会公共利益为法益基础与最终目的。社会本位是现代法律分配权利和义务的一项理念和原则,强调个人不能仅享有权利,同时应当承担对社会的责任与义务。具体而言,社会本位是指社会在与个人、国家以及其他组织中的关系中居于根本性、基础性和主导性的地位,个人、国家和其他任何组织必须以社会为中心和重心,任何人必须承担社会责任或义务,不得损害社会公共利益。经济法即是社会本位的法律形式,这要求市场监管机关注重全局意识与整体意识的树立,注重社会整体利益的考量,以维护社会公共利益为出发点和落脚点并以此作为判断标准决定是否将某一行为纳入规制范围。如果不涉及社会公共利益则不应规制,否则应当通过限制或禁止等方式进行规制。

除却上述实体目标与法益目标的设立,我国的市场监管工作应当坚持长远规划与短期目标相结合,全国整体部署与地方贯彻落实相结合,以及根据经济发展态势与市场环境形势进行适时动态更新的整体思路。[1] 在确立全国市场监管中长期目标任务的基础上,科学有效地进行年度与季度工作部署,有计划地推进重大改革措施的出台与创新性监管方式的推行,以避免监管目标的制定出现过大过空、不切实际的情况,使其具体有效地指导市场监管工作的开展与进行。此外,在落实目标的过程中应当重视市场监管工作的上下一致性与全国一致性,保持政策的稳定性与统一性,以避免出现不同地方、不同部门的同法不同用的情形。最后,经济形势的发展具有复杂性与动态性特征,市场监管部门应当保持对经济形势的及时追踪以及对新市场现象的敏锐观察,因时制宜、因地制宜地更新市场监管目标理念,为我国的市场发展提供常态化、动态化的科学指导,充分反映市场监管的目标理念以及监管成效。

(二)以维护市场公平竞争秩序为基础目标

从价值角度理解社会公共利益,市场监管维护的客观法益是市场公平竞争

---

〔1〕 参见《市场监管总局办公厅关于报送国务院〈"十三五"市场监管规划〉实施情况中期评估报告的函》(市监综函〔2018〕768号)。

秩序。

1. 市场失灵理论构成市场监管的经济学基础

上文已述，市场监管工作是指市场监管机关依照法定职权和程序对市场主体的经济行为进行干预活动的总称。市场经济是由市场主体根据自身利益最大化原则进行生产经营与资源配置的经济模式。正常情况下，市场经济能够充分发挥每个经营主体的积极性与创造性，市场资源得以充分有效利用，进而提高经济运行的整体效率，这种情形下的市场结构往往能够实现自我运行与自我发展，不需要外来因素的干预。[1] 但由于市场经营主体的分散性、决策行为的个体性以及生产经营的不规范性等复杂现实因素的存在，市场经济在自我运行与自我发展的过程中不可避免地会出现市场失灵现象，进而导致市场正常运行秩序的紊乱，主要体现为负外部性效应、公共物品缺失、分配不公、信息不对称，以及宏观经济波动等现象。

其一，以负外部性效应为例，市场经营的主体以一般经营者为主，其多为分散化的决策个体，因此在生产经营的过程中往往只注重短期利益的追求以及私人利益的最大化，不会将消费者利益保护以及社会公共利益等整体考量因素纳入成本计算范围。这导致私主体在从事市场经营的过程中，很可能会过量从事能产生外溢成本的活动，此时市场经营的私人成本低于社会成本，外部性所产生的成本或效益游离于价格体系外，便会引发市场价格机制的失灵，进而损害社会公共利益，形成所谓的负外部性效应。其二，由于公共物品具有非竞争性与非排他性，其建设一般需要大量人力、物力、财力的投入，投资与建设的周期相对较长，私人企业往往难以也不愿投入公共物品建设，因此公共物品的供给多依赖政府部门进行监管调控。如果仅由市场本身进行调控，公共物品便很大可能会出现严重缺失情况，难以满足市场与社会公众的基本生活需求，进而导致群众基本生活保障的缺失、社会公共治理秩序的紊乱，甚至破坏国家统治的根基。其三，分配不公是因为市场经济本质上是由资本所有者控制市场发展方向、主导社会财富分配的经济模式，但资本所有者为了实现自身资本收益的最大化，必然会占有更多的社会资源与市场份额，导致社会贫富差距的进一步扩大，极有可能会诱发社会深层次矛盾与阶级对立，不利于社会整体发展目标的实现与国家统治秩序的平稳安

---

[1] 参见薛克鹏主编：《经济法学》，中国政法大学出版社 2018 年版，第 24~25 页。

定。其四，信息不对称会加剧市场中经营者与消费者权利义务不对等的差异鸿沟，信息优势一方利用其掌握的交易信息等对弱势一方进行剥夺，进而损害消费者知情权、公平交易权等合法权益，损害市场公平竞争秩序。其五，宏观经济波动会引发生产过剩、工人大量失业、通货膨胀等现象，进而诱发经济危机。一旦经济发展出现停滞或重大波动，整个国家的政治稳定与社会发展都不可避免会受到波及，危害整体社会秩序的稳定。

通过上述分析不难得出，市场经济的健康发展离不开政府部门的适当干预、有效监管与科学调控。市场的自我调节与恢复机制难以解决市场运行中所遇到的重大复杂问题，难以驾驭国民经济与社会发展的目标选择，难以解决重大产业结构和布局的调整与优化问题，难以保证社会资源达到最合理与最优配置，此时便需要国家公权力机关对其予以适当合理、科学有效的干预与调整，以保证市场秩序的正常运行、社会主义市场经济的稳定发展。政府对市场的干预主要通过宏观调控与市场监管两条路径加以实现，其中宏观调控多通过发布宏观层面的政策措施，促使理性的市场主体根据自身情况作出符合利益最大化的选择与调整，进而间接影响市场主体的行为选择，其制度规范多体现为诱导性措施，引导、促进或约束市场主体朝着宏观调控手段的预设轨道运行。而市场监管直接作用于市场这一微观领域，通过对扰乱市场秩序、危害其他市场主体合法权益和社会公共利益的经济行为的限制、禁止和处罚，规范不同市场主体的经营行为，进而构建公平有序的市场交易与竞争秩序，为宏观调控法功效的充分发挥奠定必要的微观基础。市场监管工作以矫正与改善市场机制的内在问题为目标，通过维护市场公平竞争秩序，使市场机制得以充分有效发挥。

综上所述，市场监管就是对市场失灵现象进行事先预防与事中事后调整，通过许可、强制、检查监督以及行政处罚等方式约束市场主体的不正当经营行为，进而最大限度地保障每个市场主体的竞争自由，提升经济运行效率、实现消费者福利的最大化。

2. 市场监管应以维护市场公平竞争秩序为直接目标

市场经济的本质就是竞争经济，竞争是市场经济的核心与灵魂，是市场发挥调节作用的基本条件。市场运行机制实质上是通过不同经营主体的自由竞争、有序交易进而推动生产、创新与发展的经济模式。公平竞争的市场秩序对于经济发展具有极为重要的意义，混乱的市场秩序不仅会影响市场主体正常的生产经营活动，更会对消费者以及其他产业相关者的利益造成损害与破坏，最终危害整个行业的经济运行状况及未来发展前景。市场经济只有建立在公平竞争的基础上，才能真正发挥资源配置的作用。市场竞争机制一旦失效，相关行业就会被垄断与不正当竞争行为所充斥，进而形成"一家独大"的寡头垄断现象。这种情形下少数经营者占据了绝大多数市场份额，挤占与排斥其他经营者的正常生存空间，最终导致其他经营者的没落甚至退出市场，市场的正常供求关系失衡，价值规律与价格信号等机制失灵，消费者只能接受质次价高的产品与服务，相关行业与市场丧失创新发展的动力，最终导致社会整体生产效率的低下、国家经济发展的停滞不前，对社会整体利益以及国家治理秩序都会造成难以挽回的损害。

由此可见，市场经济的健康发展离不开公平竞争的市场秩序。市场监管行为本质上是政府机关对于市场经济的干预与调控，其直接目的就是调整与规制不正当竞争行为、处罚与消除违法经济行为，进而维护良好有序的市场竞争秩序，促进市场经济的健康发展。市场监管机关应当通过健全新型市场监管机制，进一步提高监管效率、提升监管的科学性与针对性，通过事前、事中与事后监管的无缝对接，实现监管的全覆盖。通过事前监管合理引导市场主体的经济行为，划定市场经营的行为边界，最大限度地预防与避免市场失灵现象的出现。一旦发现市场经营中出现不正当竞争行为，及时进行事中监管与防治，对违法行为进行矫正与调整，以防止危害后果的无限扩张。同时注重事后监管的补救与惩戒作用，对有过违法记录的相关市场主体进行惩戒规制与追踪监控，以防止无序竞争行为的再次发生，恢复原有的市场竞争秩序，保证市场交易环境的安全。

维护公平竞争的市场秩序要求市场监管机关正确处理政府与市场之间的关系，既不能不加干预地放任市场发展、导致其无序扩张，也不能过度干涉市场主体的经营活动，代替市场发挥作用。市场监管机关应当坚持以市场自我调节为基础，避免影响市场的自我调节，以克服市场缺陷和恢复市场自我调节能力为限度，坚持监管有度、监管有据，严格根据法律规定履行监管职责，不得玩忽职守，放弃监管。没有法律规定，不得随意限制市场主体的行为和自由，超越法律规定进行监管。市场监管机关一方面要给予市场主体最大限度进行经济活动的自由，另一方面又必须强调市场秩序，以确保经济活动顺利进行。市场监管对于秩序的倡导与追求，并不是要否定和取代市场主体的自由竞争和自由选择，而是为了更好地保障每个市场主体的自由，为所有主体提供充分的自由选择空间，只有同时兼顾自由和秩序，市场经济才能充分发挥自我调节作用，实现健康有序运行。

（三）以协调安全与效率为调节目标

安全与效率都是法的价值，但两者之间存在一定的抵牾。市场的效率是市场活力的基础，但是只追求效率价值可能会伤害安全价值，故两者需要协调。

1. 中国市场监管所要应对的特殊状况

传统市场监管旨在纠正市场失灵，监管是市场机制的补充手段。18 世纪中叶，自由放任的思想占据了资本主义世界的主导地位，立足于供给的萨伊定律和亚当·斯密的国富论都论证着"最小政府"的正确性，自由市场的机制由此得到了充分的发挥，这一时期方兴未艾的资本主义经济确实得到了极大的发展。但在资本主义商品经济和市民社会发展数百年后，完全自由市场的各种局限性逐渐暴露，经济力量的悬殊导致竞争失效、信息不对称，各种市场违法行为包括卡特尔协议、商业诋毁、拒绝交易等出现，在凯恩斯理论的主导下，资本主义发达国家逐渐采纳政府干预经济的辅助方式以防控风险、维护秩序，以此来纠正市场失灵的问题。此时，由于那些资本主义国家高度成熟的市场已经具备稳定性，他们更多考虑的只是"市场失灵"的应对问题，即如何保证企业严格守法并承担社会责任。

然而，我国市场监管一开始所要考虑的就是政府和市场双失灵的问题。我国的市场经济是由计划经济转变而来，市场监管体制也是从严格计划转向监督管理，从对市场的严格控制到退居为"看不见的手"。要充分发挥市场在资源配置中的决定性作用，这意味着与资本主义国家反向而行的我国市场监管必定要面临很多资本主义国家没有遇到的问题。其中根本性的就是我国市场经济成长和监管机制建设几乎是同步开启，政府首先需要改变计划经济中政企不分和行政权力过大的情况，激发市场活力，同时也要摸索监管体制的建设，既要保证监管到位遏制违法市场行为，又要保障市场在资源配置中的决定性作用。在这样的底层逻辑下，中国市场监管机关就同时承担着双重角色——既要防止市场失灵，又要防止政府失灵，既要规制违法市场行为、维护经济发展安全、社会整体稳定，又要约束政府权力，维护稚嫩的市场、提高经济发展效率。这就要求政府要在减少对市场行政管控与监管市场失灵之间求得最优解，这在"度"上的要求非常精密，如果大刀阔斧放开监管，市场经济在飞速发展的同时可能会出现劳动争议、垄断和不正当竞争、消费者权益损害等市场问题，尤其对于新产业来说，更容易使其与传统产业脱节，产业经济发展出现分化；但如果过度管控也会增加企业制度性交易成本，导致成本效益信号失真，不仅未能提供守法激励，甚至还可能在特定条件下倒逼违规操作，更甚者可能会直接扼杀市场活力，阻碍产业创新，使得我国在国际竞争中失去先机。

可见，中国的市场监管机关要同时考虑政府和市场"双失灵"的预防问题，从零摸索，同时扮演市场促进者和监管者的双重角色，走好促进经济发展和维护市场安全的二元之路。

2. 市场监管的首要目的是协调好安全与效率

市场监管部门应当依据法律法规，依托政策技术等手段，对正在损害或者潜在可能破坏市场秩序、损害社会公共利益的行为进行规制，以维护交易秩序、促进市场良性发展，在维护社会公共利益的同时尽量公平配置资源和分配财富。我国从高度集中的计划经济向社会主义市场经济转变的历史过程中，市场监管从未缺席并始终发挥着重要作用，通过在不同阶段对监管体制机制加以改革的方式来适应现实的需求。改革的首要目的就是要协调好安全和效率这两种市场监管的价值取向，安全意味着更多的约束和规制，较高的交易成本和较小的自由发挥空间；而效率则意味着更多的市场自由，激发市场主体活力并促进竞争。市场监管的每一次调整都是在市场安全和效率两大价值取向之间权衡的产物。

这其中的考虑因素非常复杂，既要及时回应现实需求，也要严格分析比较优势、保证有限操作。如在数字经济飞速发展的当下，数据作为一种竞争资本的重要性愈发凸显。只有先做好数据采集，经营者才可以通过现有的海量数据和后续的分析预测技术不断强化自己的竞争优势，所以数据采集环节中容易出现不当采集、不当抓取等侵害用户数据权益的行为。此处在数据储存和共享环节也存在安全隐患。但数据作为一种资源要素，其交换、共享可以激励创新、发展产业，甚至在鼓励自由竞争和维护国家社会经济安全等方面都发挥着重要的作用。所以这就出现了用户的数据所有权和数据开发者获得需要之间的矛盾，数据保护与数据共享交织在一起，维护用户数据权利与促进数字市场发展的权衡是中国市场监管当下面临的重要问题之一。

这就要求市场监管的政策制定者和实施者辩证认识安全与效率的关系：以安全为根本要求，在保证安全的前提下提高效率，建立有效的风险管理防控机制；

同时也要促进市场经济的发展、推动效率的提升，迎住世界产业发展的风口，提高我国的国际竞争力。同时也要动态地认识二者关系，在社会经济发展的不同阶段侧重点应当相应变化，这是遵循市场发展规律的必然要求，也是市场监管机制改革的出发点。

在安全与效率中找到平衡，在此基础上实现经济的良好运行，最大限度上维护社会的公共利益。在法治框架下尽快建立科学监管、精准监管及长效监管机制，协调好安全与效率的二元价值取向，是市场监管的首要目的。

五、市场监管模式的比较研究

存在市场就存在市场失灵。各国为了解决市场自身调节机制的局限都形成了各自的市场监管模式，其中的核心问题是如何设计监管模式使得市场运行效率最大化。各国的此种实践经验值得研究、参考。

（一）市场监管制度之诸国模式

现代市场监管起源于美国对铁路运营的规制。[1] 自 19 世纪末 20 世纪初由美国逐渐蔓延至全世界。不同国家进行市场监管的初衷不同，最终形成的市场监管模式也各具特色。市场监管本质上是调整政府与市场的关系，根据政府对市场的介入程度，当代各国市场监管可以基本划分为三类：市场主导型、市场–政府混合型与政府主导型。

1. 市场主导型

美国的市场经济受亚当·斯密古典自由主义经济学的影响，长期奉行市场能够解决一切问题，政府仅作为市场的"守夜人"出现。随着工业革命的发展，美国国内的货运量也不断攀升，1887 年由国会批准设立的州际商务委员会成立。该州际委员会主要是监管美国的铁路运营，集立法、行政、司法功能于一身，是美国第一个独立市场监管机构。[2] 随后，以进步运动为开端，受第二次经济危机以及罗斯福新政的影响，美国开始重视政府的监管作用，如证券交易委员会、联邦通讯委员会等监管机构及监管法律相继设立或颁布。[3] 20 世纪 70 年代开始，美国出现"滞胀"的经济现象，加上原有独立监管机构出现监管效率较低

---

〔1〕 ［美］史蒂芬·布雷耶：《规制及其改革》，李洪雷等译，北京大学出版社 2008 年版，导论第 1 页。

〔2〕 参见［美］马克·艾伦·艾斯纳：《规制政治的转轨》，尹火山译，中国人民大学出版社 2014 年版，第 46~47 页。

〔3〕 参见孙吉胜：《美国政府管制改革的分析和启示》，载《中国行政管理》2005 年第 4 期。

等问题，美国政府开始弱化市场监管，减少对市场的直接干预，着眼于提升市场监管的科学性，更加强调发挥市场的作用。目前，美国已经构建起经济性监管机构和社会性监管机构相结合的独立监管系统。虽然美国的市场监管在不断地发展，但始终未改变市场主导经济活动的本质特征，市场监管仅作为自由市场竞争秩序的补充手段发挥作用。[1]

从美国的监管机构设置来看，主要分为两类监管机构：一类为独立监管委员会如联邦贸易委员会、消费品安全委员会等，另一类为内阁部门下属机构，如司法部反垄断司、食品药物管理局等。独立监管委员会是由国会设立，为避免党派利益纷争、专注于专业知识领域且独立于政府部门之外的行政管理形式。[2] 区别于内阁部门下属机构，独立监管委员会往往具有重大的立法权和裁决权、总统任命和罢免委员的权力受到一定限制、两党政治势力较为均衡、委员会成员任期制等特征，其在美国市场监管中占主导地位。以国会设立的州际商务委员会为例，该委员会由总统任命的 5 人构成委员会，每人具有 6 年交错任期，集体对相关事项负责，委员会成员多为具有专业知识的专家，依照美国 1887 年《州际商业法案》规定，总统仅在委员出现玩忽职守、滥用职权的情况下才能对其进行罢免，条件较之美国的《公职人员法》更为严格。同时根据上述法案的规定，同一政党的委员不得超过 3 名，[3] 通过任职人员党派的限制，避免独立监管机构成为党派利益的实现工具，最大限度地保持其中立性。此外，在立法方面，美国设有信息和监管事务办公室（OIRA，Office of Information and Regulatory Affairs）对政府内阁部门的立法活动进行审查和评估，但独立监管委员会不受其限制。[4]与内阁部门下属机构相类似的是，独立监管委员会的主要经费来源于美国财政拨款，且其财政预算受到美国管理与预算办公室的管理。[5] 较之作为独立于政府内阁的独立监管委员会，政府内阁部门下属机构独立性较弱，但在实行相应权力

〔1〕 参见刘鹏、钟光耀：《比较公共行政视野下的市场监管模式比较及启示：基于美德日三国的观察》，载《中国行政管理》2019 年第 5 期。

〔2〕 See Jennifer L. Selin, David E. Lewis, *Sourcebook of United States Executive Agencies* (2nd ed.), Administrative Conference of the United States, 2018, p.41.

〔3〕 See Jennifer L. Selin, David E. Lewis, *Sourcebook of United States Executive Agencies* (2nd ed.), Administrative Conference of the United States, 2018, p.42.

〔4〕 See Lisa Schultz Bressman, Robert B. Thompson, "The Future of Agency Independence", *Vanderbilt Law Review*, Vol. 63, No. 3., 2010, p.599.

〔5〕 参见席涛：《监管体制框架分析：国际比较与中国改革》，载《国际经济评论》2007 年第 3 期。

的时候也极少受到其他部门的干预。总体而言，美国监管机构的独立性强，各监管机构管辖领域界限分明。

美国市场监管部门进行市场监管主要通过颁行法律条文实现。除了立法权的分散、强调立法的公众参与外，美国市场监管立法还具有较强的灵活性以及可执行性。在维持法律稳定性的基础上，依照现实情况及时通过修正案、规范、指南等其他法律文件对基础法律进行补充，具有较强的体系性。[1] 市场监管法律条文大部分都明确了监管步骤并指向明确的监管标准，具有较强的操作性。另外，美国在市场监管中还十分强调成本效益分析以及风险控制，关注事前和事中控制，根据实际情况采取不同的监管手段，以最低社会总成本获得最大社会净效益。[2]

在美国，广义上的市场监管参与者并不局限于政府作为监管者以及企业作为被监管者，其他社会主体（如行业协会、中介组织等非官方社会团体，中介组织如会计师事务所、新闻媒体）等也都是市场监管的重要参与者。[3] 这些社会主体参与市场监管体现在参与立法、设定标准、协助市场监管目标的完成、为企业和政府搭建沟通的桥梁等各个方面。以美国消费者保护组织为例，美国消费者联盟作为其中的一个民间组织可以进行相关实验，及时发现、制止违法市场行为，协助消费者维权。[4] 又如美国旅行运营商协会通过较为严格的入会资格审查，并设立行业规范实施监督。[5] 此外，美国有许多由私营企业资助成立的私营机构也是市场监管的参与者，如私人检测机构参与检测等。[6] 美国政府还鼓励专家、公众、利益相关方在监管立法方面展开公开交流，提升决策透明度以及决策的科学性与民主性。[7]

2. 市场-政府混合型

欧洲的市场监管最初是为了解决工业化带来的一系列问题，如交通运输与基

---

〔1〕 参见薛峰：《国外市场综合监管的发展及其启示——以美国食品药品市场监管为例》，载《上海行政学院学报》2018 年第 5 期。

〔2〕 *See* 67 Fed. Reg. 13757（2002）.

〔3〕 参见王名、蔡志鸿、王春婷：《社会共治：多元主体共同治理的实践探索与制度创新》，载《中国行政管理》2014 年第 12 期。

〔4〕 参见孙颖：《"消法"修改语境下中国消费者组织的重构》，载《中国法学》2013 年第 4 期。

〔5〕 参见徐双敏：《市场监管的国际经验初探》，载《中国行政管理》2016 年第 2 期。

〔6〕 参见河南省食品药品监督管理局组织编写：《美国食品安全与监管》，中国医药科技出版社 2017 年版，第 120 页。

〔7〕 *See* 76 Fed. Reg. 3821（2011）.

础设施管理。在两次世界大战之后，欧洲进行市场监管很大程度上是为了解决周期性经济危机以及战后重建。在欧共体逐渐成形的过程中，欧洲各国的监管模式在纵向层面愈加复杂，但在横向机构设置与制度运行层面愈加统一。总体而言，战后欧洲的监管理论深受弗赖堡学派秩序竞争思想的影响。在二战之后的传播演讲中，勒普克、哈耶克和雷蒙·巴尔等人对德国弗赖堡学派秩序竞争思想的解释也使得该来自德国的观念摆脱了与纳粹政权有染的嫌疑。[1] 此种思想建立在对人性尊严保护的基础上，既要尊重私人创造的积极，又要避免自由被滥用，进而使得经济秩序不会被政治力量或垄断力量所左右。这一思想旨在冷战背景下在美国的市场无序与苏联的政府极权之间寻求某种平衡，寻找第三种路径。[2] 德国的"社会市场经济"正是在其影响下建立并完善。瓦尔特·欧根建立的理论体系也得到了实践的补充，在路德维希·艾哈德担任德国联邦总理时期渐成体系，在绝对自由与经济集权之间找到了调和路线，创造了德国战后的经济奇迹。[3]

欧盟委员会《产品安全与市场监管方案》明确要求每个成员国都应当设立或者指派市场监管局，并在此基础上设计总体监管权限与组织框架。除此之外，成员国还应当设立市场监管项目，每4年进行审查与改进。项目主要包含市场监管机构的设计、地理位置、财政人力、技术设备、国内外沟通协作等内容。[4] 在此框架下，德国市场监管机构在形式上是内阁部门的下属机构，但是又具有强大的独立自主性，拥有较大的自由裁量权。在14个联邦中央部委中，分别有以下的机构具有经济管理权限：联邦财政部、联邦司法与消费者保护部、联邦经济事务与能源部、联邦经济合作与发展部和联邦粮食与农业部，其中联邦卡特尔局是联邦经济事务与能源部的下属部门。虽然德国的市场监管机构拥有较大的自主权，一定程度上可以避免来自上级的干预，但是其财政预算和人事任免等行政性行为的主动权还是掌握在其上级手中，其财政预算来自联邦拨款，其最高负责人则是由其上级部门的内阁任命。此外，其市场监管机构在拥有自由裁量权的同时

---

〔1〕 参见［美］戴维·J. 格伯尔：《二十世纪欧洲的法律与竞争——捍卫普罗米修斯》，冯克利、魏志梅译，中国社会科学出版社2004年版，第324~325页。

〔2〕 参见［美］戴维·J. 格伯尔：《二十世纪欧洲的法律与竞争——捍卫普罗米修斯》，冯克利、魏志梅译，中国社会科学出版社2004年版，第296~304页。

〔3〕 参见江帆：《竞争法的思想基础与价值共识》，载《现代法学》2019年第2期。

〔4〕 See "Product Safety and Market Surveillance", at https://ec. europa. eu/info/business-economy-euro/product-safety-and-requirements/product-safety/product-safety-and-market-surveillance_en（Last visited on February 23, 2022）.

也受到上级部门的监督，其上级部门可以通过在联邦公报上发布"一般性指令"，从而影响监管机构的决策。[1] 例如，根据德国《反限制竞争法》第 52 条的规定，联邦卡特尔局的上级部门联邦经济事务与能源部有权对联邦卡特尔局发布"一般性指令"，对其决策进行指导。而英国形成了以商业创新与技能部负责组织协调的市场监管系统。在该系统中，商业创新与技能部、国家计量局、车辆验证局、健康与安全部等机构与市场监管直接相关，边境管理局、税务及海关司、兽药理事会等机构或组织协助前述部门进行市场监管。[2] 由上可见，德国与英国的市场监管机构很少独立于行政系统本身，大部分监管机构设立于政府各产业部门之下，实行监管机构首长负责制。

　　需要指出，英国与法国在二战之后出现了国有化的浪潮，一定程度上阻碍了监管制度的发展。英国为了防止战后再次出现 20 世纪 30 年代经济危机的大萧条，工党在 1945 年大选时基于《工党与新社会秩序》强调了工业国有化的必要性，认为应当实行经济改革，改变单一私人经济结构。并且在二战中，英国的经济受到重创，完全依赖私人资本进行战后重建也不现实。[3] "到七十年代，英国国有企业的劳动力占全国劳动力 8.1%，生产总值占全国生产总值的 11.1%，固定资产投资额占国内固定资产投资额的 20%。"[4] 无独有偶，1973 年到 1980 年，法国煤炭、法国电力、法国航空等大型国有企业加大在能源、交通和通信领域的投资力度。在经历长期的相对下滑之后，在 1980 年生产性投资比重最终达到 22%。[5] 诚然，国有企业能够促进经济复苏，不过伴随着经济的恢复，这种正面效用逐渐减少，财政负担、通货膨胀与对经济的不当干涉等危机逐渐凸显。政府官员作为所有者对国有企业的内部干预与市场监管时的外部干预产生了矛

---

〔1〕　See Mark Thatcher, "Delegation to Independent Regulatory Agencies: Pressures, Functions and Contextual Mediation", West European Politics, Vol. 25, No. 1., 2002, pp. 126~127.

〔2〕　See Victoria Griffiths, "Market Surveillance in the United Kingdom", at https: //convent. de/content/ uploads/2016/11/Griffiths_Market_Surveillance. pdf (Last visited on February 23, 2022).

〔3〕　参见罗志如、厉以宁：《二十世纪的英国经济——"英国病"研究》，商务印书馆 2013 年版，第 296~298 页。

〔4〕　朱光华主编：《政府经济职能和体制改革》，天津人民出版社 1995 年版，第 507~508 页。

〔5〕　参见［法］让-弗朗索瓦·艾克：《战后法国经济简史》，杨成玉译，中国社会科学出版社 2020 年版，第 63~64 页。

盾，政府直接进行内部干预往往更加得心应手，[1] 这导致外部干预被不当替代，同时也滋生了寻租与腐败。1979 年至 1990 年，从英国石油公司开始，到电力、供水等自然垄断行业中的大公司，均实现了不同程度的私有化。[2] 1986 年 7 月 31 日，法国颁布法令对 65 家集团实行私有化，最终有 15 家彻底改制成功。1993 年到 2002 年，法国又掀起了第二轮私有化浪潮。[3]

欧洲法规建构受大陆法系的影响，呈现种属概念层层嵌套的金字塔式市场监管法规体系。集大成者当属德国，德国《基本法》确立了以公共福利为导向的国家义务。国家不仅对弱者提供福利，而且负担着维系社会关系公平构造的责任，同时，德国坚持经济民主与市场经济。前者源于魏玛时代，在 20 世纪 60 年代得到再次传播，后者早在 1967 年 6 月 8 日的《稳定法》第 1 条中就得到了确认。[4] 在德国宪法体制下，政府基本不会直接干预经济的运行过程，而是对经济发展搭建框架和引导。德国在 1957 年就颁布了《反限制竞争法》，设置了联邦卡特尔局，并由各州的反垄断局处理涉及其辖区内涉及限制竞争的事务。除此之外，为了让所有德国公民都能分享到经济成果，德国政府也不断通过对于经济政策的调控来实现全民富裕。[5] 不过，基于社会国的考量，德国在维持市场经济秩序框架为前提的基础上，追求物价、就业、对外贸易平衡与持续适当发展的"魔力四角"监管目标，支持并补充市场经济。[6]

不同于美国的多元参与，欧洲市场监管的目的是通过社会参与实现政府监管与社会组织的利益一致，达到双方共赢的局面。德国的消费者组织是一个主要的社会组织，不仅有全国性的消费者组织，在每个州也有本地的消费者组织，通过调解和仲裁等方式，保护消费者的权益。[7] 在形式上，消费者组织属于民间组

---

〔1〕 参见徐晓松：《挑战与变革：国企混改与多层次国家股权控制体系》，载《中州学刊》2019 年第 10 期。

〔2〕 参见宋慧宇：《行政监管权研究》，吉林大学 2010 年博士学位论文。

〔3〕 参见［法］让-弗朗索瓦·艾克：《战后法国经济简史》，杨成玉译，中国社会科学出版社 2020 年版，第 65~66 页。

〔4〕 参见［德］弗里茨·里特纳、迈因哈德·德雷埃尔：《欧洲与德国经济法》，张学哲译，法律出版社 2016 年版，第 134~137 页。

〔5〕 See "The Underlying Principle of German Economic Policy", at https：//www. bmwi. de/Redaktion/EN/Dossier/the-social-marketeconomy. html（Last visited on February 23, 2022）.

〔6〕 参见［德］弗里茨·里特纳、迈因哈德·德雷埃尔：《欧洲与德国经济法》，张学哲译，法律出版社 2016 年版，第 164 页。

〔7〕 参见陈治东：《联邦德国的消费者保护法及消费者组织》，载《德国研究》1994 年第 2 期。

织，但是其运营资金是来自政府的资助，目的是在政府的政策下代表消费者跟企业进行维权，保护消费者的权益，并且有效解决消费者与企业之间的矛盾。另外，德国还存在大量的第三方组织，接受着政府的资助，在不同的专业领域为公众提供服务。由以上可见，德国的市场监管权力主要集中在联邦政府手中，是一种以行政机关为主体的监管模式，联邦政府与各州政府之间的工作也有一个明确的界限，通过分工合作达到监管的目的；与此同时也给了市场经济发展一定的自由度，并且通过与社会组织以及第三方机构的合作，寻求共同的利益，达到有效的监管。英国也非常注重政府行政监管与行业自律监管相结合的模式。英国在某些专业领域，完全由职业者组成的机构进行自律监管已经有相当长的历史。[1]这种传统使得英国即使在已经普遍设立政府机构后仍然依赖自治组织实现监管目标。[2] 在这些领域，行业组织具有专业知识丰富、职业技能较强、受众基础较广、灵活机动等特点，更能提高监管效率，更可能被信任。

3. 政府主导型

日本与韩国的市场监管最大的特征是政府监管范围广且强度大。此种强有力的政府形成既是机缘巧合，又是一种必然。二战后，日韩的企业家要么逃往美国，要么因为殖民统治被迫终止经营，企业家文化荡然无存，再加上本身市民社会发展先天不足，导致市场经济短期内无法正常运转，这也为战后强有力政府的形成创造了条件。彼时日本与韩国处于全球政治地震断层的边缘，当局者有着强烈的政治安全意识，而经济安全能够很大程度上保证政治安全，因此在冷战环境下也表现出政府对经济的强劲控制。[3] 同时，东亚强政府的传统与儒家文化的影响也使得强政府成为某种必然。

日本的市场监管机构既有内设于内阁各省厅的机构，又有具有半独立性质的部门外局和独立的行政法人，是比较复杂的混合模式。前者如经济产业省下属的经济产业政策局、厚生劳动省下属的医疗管理局等内设监管机构接受内阁统一的领导，在内阁的指挥与监督下履行市场监管的职能，因此独立性较低。后者中的部门外局有日本的公平正义交易委员会、消费者厅，独立行政法人有国家消费者

---

〔1〕 参见［英］安东尼·奥格斯：《规制：法律形式与经济学理论》，骆梅英译，中国人民大学出版社 2008 年版，第 110 页。

〔2〕 参见盛学军：《政府监管权的法律定位》，载《社会科学研究》2006 年第 1 期。

〔3〕 参见［美］青木昌彦等主编：《政府在东亚经济发展中的作用：比较制度分析》，张春霖等译，中国经济出版社 1998 年版，第 383~384、388 页。

事务中心、国民生活委员会等。[1] 这些部门的设立主要是为了体现决策、执行和监管的分离，以提高政府科学管理能力和对社会需求的反应能力，促进政府职能的优化，具有比较高的决策独立性。然而部门外局和独立行政法人这两类机构的独立性也并不能达到独立于内阁的程度，它们在某些方面依然受到限制。日本的部门外局要受到内阁的人事和财务干预。独立行政法人虽然具有人事任命权，但是财务方面也要受到内阁的干预。[2] 因为人事和财务是独立性很重要的两个方面，所以从实质上来说，日本的监管机构都不能完全独立于政治，其中内阁内设监管机构直接是从属于内阁的，日本的监管机构独立性职能只体现在独立于被监管企业上。韩国政府自 20 世纪 60 年代开始，积极介入经济社会领域，以促使经济高速发展。设立经济企划院、劳动厅、农村发展厅、国铁厅、水路局和传播管理局等实务部门，从各方面督促经济发展。[3]

自 20 世纪 80 年代，日韩经济发展到一定高度，政府的过度规制反而成为了经济发展的阻碍。日本细川护熙内阁分别在《紧急经济对策》与《行政改革大纲》中提出放宽 94 项与 781 项限制的计划。之后的村山内阁保持了放宽规制的基调，特别是在《推进放宽限制纲要》中提出放宽 279 项限制的计划，并在 1995 年—1997 年间对住宅区、流通、通信、金融、运输等 11 个领域实施 1091 项放宽政策。[4] 韩国 1993 年组建的金泳三政府也开始了一系列的规制缓和推进政策，例如，在经济企划院下设立经济行政规制缓和委员会、设立总统直属机构行政刷新委员会和在商工资源省下设企业活动规制审议委员会等。1994 年，经济行政规制缓和点检团在监察规制缓和的同时，出台了一系列规制缓和计划。1998 年金大中政府加大了缓和规制的力度，推出了规制登记、部门整合、设立计划缩减目标等政策，全方面减少政府干预。[5]

日韩在放松监管的同时，一方面进一步促进公平、自由的市场竞争环境，督

---

〔1〕 参见刘鹏、钟光耀：《比较公共行政视野下的市场监管模式比较及启示：基于美德日三国的观察》，载《中国行政管理》2019 年第 5 期。

〔2〕 参见朱光明：《日本独立行政法人化改革及其对中国的启示》，载《国家行政学院学报》2005 年第 2 期。

〔3〕 参见汪玉凯等：《中国与韩国行政体制改革比较研究》，国家行政学院出版社 2002 年版，第 172 页。

〔4〕 参见杜创国：《日本行政改革及其启示》，载《兰州学刊》2008 年第 2 期。

〔5〕 参见汪玉凯等：《中国与韩国行政体制改革比较研究》，国家行政学院出版社 2002 年版，第 88~89 页。

促反限制竞争法律法规的实施,另一方面鼓励地方公共团体积极参与规制改革。日本的市场监管社会参与十分广泛,除了由内阁各省厅监管机构、部门外局、独立行政法人履行市场监管职能,政府还通过行政指导、授权行为、经济特别措施等,让大量的民间行业协会和团体协助监管工作的落实。[1] 例如,日本钢铁联盟作为民间行业协会,除了承担协调会员企业利益、提高钢铁产业效率的社会职能之外,还承担了部分协助监管机构日常工作的职能,比如协助政府制定行业标准和行业政策、进行资格审查、签发生产经营许可等证照等。[2] 当然,作为对行业协会履行协助工作的激励,政府会给予行业协会税收政策上的优惠,以及直接活动经费的给付。

(二) 国外制度经验的启示

"法律给予者"不意在创制新的法律,而只是要陈述法律是什么及其始终是什么。[3] 各种制度都有优劣,只有在合适的制度土壤中制度优势才能够得到最大限度的发挥。

1. 各类市场监管模式优劣分析

市场主导型监管模式行政成本低,但依赖于成熟的市场。美国对市场的自由放任很大程度得益于其市场机制较为完善,对于轻微的市场失灵,市场可以自行解决。此种模式的产生与美国建国历史有关。前往美国的移民除了因受到教会压迫而逃难美洲之外,很大程度上是为了发现金银等贵金属以及其他资源。而这些商人很多是从事银行业和投机买卖起家,如弗洛伦斯的麦迪琪和奥格斯堡的法格尔斯。当时的放贷业务也受到教会谴责,[4] 他们想要在远离中世纪欧洲宗教束缚的同时,寻找新的原材料和消费市场。美国的市场就是由这些商业嗅觉极其灵敏的商人最初发展而成,极具活力。同时,冒险家精神、乡镇文化和逐利本性都使得美国市场发展越来越迅猛。同时移民国家也意味着思想的多元化,政府只能通过法律与规则实现监管,而不存在共同文化下的任何隐性政策。

欧洲的市场-政府混合型模式有利于在尊重市场基本运行机制的情况下,缩

---

〔1〕　参见毛桂荣:《行政指导在日本——新近变化的研究》,载《东南学术》2005年第1期。

〔2〕　See "The JISF's Objectives and Summary of Activities", at https：//www.jisf.or.jp/en/organize/out-line/index.html (Last visited on February 23, 2022).

〔3〕　参见 [英] 弗里德利希·冯·哈耶克:《法律、立法与自由》(第一卷),邓正来等译,中国大百科全书出版社2000年版,第126页。

〔4〕　参见 [美] 福克讷:《美国经济史》(上卷),王锟译,商务印书馆1989年版,第42、53页。

小贫富差距，维持社会统一。政府对市场的监管强度仍然较强，监管的目标是维持市场秩序。例如，对于滥用相对优势地位的行为美国一般采取合同法规制或者不规制，但是德国《反限制竞争法》第 20 条明确规定了此种滥用行为的法律责任。从某种程度上讲，此种对可能出现的市场支配地位的规制也从侧面反映了政府的强介入态度。[1] 较强势政府的出现除了长期经历战争与政治斗争的因素之外，还与福利国家的建立有关。福利国家在欧洲各国是社会经济矛盾激化到一定程度后产生的结果。20 世纪 40 年代，英国人民宪章运动后，工人的政治实力逐渐增强。同时，英国工人运动中的改良主义思潮也在发展，工会领导人要求在不改变现有社会经济结构的前提下进一步改善工人的生活状况。最终工党在 1945 年的竞选中明确承诺使得公民普遍享受福利，国家负担公民福利供给。[2] 同时，德国受黑格尔保守主义的影响，认为国家是理性的，国家应保障社会整体福利，工业化产生的社会分裂也只能由政府解决。[3] 早在俾斯麦时期，德国就先后制定了一系列的社会保障制度，如"工人医疗保险""工人事故保险""工人残废与养老保险"等，形成福利国家的雏形。但也应当承认强政府监管的同时也会带来较大的财政压力。

日韩政府主导型规制模式能在经济急需建设时发挥较大的作用，但是纯粹基于投入品刺激增长的发展轨迹不可能长久。这也是日韩在 20 世纪 80 年代开始放松监管的原因。20 世纪中后期日韩经济的快速发展很大程度上依靠技术进步，而此种技术进步还不能完全归结于对西方生产模式的模仿，否则不可能逐渐缩小与美国的差距，甚至在某些领域赶超美国。根本上，是某些内生性的因素在发挥作用。有学者指出这得益于横向层级制，即工业内部运作依赖于相关任务小组集体观察随机事件并灵活处理。尽管一定程度上牺牲了专业性，但是在发展初期，信息处理范围更重要时，此种生产模式更有利于效率提升。而战后日韩政府的干预政策无意间吻合了此种横向层级制，财阀解体与持股民主化使得经理人员设计交叉持股成为可能。银行参与清理不良债务促进了主银行制度的形成，银行借机

---

[1] 参见王玉辉：《滥用优势地位行为的违法性判定与规制路径》，载《当代法学》2021 年第 1 期。

[2] 参见罗志如、厉以宁：《二十世纪的英国经济——"英国病"研究》，商务印书馆 2013 年版，第 162~164 页。

[3] 参见周弘：《福利国家向何处去》，载《中国社会科学》2001 年第 3 期。

相机调控资本流向。政府对工厂运动的控制反而激励了企业工会的发展。[1] 除了对富强的渴望之外，儒家思想对整个东亚圈的强政府形成提供文化支持。新儒家摒弃了对商业的敌视态度，同时保留了精英统治的理念，崇尚权威，强调集体忠诚，追求成员合作与意见统一。[2] 政府依赖于公众的忠诚心理，自然形成新一代的权威，进而可以实现整体号召。政府基于此种号召力，能够实现某些既定目标。[3]

总体而言，市场主导更能激发市场活力，政府负担也较轻，但存在市场失控的风险。政府主导能够集中力量实现经济超越，但是也容易产生经济桎梏，打击新的经济增长点。但不论是市场还是政府占据主导地位，最重要的是契合历史文化、时代需要和社会环境等因素，选择合适的发展道路。

2. 我国市场监管模式概述

从中华人民共和国成立到改革开放之前的这段时间里，我国走的是计划经济的路线，在这个时期，政府全能主义主导着社会生产生活的方方面面，在这个时期并没有市场监管。原因有二：一是市场主体几乎只有国营企业和集体单位，这些企业在政府严格的行政控制之下进行产品的生产、交换，市场经济因素被压缩到了极致。既然市场经济几乎不存在，那么市场监管更无从提及。二是在没有内生激励的前提下，投机主义行为几乎不存在，并没有进行市场监管的社会需要。改革开放之后，我国逐渐放开了政府对经济社会的全权控制，市场主体开始多元化，私营企业、外资企业等也加入了经济活动，市场经济在我国高速发展，随之市场失灵现象开始出现。面对这种形势，我国开始构建市场监管机制，首先建立起来的是市场准入制度，如国务院 1984 年颁布的《工业产品生产许可证试行条例》、1988 年颁布的《企业法人登记管理条例》等。继 1992 年党的十四大正式提出发展社会主义市场经济，我国市场监管机制建立进程加快：市场监管逐渐成为政府的基本职能；越来越多的市场监管机构被建立，从经济环节监管到市场监

---

〔1〕 参见［美］青木昌彦等主编：《政府在东亚经济发展中的作用：比较制度分析》，张春霖等译，中国经济出版社 1998 年版，第 276~280 页。

〔2〕 参见［韩］宋丙洛：《韩国经济的崛起》，张胜纪、吴壮译，商务印书馆 1994 年版，第 59~60 页。

〔3〕 参见［韩］金日坤：《儒教文化圈的伦理秩序与经济——儒教文化与现代化》，邢东田、黄汉卿、史少锋译，中国人民大学出版社 1991 年版，第 140 页。

管都被覆盖；部分市场监管机构实现了综合化，责任意识增强。[1]

在计划经济时代，我国市场资源由政府进行配置，设立了大量的工业部门。社会主义市场经济这一基本经济制度建成后，市场开始在我国经济活动中发挥着主导作用。在1993年国务院进行结构性改革后，政府从微观经济中脱离出来成为中立的监管者。这一时期通过建立国家食品药品监督管理局、中国证券监督管理委员会等新机构并对原有机构进行改编，初步形成了针对不同领域的独立监管系统，[2] 实现从"政府主管"向"有限政府"的初步转变。为减少多重准入机制给市场监管带来的不利影响，2013年国务院对市场监管机构进行重新整合，市场监管机构的地位大幅提升，进入统筹监管时代。此后，市场准入环境、市场消费环境、市场监管体制得到进一步完善，极大地提升了市场在经济活动中发挥的作用。随着改革的不断深化，政府与市场的边界将会逐步厘清，政府的监管也会在"有限政府"的基础之上向"有效政府"转变。

目前，我国的市场监管机构是市场监督管理局，其最高机关——国家市场监督管理总局是国务院的直属机构。同时，我国仍然在向着市场化的进程迈进，市场化也成为了经济发展的共识。党的十八届三中全会强调让市场在资源配置中起决定性作用，不能回到计划经济的老路上去。[3] 从亚当·斯密和弗里德里希·李斯特的争论，到托玛斯·杰弗逊和亚历山大·汉密尔顿的争论，即使是保守主义者也没有放弃市场作为经济发展的基础，他们只是强调在经济发展初期国家干预经济的必要性。[4] 欧洲与日韩的放松监管的历史也表明了放松监管是市场发展的趋势。《"十四五"规划和远景纲要》第六篇题为"全面深化改革 构建高水平社会主义市场经济体制"，说明我国市场经济在量上已经初具规模，当前的目标是从创新发展、战略性建设等方面提高发展质量，国家推动经济起步的发展模式可能已经不适合当前我国高质量的发展要求。

---

〔1〕 参见胡颖廉：《"中国式"市场监管：逻辑起点、理论观点和研究重点》，载《中国行政管理》2019年第5期。

〔2〕 参见刘亚平、苏娇妮：《中国市场监管改革70年的变迁经验与演进逻辑》，载《中国行政管理》2019年第5期。

〔3〕 《习近平：让市场在资源配置中起决定性作用，不能回到计划经济的老路上去》，载中华人民共和国中央人民政府网，http://www.gov.cn/xinwen/2020-05/23/content_5514220.htm，最后访问日期：2022年2月23日。

〔4〕 参见〔德〕弗里德里希·李斯特：《政治经济学的国民体系》，陈万煦译，商务印书馆2017年版，第174页。

　　另外，尊重市场的同时，各国都辅之以自律监管和社会共治。虽然各国行业自治的程度与自治的目标会有差异，但是鼓励自治是发展的趋势。我国已经充分意识到行业自律自治的重要性，截至 2022 年，中国工商出版社在国家市场监督管理总局指导下，积极围绕市场监管领域社会共治工作持续开展研究，成功举办 4 届市场监管领域社会共治大会，挖掘并推广了众多市场监管领域内政府、企业、行业协会等多方参与社会共治并取得突出成绩的优秀案例，在社会上产生了良好的反响，树立了良好行业口碑。在 2020 年市场监管领域社会共治大会的政府类的优秀案例中，山东省临沂市市场监督管理局通过建立行业协会商会信用体系，构筑社会共治格局促进行业发展，主要内容包括规范经营异常企业，助力市场主体发展、实施包容审慎监管，营造宽松监管环境、推进市场主体年报，激发市场主体活力以及发挥社会共治作用，促进行业规范发展。此外，在 2020 年市场监管领域社会共治大会的非政府类优秀案例中，贝壳找房以《以平台共治构筑新居住品质新生态》为主题，通过建立起行业信用体系引入以"信用分"为代表的信用评价体系，促进商家和从业人员坚持诚信行为和良好的职业操守，营造出竞优的良性生态和行业自觉自律意识。

　　不过，我国行业自治还处于萌芽阶段，部分不规范不完善的问题仍待解决：首先，行业法制有待进一步完备，某些行业法已经过时并亟待更新。例如，有学者指出在文化产业领域，《非物质文化遗产法》中文化遗产传承人的法律地位等基本问题存在模糊性，现实中需要解决的问题需要立法予以回应。[1] 在行业与行业的交叉地带，法律难以协调。例如，物流产业包含了运输、包装、装卸、邮政和电信等领域，但尚无专门的法律进行综合规制，导致法律关系复杂，法律纠纷频繁，特别是与互联网结合之后，问题更加突出。[2] 其次，公权对行业自治限制有待放宽，公权与私权的关系复杂，行业自治空间需要扩张。例如，有学者指出《矿产资源法》很大程度上充当了"矿产管理法"，更多重视管理权，而忽视了行业自治。[3] 最后，行业的自治性不足，真正的行业自治规范数量需要增加，执行效果有待提升。

---

〔1〕　参见王立军、刘云升：《非物质文化遗产地方立法缺陷之检讨》，载《河北法学》2016 年第 9 期。

〔2〕　参见孙笑侠：《论行业法》，载《中国法学》2013 年第 1 期。

〔3〕　参见康纪田：《让矿业法独立于矿产资源法的法治价值》，载《资源环境与工程》2006 年第 6 期。

第二章

适应国家治理能力现代化需要的市场监管权及其面临的挑战

一、我国市场监管体制改革历程与模式探索

（一）我国市场监管体制改革历程

市场监管体制现代化是我国市场监管历史的必然延伸，具有历史的延续性。改革开放 40 多年来，我国市场监管与改革开放同频，与时代发展共振，见证了市场经济一步步走向繁荣。为适应市场经济的发展，市场监管体制不断地进行改革，我国也从未停下对市场监管模式探索的脚步。

1. 市场监管体制奠基阶段（1978 年—1993 年）

在改革开放的初期和发展时期，我国的各项事业都建立在解放思想、实事求是的原则和路线基础上。从这一思想路线出发，我国开始承认市场应在经济的调节中发挥重要作用，并进入现代市场经济条件下市场监管改革的起步时期。1978 年 9 月，国家设立工商行政管理总局，隶属于国务院，地方层面县级以上设工商行政管理局，县级以下设工商行政管理所，这确立了市场监管的组织基础。同时，市场监管组织的主要职责也初步确立：市场管理、工商企业登记、经济合同管理、商标注册管理和打击投机倒把。1988 年成立国家技术监督局，对市场上的产品质量管理提供技术服务，这为市场监管中对产品质量的监督提供了技术标准。另外，在监管制度上，1993 年发布了两项重要的涉及市场关系的法律制度：《消费者权益保护法》和《反不正当竞争法》。消费者是生产和经营的主要主体，一定程度上，消费决定生产，因此，《消费者权益保护法》确立了市场监管的最终目标。市场开放的实现形式和表现方式是竞争加强，《反不正当竞争法》为市场经营划定了基本竞争的标准。由此，这一阶段完成了以主体、目标和行为为框架的市场监管的基础性结构。

2. 市场监管体制初步建立阶段（1994年—2001年）

在这个阶段，国家进一步加大了监管机构的建设规模。组建了一批国家司局、直属事业单位和特设监督管理机构，履行相关市场的监督管理职责，如设置国家药品监督管理局、国家质量技术监督局等市场监管机构，从而形成了工商、质量技术、国土、药品等领域全国性的垂直监督管理机构系统。之所以进行机构的大踏步改革，一方面是经济转型进程加快，要素市场的快速建立需要更专业的监管机构处理市场运行中不断出现的问题；另一方面，是为加入世界贸易组织做准备，世界贸易规则体系要求充分发挥市场信号的积极作用，与之相适应，消除市场消极影响的市场监管需要同步强化。

这一阶段，我国社会主义市场经济体制刚刚建立，市场监管理念、机构设置等还处于不断调整的过程中。这一时期完成的机构精简，为建立多元化的市场监管提供了组织基础，为之后建立新的市场监管体制奠定了一定的组织条件。

3. 市场监管体制发展阶段（2002年—2012年）

2001年12月，我国加入了世界贸易组织。为了进一步适应加入世界贸易组织后的经济环境和市场监管的需要，我国进行了新一轮的行政管理体制和机构改革，这一阶段的监管机构改革主要目标是实现对重点行业领域的对口监管。为此，在电力行业的监管体制改革中，组建了国家电力监管委员会；对于国有企业和国有资产的运营监管，设立了国务院国有资产监督管理委员会；此外，还设立了中国银行业监督管理委员会、国家食品药品监督管理局等专职监管部门。

这一阶段，在立法上，一个具有市场监管标志性意义的事件是《反垄断法》的出台。在确立了市场监管的核心目标的同时，我国市场监管加强反垄断执法，建立了国务院反垄断委员会，赋予其制定反垄断政策、反垄断执法协调等职能。

这一轮政府机构改革中建立了众多重点行业领域的对口监管部门，实现了监管方面专业分工的细化。这十年间，中国市场监管体制已经处于全面建设阶段，在如下两个方面取得了显著的进步：一是在定位上已经从宏观调控中独立出来，作为具有独立职能的机构和机构体系存在；二是形成了一般市场监管（反垄断和反不正当竞争监管）和特殊行业监管相结合的监管体系。

4. 市场监管体制深化改革阶段（2013年—至今）

这一阶段，市场监管进行了重新定位，包括新目标、新方式和新组织等。

党的十八届三中全会提出"改革市场监管体系,实行统一的市场监管",为新一轮国务院机构改革指明了方向。很大程度上,这一轮改革是撤并与整合,例如,将分散在工商、质检等部门中有关食品药品安全监管的职能和人财物统一划转到新的食药监管部门;将铁道部的职能交由交通运输部;为统筹新闻出版广播影视资源,组建了国家新闻出版广播电影电视总局;将国家能源局、国家电力监管委员会的职责整合,重新组建国家能源局;等等。

这一阶段,进一步确立了市场监管的目标和方向。2014 年 6 月,《国务院关于促进市场公平竞争维护市场正常秩序的若干意见》公布,将促进市场公平竞争、维护市场正常秩序作为市场监管的目标。这意味着,市场监管的方向从若干年来的行业监管中分离出来。另外,该意见提出了综合监管的概念,即"推进城市管理、文化等领域跨部门、跨行业综合执法"。综合监管适应了经营者行为多元化的市场状况,但需要各执法部门之间的相互协调,谁来协调、如何协调等问题需要进一步明确。

这一阶段强化了市场监管的地位和工作原则。2017 年,国务院发布《"十三五"规划》,将市场监管工作纳入国家中长期战略部署,标志着我国市场监管进入新阶段。《"十三五"规划》明确提出要"形成统一规范、权责明确、公正高效、法治保障的市场监管和反垄断执法体系"。这里将反垄断执法体系独立出来,强调其在市场监管中的特殊地位,符合我国不断成熟的市场监管的需要。为此,国务院整合了原国家工商行政管理总局、原国家质量监督检验检疫总局、原国家食品药品监督管理总局、国家发展和改革委员会、商务部以及国务院反垄断委员会办公室等机构的全部或部分监管或执法职责,组建了国家市场监督管理总局。

将市场监管纳入到国家治理体系和治理能力现代化的大视野下,市场监管面临更高的要求。党的十九届三中全会通过的《中共中央关于深化党和国家机构改革的决定》明确指出,"深化党和国家机构改革是推进国家治理体系和治理能力现代化的一场深刻变革"。市场监管是政府的五大职能之一,越是发展市场经济,越是需要加强市场监管、构建完善的市场监管体制机制。

总之,改革开放 40 多年来,我国市场监管体制一直在做适应市场变化的改革调整与转型完善,一个基本取向是构建与社会主义市场经济发展相适应的体制构架。为维护市场运行效率,必须提高政府监管效率,推动市场监管的改革创新。

（二）新时代市场监管综合执法改革探索

按照大部制的改革思路，我国通过 2008 年、2013 年以及 2018 年的 3 轮国务院机构改革继续深化推进了市场监管的综合执法改革，并最终酝酿成立了国家市场监督管理总局，形成了目前统一的大市场监管体制格局。尽管在国家层面，全国统一市场监管改革的成果集中体现于 2018 年 3 月的市场监管体制深度重组，但在此之前各地方在市场监管综合执法体制上的试点实践与探索，为全国性的市场监管改革提供了诸多可资借鉴的有益经验。地方市场监管综合执法改革的探索最早可以追溯至 2008 年党的十七届二中全会通过的《关于深化行政管理体制改革的意见》，该意见强调政府机构的改革应当遵守精简、统一和高效的原则，权力配置须满足相互协调和相互制约的要求，并明确提出要探索职能有机统一的大部门体制。各地的市场监管体制改革模式呈现多样化和差异化，其中，具有典型性的主要有深圳模式、上海模式、浙江模式和天津模式。

1. 深圳模式

深圳的市场监管体制改革试点模式在样态上表现为上下统一、中间分开的"纺锤型"结构。

2009 年，根据《深圳市人民政府机构改革方案》，深圳市率先对市场监管体制进行了大幅度变革。为解决原本市场监管体制下部门间职权交叉与混同、知识产权与食品安全保护程度与执法力度弱的问题，深圳将原市工商行政管理局、市质量技术监督局和市知识产权局"合并同类项"，正式组建和挂牌市市场监督管理局作为主管市场监管的行政单位，同时将"从农田到餐桌的全链条"食品安全监管职能划入其中，形成"3+1"的格局。[1] 2012 年，深圳市市场监督管理局增加市知识产权局挂牌。2014 年，深圳在大部制改革"行政三分制"的组织架构基础上，发布《深圳市人民政府关于调整相关工作部门设置和职责的通知》，对市场监管体制进一步深化改革。在"行政三分制"架构下，市政府的委、局、办并行工作，其中"委"主要承担决策职能，负责制定并解释政策、规划和标准等。[2] 基于此，深圳将市市场监督管理局（市知识产权局）与市药品监督管理局整合，组建市市场和质量监督管理委员会，由此深圳"大市场"

---

〔1〕　参见金国坤：《组织法视角下的市场监管体制改革研究》，载《行政法学研究》2017 年第 1 期。

〔2〕　参见田沙沙：《地方大部制改革的路径分析——以深圳、顺德的试点为例》，载顾杰主编：《地方大部门制改革与城市科学管理研究》，湖北人民出版社 2014 年版，第 116 页。

的监管体制初具雏形。

深圳市市场和质量监督管理委员会下设以下几个机构：一是同时挂牌市质量管理局和市知识产权局的市市场监督管理局，属于主管市场和质量监管的正局级行政机构；二是市食品药品监督管理局，负责食品与药品领域的日常监管工作；三是市市场稽查局、市企业注册局和市价格监督检查局3个直属机构。另外，分管副市长任深圳市市场和质量监督管理委员会主任委员，市市场监督管理局和市食品药品监督管理局局长分别担任副主任委员。在下辖的10个区一级行政区域，则分别设置市场监督管理分局和食品药品监督管理分局，并在基层街道统一设置市场监督管理所作为两个区分局的派出机构，实现三级垂直管理的综合性市场监管。

2019年1月，深圳市为在建制与架构上实现与国家和省级政府市场监管体制上的统一，深圳市市场监督管理局（市知识产权局）再次挂牌，一方面承接了市原市场和质量监督管理委员会的全部职能，另一方面进一步扩宽了监管职责，将原市经济贸易和信息化委员会的农业与畜牧业管理职责划入麾下。[1]

深圳"纺锤型"或称"橄榄型"的市场监管模式探索在客观上提高了执法效能，同时知识产权和食品药品安全领域监管职能的整合也大大增强了相应的保障力度。然而，深圳的市场监管体制在改革后期也出现了法律规章落后于改革实践的问题，执法体系尤其是执法主体难以在实践中实现统一。

2. 上海模式

上海的市场监管综合执法改革试点在形式上呈现为上级并列、下级合一的"T型"结构。

为与上海自贸试验区建设同步，浦东新区作为上海市场监管体制改革的先遣军率先在2013年开始试点探索机构整合，并在2014年对原工商部门、质监部门和食药监部门进行合并，组建了上海市浦东新区市场监督管理局。2014年10月，浦东新区又将物价检查所原有的价格监督检查职能纳入市场监督管理局，形成了"四合一"（或称为"3+1"）的大市场监管模式。随后该模式被上海市青浦、松江、嘉定和闵行等区级政府模仿推广，截至2015年6月，上海所有区县均成立了市场监督管理局，同时加挂了食品安全委员会办公室和质量发展局的牌子。

---

〔1〕 参见宋林霖、陈志超：《深化地方市场监管机构改革的目标与路径》，载《行政管理改革》2019年第9期。

但此时在直辖市级层面，工商行政管理局、质量技术监督局、食品药品监督管理局和价格监督检查部门依然处于独立运作的状态，只将工商行政管理局在流通环节的食品安全监管职能和质量技术监督局在生产环节的食品安全监管职能统一划转至食品药品监督管理局的职权之下。2017 年，浦东新区的各镇街设立了市场监督管理所，原本实行垂直领导的市场监督管理局则在管理体制上变为由区人民政府领导。2018 年 11 月，为跟进国务院机构改革，上海才在直辖市级层面将工商、质监、食药监三局撤销，合并成立了上海市市场监督管理局。

诚然，无论是在部门整合后的集体效应方面，还是在机构改革的综合性方面，抑或是在行政运行机制的重塑方面，浦东新区推广开来的大市场监管模式都从不同层面为提升市场监管效率作出了贡献，[1] 其中的诸多元素也在后续国家机构改革方案中得到不同程度的保留和发展。但是客观来说，各区县分别展开改革后，实行属地化管理的市场监督管理局面临着多重领导的问题，在试点实践中，上海市级市场监管的机构改革迟迟未启动，区县级市场监督管理局不得不面对同时接收多个上级部门的任务安排与业务指导，在信息交互不畅通、工作流程与业务并不统一的情况下，出现了"上面千万线，下面一根针"的尴尬局面。另一方面，基层执法队伍也面临着业务与职能杂乱带来的整体性合力疲软，以及日渐增长的业务工作量和一线执法人员量不匹配的问题。

3. 浙江模式

浙江的市场监管改革试点模式可以被概括为基层统一、上层分立的"倒金字塔型"模式。由于省内各市县地域性较强，浙江的市场监管体制改革并没有以大刀阔斧的"一刀切"形式进行，而是首先选择了将舟山市作为试点，继而提供不同的改革方案由各市县因地制宜，自主选用。[2]

2013 年，舟山市作为地级市率先启动试点改革，成立市市场监督管理局，采取"三合一"模式整合了工商、质监、食药监三局的职能。在此基础上，省政府于同年年底全面铺开省内改革。在省级层面，工商部门流通环节的食品安全监管职责被划入食品药品监督管理部门，干部与编制等一并划转。在县级层面，各县在合并食品药品监管部门和工商管理部门的基础上整合了原质监部门的食品

〔1〕 参见刘洋洋、曲明明：《大市场监管体制改革的功能分析、挑战与对策——以上海市浦东新区市场监管体制改革为例》，载《江西行政学院学报》2015 年第 2 期。
〔2〕 参见汪基强：《统一市场监管浙江模式的路径探索》，载《中国工商管理研究》2015 年 8 期。

安全监管职能，由此组建市场监督管理局。在设区的市层面，各地级市可自由选择省级"二合一"或县级"三合一"模式，下辖各区市场监管模式选择也由各市自主确定，或成立市场监督管理局为区政府下的行政部门，或组建市场监督管理局分局作为市级市场监督管理局的派出机构。2018 年 10 月，跟随国家市场监督管理总局的改革脚步，浙江省市场监督管理局挂牌，合并了原省工商行政管理局、省质量技术监督局和省食品药品监督管理局，并对省物价局、省科学技术厅（省知识产权局）和省商务厅的部分职责进行了整合。

"倒金字塔"模式能够有效集中市场监管执法资源，同时因地制宜地自主选择方案使得职权的交接和改革的进度较为顺利，有利于激发各部门的专业能力与执法活力。但也不可否认的是，改革模式和内设机构的不统一难以避免多头领导和监管工作不一致的问题。因地制宜意味着地级市改革的各异，上级改革的不同步在"权责同构"的行政架构下，不可避免地会造成下级对口机构无法优化与精简的难题。[1] 除此之外，人员的直接划转容易带来多重身份的冲突，基层执法人员也面临着知识储备和专业技术匮乏与执法水平不均的问题。[2]

4. 天津模式

天津的市场监管体制改革试点自上而下形成了全市范围内垂直管理的"圆柱型"统一市场监管模式。[3]

2014 年，天津市作为当时全国在省级层面进行市场监管综合执法体制改革的唯一样本，根据党的十八届三中全会关于统一市场监管体系改革的总体部署，挂牌并成立了"天津市市场和质量监督管理委员会"，原天津市工商行政管理局、质量技术监督局和食品药品监督管理局的职能被整合与合并，三机构的牌子不再保留。在具体监管方式上，采取了兼具服务与监管职能的"一个窗口办事、一个窗口投诉、一支队伍执法"新模式。[4] 2015 年，天津市下辖 16 个区县按照市级"三合一"的模式同时设立市场和质量监督管理局，受天津市市场和质

---

〔1〕 参见刘洋洋、曲明明：《大市场监管体制改革的功能分析、挑战与对策——以上海市浦东新区市场监管体制改革为例》，载《江西行政学院学报》2015 年第 2 期。

〔2〕 参见汪基强：《统一市场监管浙江模式的路径探索》，载《中国工商管理研究》2015 年 8 期。

〔3〕 参见吕长城：《当前我国市场监管体制改革的行政法治检视》，载《中国行政管理》2017 年第 4 期。

〔4〕 参见宋林霖、陈志超：《深化地方市场监管机构改革的目标与路径》，载《行政管理改革》2019 年第 9 期。

量监督管理委员会的统一垂直领导（滨海新区除外），各乡镇和街道也随之成立市场和质量监督管理所，作为区市场和质量监督管理局的派出机构。由此，从天津直辖市级层面到各区县再到各镇街，形成了上下三级统一的垂直管理型综合市场监管模式。

天津的改革实践与后续国家层面自上而下统一改革的路径选择最为接近，在食品、药品、化妆品等健康产品的统一监管方面存在诸多亮点。但是其模式探索也面临着两个方面的问题：一是看似简单的"三合一"机构整合背后隐藏的内部多个处室融合任务艰巨，整体性较弱，进而易导致组织运行效率低下的问题。二是基层执法队伍的专业性亟待加强，在市场监管业务不断扩张、执法任务重压力大的现实下，专业人才的缺失成为一大难题。[1]

除却前述列举的 4 个典型的地方市场监管体制试点模式，其他各地试点实践也各具特色，比如陕西省 98 个县区市场监管体制的改革既有呈现"工商+质检+食药监+盐务局"的"四合一"模式，也有进一步整合了物价局的物价检查职能的"五合一"模式；[2] 复如，江苏省泰兴市在 2015 年将商务局和粮食局的职能与工商、食药监以及质监三局的职能合并，探索了另一种"五合一"模式。[3]

值得一提的是，广东省佛山市顺德区早在 2009 年就开始了县级政府大部门制的改革探索，一方面裁撤工商、质监和安监三局，将其职能整合统一划转至顺德区市场安全监督管理局，另一方面单独将卫生局的餐饮环节的食品安全监管职责和食品安全卫生许可、经贸局的酒类专卖管理职责、食药监局的食品安全协调职责、农业局的食品农产品质量安全监管职责以及文体局的旅游市场监管职责划归给市场安全监督管理局，形成"3+5"的网格化监管格局。[4] 随后，顺德区又进一步实行了"简政强镇"事权改革和大部门板块化改革，将 80% 的执法人员及配套资源配置到镇街一线，下放行政执法权限，同时按照专业和领域的划分在原有的市场安全监督管理局下设置专门的工商质监、食药监和安全生产监管 3

〔1〕　参见吕品：《市场监管体制改革在天津》，载《求职》2015 年第 12 期。
〔2〕　参见金国坤：《组织法视角下的市场监管体制改革研究》，载《行政法学研究》2017 年第 1 期。
〔3〕　参见宋林霖、陈志超：《深化地方市场监管机构改革的目标与路径》，载《行政管理改革》2019 年第 9 期。
〔4〕　参见徐鸣：《整体性治理：地方政府市场监管体制改革探析——基于四个地方政府改革的案例研究》，载《学术界》2015 年第 12 期。

个板块，使得市场监管能力得到大幅度提升，各部门的职权划分也更加清晰。[1]

(三) 市场监管目标的确立与市场监管方式的变革

我国市场监管的改革创新始终是以政府职能转变为导向的。对市场监管体制进行顶层设计，强化市场监管在政府架构中的重要作用，这是完善社会主义市场经济体制的内在要求，是推进国家治理体系和治理能力现代化的重要任务。

1. 市场监管目标的确立

每个市场监管法律体系中的具体制度都有自己的目标和价值，作为制度体系的市场监管有总体目标，也有具体监管制度的分目标。

首先，社会整体效率目标与价值。经济的发展和活力是市场繁荣的表现，但个体利益增长的同时，可能会侵害社会公共利益。市场监管是以社会公共利益为本位，把社会整体利益作为自己的价值目标，在兼顾各方经济利益的同时，维护社会整体经济效率，包括创造公平、自由的竞争环境，合理配置资源等。随着市场经济发展、资本集中和积聚，便会出现经济性垄断、不正当竞争等现象，这些现象既伤害公民、法人的利益，也妨碍了市场资源的优化配置。"效率是资源配置使社会所有成员得到的总剩余最大化的性质。"[2] 社会整体效率和私人个体效率是一对矛盾统一体。社会整体效率的实现需要承认和尊重私人个体效率，没有个体效率，不可能存在整体效率。但不能过分放任私人个体效率，尤其不能以牺牲社会整体效率为代价实现私人个体效率。

其次，安全目标与价值。安全是第一位的目标与价值，广义上，包括国家安全和市场安全。市场安全主要体现在食品、药品、特种设备、质量、金融五大风险方面，如果大面积出现市场安全问题，可能危及国家安全。因此，控制市场风险，并使之消灭在萌芽状态，或防范进一步风险扩大是市场监管的任务之一。产品缺陷在生产者和销售者交易完成后，不合理危险隐藏在消费者群体中，将形成社会性危害。由于经营者的经济自由可能附带的风险具有横向或纵向的传导性，可能传导给不特定的第三人，造成社会性的风险、损害社会公共利益，因此需要对这种损害进行防范和排除。

最后，秩序目标与价值。维护社会秩序和经济秩序是公共政策的中心功能。

---

[1] 参见许向昕：《顺德区市场监管行政执法体制改革研究》，华南理工大学 2019 年硕士学位论文。
[2] [美] 曼昆：《经济学原理》，梁小民译，生活·读书·新知三联书店、北京大学出版社 1999 年版，第 152 页。

秩序之所以需要维护，理由有三：①人们的认识能力是有限的。一种具有公共理性的秩序会协调具有相同意图的人们的行为，增进劳动分工并因此而提高生活水平。②个人的行动自由与保障他人行动自由是构建秩序的前提条件。③人们拥有的信息不对称，会因禁不住利益诱惑而时常机会主义行事，这使得建立约束性承诺或强制执行的规则非常必要。[1] 工业化社会孕育了一种考虑到当事人之间实际存在的不平等的契约关系的新观念。立法者倾向于给予弱者以倾斜性保护，以服务于维护公平正义的经济秩序的需要。[2] 这是秩序政策的核心内容，市场监管的核心价值在于维护市场秩序。

2. 市场监管方式的变革

以市场监管目标的确定为基础，市场监管方式也发生了一系列变革。

首先，市场监管的全过程性：事前、事中、事后监管。事前监管体现为准入监管，事中监管是过程性监管，事后监管则是救济性监管。例如，互联网产业覆盖范围之广、浸入公众生活之深、汇集数据量之大远超其他任何一种传统行业。一旦出现危害行为，其传播的迅猛性、影响的深刻性、损害的难以补救性也远超传统产业。因此，对互联网危险的规制，最好的处理是事前、事中监管，通过完善的市场准入规则、常态化的检查机制对其进行监督，最大限度上减少出现重大问题的可能。然而，互联网产业是个日新月异不断更新换代的产业，各种前所未见的行为层出不穷，这些行为无法完全通过事前、事中监管进行管控，监管主体只能在该行为作出之后才能发现并予以纠正，此即事后监管的应有之义。

其次，协同共治的监管方式的产生。党的十八届三中全会通过的《中共中央关于全面深化改革若干重大问题的决定》，首次提出"推进国家治理体系和治理能力现代化"，描述了中央对未来政府、社会以及群团组织基于"共治共管"的国家治理蓝图与规划。所谓共治共管，就是把政府、社会以及群团组织融入一个统一系统化的协调治理体系内，使得国家治理范畴重新纳入参与治理因素，在我国国家治理领域展示参与治理功能和多元参与保障，进而营造一个多维度、宽空间的社会主义建设发展格局。共治共管观念的提出，意味着从统治、管理到治理的国家治理理念嬗变，是国家、社会、公民从对立和相互独立思维到合作和共赢

---

〔1〕　参见［德］柯武刚、史漫飞：《制度经济学：社会秩序与公共政策》，韩朝华译，商务印书馆2000年版，第380~381页。

〔2〕　参见［法］热拉尔·卡：《消费者权益保护》，姜依群译，商务印书馆1997年版，第5页。

善治思想的一次进步。协同共治的显著特征是依赖横向的网络化合作以及多元化权威、权力运行参与多元化、权力运行向度互动化，建立管控市场风险的共同治理模式。

最后，信用监管的出现和功能。在我国，信用问题一直在金融领域作为一种贷款的约束条件存在，关涉一般行业经营者。2019 年《国务院办公厅关于加快推进社会信用体系建设构建以信用为基础的新型监管机制的指导意见》公布，首次在政策中明确"信用监管"。明确信用监管是提升社会治理能力和水平、规范市场秩序、优化营商环境的重要手段。国务院常务会议也提出加快建设社会信用体系，构建相适应的市场监管新机制，加强信用监管是基础，是健全市场体系的关键。要以加强信用监管为着力点，建立健全贯穿市场主体全生命周期，衔接事前、事中、事后全监管环节的新型监管机制，不断提升监管能力和水平，进一步规范市场秩序，优化营商环境，推动高质量发展。

二、我国市场监管面临的挑战

随着技术进步和产业变革，市场不断演变，竞争变得日益激烈，市场准入门槛的降低使得市场主体更为丰富和多元，市场规律也变得难以把握，因此需要"有形的手"对市场进行干预以保证市场能够维持公平竞争秩序。随着数字经济的出现和发展，损害市场竞争的各项行为变得更为复杂和隐蔽，致使市场监管对象日益复杂，监管目标难以明确，对于市场监管提出了更高的要求。传统的市场监管难以覆盖到当今经济社会的各方面，必须在监管理念和监管方式上不断创新，运用系统思维更好地理解市场监管的内涵，借助科学的方法和手段，提高市场监管的有效性，推动市场依法监管，构建现代化市场监管体系。当前，我国市场监管部门不断创新监管方式，优化营商环境，积极采取各项措施，促进市场监管体系现代化，成效显著。然而，市场监管体系现代化仍面临巨大挑战，国家治理能力作为影响我国市场监管的重要因素亟需进一步提升。

（一）新时代经济发展的特殊环境

党的十九届四中全会以来，我国经济快速发展，在经济生活中出现的新形势、新样态要求完善的市场监管模式。

第一，从"互联网+"战略被提出以来，数字经济在市场经济中的比重越来越大。中国信息通信研究院（以下简称中国信通院）发布的（2020、2021、2022）《中国数字经济发展白皮书》中显示，我国数字经济增加值规模占 GDP 比重逐年升高，数字经济在国民经济中的地位进一步凸显。从社会大众消费者角度来看，以腾讯、爱奇艺、抖音等为代表的数字视频门户网站的发展，带来了新的消费需求增长点，创造了直播带货的经济产业模式，但同时也产生了直播内容违法、销售假冒伪劣产品泛滥等问题。

第二，互联网极大地改变了人们的消费习惯，同时也不可避免地产生了许多问题。互联网本身难以避免安全漏洞，互联网从发展至今，一直面临着木马、钓鱼网站等安全问题，网络购物存在安全隐患；此外，互联网经济的发展也滋生了互联网犯罪的现象。近年来通过网络销售损害消费者权益的事件多有发生，由于无法看到实物，网购消费者经常会买到与图片不符的产品甚至存在严重质量问题的假冒伪劣产品，此时由于该交易是在虚拟平台中完成，可能没有实体店来提供售后服务，仅仅通过平台进行售后又没有严格的制度保障，往往导致消费者权益的损害。

第三，手机 APP 的大量出现，在吸引大规模流量、增加新的经济增长点的同时，也带来了隐私保护的问题。当消费者安装相关应用程序时，必须授权同意应用本身的条款声明，但是这些条款往往字体小且篇幅冗长，其中经常会夹杂数据采集的相关授权条款。此时消费者为了使用 APP 往往无法选择，只能授权同意，造成隐私保护方面的安全隐患。为了获得更好的个性化使用体验，消费者往往会同意将自己的相关隐私数据提供给各类互联网应用，由此应用平台经营者便掌握了大量用户的隐私数据。虽然这些数据可以为消费者提供更好的服务，但是这些数据一旦泄露，也会给消费者的隐私安全带来巨大风险，而买卖消费者隐私数据的案件在这些年屡见不鲜，在互联网隐私保护领域，亟须有关部门进行相应的监管。

第四，共享经济中的自由限度与监管挑战。在数字经济的推动下，我国共享经济模式也呈现出快速发展样态，在我国国民经济中占据重要的市场地位。但与此同时，共享经济的发展也给市场监管部门带来了管理困境与挑战。我国共享经济在发展过程中存在垄断、安全风险较大以及粗放发展等问题。以共享单车行业为例，虽然其存在为消费者带来极大的出行便利，但是不可避免的是共享单车乱停乱放为市容市貌带来了负面影响；再如，网约车平台除了利用自身强大的市场支配地位获得相关垄断利益外，近年来网约车乘客的安全事故时有发生；而在共享住宿领域，也存在准入门槛低，吸纳了大量社会资金，进而产生了金融危险的情况，但这又不同于传统的金融违法犯罪形态，所以不得不面对谁来监管、如何监管等问题。

第五，互联网经济发展中的垄断问题。随着数字经济的发展，平台经济逐渐成为一种越来越重要的经济组织形式。高速发展的平台经济推动了经济发展、提高了生产效率、改善了消费体验，但随着平台经济迅速崛起，一些头部企业滥用市场支配地位的行为与日俱增，阻碍了行业创新。例如，一些头部平台利用支配地位对入驻的平台内经营者强制"二选一"，从 2010 年的"3Q 大战"，到 2018 年拼多多遭遇违规竞争，再到 2021 年国家市场监督管理总局认定阿里巴巴在国内网络零售平台服务市场实施"二选一"的垄断行为。2018 年 4 月 10 日，国家市场监督管理总局责令阿里巴巴集团停止违法行为，并处 182.28 亿元罚款，这是中国反垄断部门有史以来做出的最大罚款，该案标志着我国对平台经济监管进入了新的阶段。国家在鼓励科技创新的同时也要加强监管，规范和引导平台经济的持续发展。互联网时代平台企业的垄断形式不同以往，传统的反垄断标准可能不再适用于该产业，市场要规范，平台要发展，强化平台经济领域的反垄断执法是我国在新时代经济发展道路上的重要保障。

综上可知，随着新时代经济的发展，数字经济与共享经济等新的经济形态逐渐在经济生活中占据重要地位，在带来新的行业领域和经济增长点的同时，也出现了许多问题。此时则需要我国市场监管部门跟上时代的步伐，不断改革创新，探索适应新时代发展的市场监督管理模式。

(二) 市场监管体系现代化面临的挑战

市场经济的有效运行离不开市场的公平竞争，实现资源的合理配置同样需要有序竞争。在市场竞争过程中，市场主体出于谋利动机，容易出现排挤竞争的局面，致使市场失灵，无法实现充分有效的竞争，阻碍资源的配置，影响市场的正常运行，对此需要通过法律法规及相关政策进行干预。市场监管体现了政府职能的履行，也是我国政府改革的关键领域。市场监管体系的现代化意味着市场监管需要综合运用先进技术，转变传统监管的理念和途径，使得线上和线下、产品和服务、主体和行为等层面都能得到全方位监管。随着监管领域的扩大，监管对象和行为日益复杂，监管规则、监管方式、监管人才能力等方面均存在不足，市场监管体系现代化面临诸多挑战。

1. 监管规则面临的挑战

首先，随着市场竞争领域日趋广泛，违法行为层出不穷，需要丰富的监管规则予以规制。但现有的法律法规通常较为原则性加上法律条文表达的局限性，与竞争局势的多样性和市场经济的独特性之间的矛盾，导致在市场监管中所能依据的相关规则较为笼统，可操作性不足，有待进一步细化完善。例如，我国《反垄断法》的相关实施细则有待完善，可操作性有待加强，执法的准确性难以保障，使执法缺乏威慑力，监管水平受限。我国《反垄断法》《反不正当竞争法》等市场监管相关的立法与执法实践起步较晚，尚未形成足够的经验，已出台的很多执法指标具有经济学含义，且规定较为含糊，可操作性不强，如对相关市场、市场份额、必需设施等关键概念进行分析时，未确立规范层面精准的衡量标准，更多取决于执法者的主观评价，给予执法者较大的自由裁量权，难以保障执法准确性和执法效率，导致市场监管的有效性和科学性受到挑战。

其次，互联网平台所形成的双边或多边市场、其具有动态竞争的特点在监管规则设计上是否应当体现、应如何体现。技术发展方向难以预测，产品替代速度加快，当新产品出现时，相同或相似的产品产量大幅增加，难以认定替代产品，同时行业界限不清晰，致使互联网平台所涉及的相关市场不断变动，难以界定。《反垄断指南》为互联网平台相关市场的界定确立了一般原则，明确了相关市场的界定需要使用替代性分析方法，但仍缺乏具体的执法标准。对于平台功能、商业模式、应用场景、用户群体、多边市场、技术壁垒、网络效应、锁定效应等因素的分析，是界定互联网平台相关市场的重要参考，但是这些因素专业性较强，且较难收集证据，现有立法并未明确各个因素的衡量标准和分析思路，导致法条可操作性不强。如果在供给替代中过多考虑潜在竞争的因素，可能会影响对平台市场地位的判断。如果监管规则无法切实可行，互联网平台的市场监管将缺乏制度保障，难以实现监管的意义。

最后，市场监管规则尚未统筹整合，系统化程度不足。很多新现象可以为诸多法律所规范，如"大数据杀熟"问题，涉及《消费者权益保护法》《电子商务法》《反不正当竞争法》《价格法》《反垄断法》等。它们之间是竞合关系，还是替补关系？为适应多样的市场竞争局面，《反垄断法》亟需进行修订，将对平台经济的规制纳入其中，通过立法的形式对互联网平台的垄断问题进行监管，现有的监管规则也应进一步细化完善。为支持互联网平台发展、推动经济结构转型，市场监管与消费者保护、数据安全等相关法律法规的衔接程度有待进一步提升。

2. 监管方式面临的挑战

（1）基层信息化应用水平不高。数字经济的飞速发展，使得信息化的技术在各个领域被广泛应用，呈现出不同于传统市场的交易模式，面临更为复杂的监管问题。市场主体利用先进的技术，不断革新生产和运营方式，在交易行为中谋求更大的利益，在互联网的高速发展背景下，违法行为变得更为复杂且更容易隐藏，因此，传统的监管方式难以应对多元化的市场竞争。智慧监管是提高基层市场监管效能的必然选择，而基层市场监管部门面临着监管系统不够健全完善、信息化应用水平不高的困境。基层市场监管人员普遍习惯传统的监管方式，倾向于依照经验和习惯开展监管工作，对智慧监管认识不足，缺乏对办公自动化、信息化等内容的学习和了解，不能灵活运用新的监管技术和工具，影响监管的准确性和及时性。从市场监管领域各部门来看，每个部门都有属于自己的业务信息系统，但整体来看彼此之间尚未形成综合监管平台，缺乏统一的整合标准，信息利用率低下、信息无法及时共享，导致监管人员的工作成本进一步加大，影响监管效率。

（2）对互联网平台监管手段不足。当前互联网平台不断涌现，对大数据的处理和利用成为市场竞争的重要武器。然而监管机构尚未明确数据管理的相关制度，对于平台可以合理抓取数据的范围和途径监管不足，需要升级传统的监管方式，将平台对于数据的收集与处理纳入监管范围之中，加强对于互联网平台垄断行为的监管。此外，互联网平台具有跨地域性，用户提供的产品和服务不受时间和空间的限制，且行业界限模糊，使得传统的属地监管方式无法应对，对于交易发生地、平台注册地、用户所在地等不同地理区域需要明确适宜的监管方式。

在开展智慧监管的过程中，也出现了有益的探索。2021 年 2 月，浙江省推出平台经济数字化监管系统——"浙江公平在线"，针对平台经济领域的垄断及不正当行为，进行系统动态监测。系统首期监测覆盖重点平台经营者 20 余家、平台内经营者 1 万余人、重点品牌 500 余个、商品 10 万余个。[1] 这是全国首创的反垄断智慧监管系统，丰富了监管方式，有利于规范平台健康发展，及时发现并制止平台的垄断行为，维护消费者利益，保障市场公平竞争。但当前，智慧监管仍没有大面积覆盖，监管理念和方式的革新需要长期努力方可实现。

3. 监管人才能力面临的挑战

互联网监管需要技术辅助，技术是以人才为载体的，人才是高效完成市场监

---

〔1〕《全国首个平台经济数字化监管系统——"浙江公平在线" 2 月 26 日上线》，载中国政府网，http：//www. gov. cn/xinwen/2021-03/08/content_ 5591516. htm，最后访问日期：2021 年 4 月 20 日。

管的根本保障,市场监管体系现代化需要丰富的专业人才。市场监管具有极强的专业性,监管人员需要对市场规律深入了解,并能够分析市场主体的交易活动是否符合法律规定,由此作出是否违法的判断,这对监管人员的专业能力要求非常高。2018 年,市场监管机构进行改革,由国家市场监督管理总局履行监管职能,推进综合执法,这对重塑我国市场监管格局和构建现代化的市场监管体系带来深远影响,也为监管人员的综合能力和执法专业性设置了更高的要求。

近年来,各种市场新兴业态层出不穷。互联网平台具备独特的发展模式,对监管产生了更大的挑战。在监管互联网平台的过程中,涉及对网络效应、锁定效应、技术壁垒等因素的认定,需要综合考虑多种要素,对监管人员的综合素质和专业知识储备带来挑战。监管人员对市场行为进行分析和监管,需要熟练掌握经济学、法学等多重知识体系,这是科学执法、有效监管的必要保证。当前,监管人员普遍呈现知识和技能匮乏、本领不足等情况,同时具备经济学和法学知识的人才稀少,对于监管过程中所收集的数据资料、行为分析、风险研判能力等存在不足,当市场出现垄断行为时不能及时发现并取证。此外,监管人员普遍缺乏足够的执法经验和相应的专业培训,导致监管的准确性和科学性无法保证,监管力度薄弱,不利于营造公平竞争的市场环境。

(三)市场监管能力面临的挑战

市场监管涉及市场交易和经济运行的各个方面,涵盖对市场主体、交易行为、市场秩序等内容的行政执法和监督,是国家治理体系的重要环节。市场监管需要充分发挥市场在资源配置中的决定性作用,清除市场壁垒,营造公平竞争的营商环境。国家治理能力是运用国家制度管理社会各方面事务,对治理资源合理配置,使之协调发展的能力,在市场监管领域尤为重要。当前我国全面深化改革,要求政府转变职能、简政放权、加强监管,推动经济社会高质量发展。市场监管是政府的重要职能,市场监管部门是连接政府、市场和企业的纽带。通过限制政府权力、加强市场监管,有利于激发市场活力,营造公平有序的市场竞争环境。然而,国家治理能力在市场监管领域还存在诸多有待进一步完善之处。

1. 政府与市场职能划分有待进一步清晰

政府是国家治理的主体,也是市场监管的主力军。政府权限的合理界定,决定着市场监管的有效性和准确性。政府职能的不断转变,在市场监管领域尤为重要。当前,我国政府对市场监管主要采取行政监管的方式,将市场主体的行政审批与市场监管融为一体，强调以行政监管为主的机制，然而这一模式较为局限，且任意性较大，难以实现对市场的有效监管。目前我国治理主体呈现单一化，在当前的市场监管形式下，政府占据主导性地位，其对于市场的监管作用十分显著。如果超越原本的职能权限对市场活动进行不合理干预，将影响市场正常运转，导致市场不能有效发挥其配置资源的作用。与此同时，政府的不合理干预也会抑制市场和社会的创新性活力，使公平的市场竞争体系和公正的社会良性运行体系遭到人为的破坏，从而消解市场和社会的自我修复能力，加大国家治理的难度。[1] 市场作为决定资源配置的主体，本身便发挥着优胜劣汰的作用，能够通过价格机制反映产品或服务的质量，而消费者的需求也将通过市场竞争机制予以满足，在这一层面，市场本身便具有监管和认证的重要功能。如果政府强行介入市场，为产品或服务设立相关限制，既加大了政府监管的成本，又可能损害了市场自身竞争规律。政府与市场职能需要清晰界定，市场监管才能更加明确和高效。

2. 平台自治的"权力"范围有待进一步清晰

依照《电子商务法》《数据安全法》等法律法规，大型平台拥有较大的自治权，即对平台内经营者进行一定管理的"权力"。之所以用"权力"而不是"权利"，是因为其来源不是合同，而是法律的授权，如对"亮照"的监管，对虚假宣传的监督等，因此可以称之为自治性权力。市场主体多元化的趋势要求市场监管领域构建商事主体自我约束、行业自律、政府监管、社会共治的监管新格局。在网络平台内部，形成了自我规制模式，平台经营者行使"准立法权""准执法权"，平台经营者在虚拟的"生态系统"中承担着制定和解释平台自治规则、管理和维护平台交易秩序、解决平台纠纷和争端等责任。这种模式非常类似于政府治理，平台经营者通过行使这些自治权力对平台秩序进行管理和维护，但自治管理权的不当使用多发且具有诸多表现，破坏了平台自治的平稳运行。既然是权力，就可能存在权力的滥用。可能发生的权力滥用主要表现为以下两种形式：一是平台经营者在行使管理职能时，对管理权力的不当使用；二是平台经营者利用自身的优势地位对平台数据信息的不当利用。

---

〔1〕 参见竹立家：《国家治理体系重构与治理能力现代化》，载《中共杭州市委党校学报》2014年第1期。

3. 监管技术落后于技术滥用

数字化对卡特尔的形成和维护方式进行了调整。在人工智能、数字平台、区块链和大数据时代，经营者越来越多地使用基于人工智能和算法的软件。这可能导致卡特尔的形成没有任何正式协议或人员之间的直接互动，并进一步产生如何应对经营者间无组织和沟通形式的串通的问题。

除了对传统协同行为认定标准构成了挑战外，即使将标准调整为"行为"＋"沟通"认定模式，仍然在如何获取证据方面带来执法和司法上的挑战。一些国家已经开始尝试以技术制约技术的滥用。如俄罗斯联邦反垄断局运用大数据技术积累识别数字卡特尔的证据，其拥有一种收集和分析证据的充分方法，使监管部门不仅能够知道信息电子交易平台有什么，也能够借助电子技术辅助监督。数字时代，行政机关对数字生产力的认识和掌控能力，决定了其监管能力，这一能力要求在我国需尽快被提上日程。

4. 基层监管主体自由裁量权过大

深入推进简政放权是转变政府职能的重要举措，近年来，市场监管职能陆续下放至基层。2019 年，中共中央办公厅、国务院办公厅印发《关于推进基层整合审批服务执法力量的实施意见》，旨在推进基层综合行政执法改革，弱化和分散政府权力，将行政执法权限下放。目前，广东省汕头市、广州市、黑龙江省哈尔滨市等城市均一定程度上开展了市场监管职能下放的改革，但由此也带来基层执法裁量权扩大的问题。由于有关新兴领域的法律法规和各项政策出台滞后，缺乏指导各级监管部门协调配合并发挥整体效力的顶层设计，各地区、各级部门未能同步对市场监管措施具体细化。缺乏具有可操作性的实施细则，对于垄断行为和惩罚金额的量化标准缺乏细致的规定，导致监管部门开展监督检查无法以制度化、常态化的形式进行。市场监管职能下放又赋予了各基层地区监管部门自由裁量权，容易加剧执法标准不统一、违法处理后果不一致的现象。此外，基层监管人员普遍缺乏专业知识和足够的经验，如果其拥有过大的自由裁量权，又没有明确相关标准，容易致使监管范围不明确、监管手段不规范、处罚不公平，使执法偏离法律目的。

三、我国市场监管模式变革的必要性

在新的经济形势下，政府在市场监管过程中应当扮演怎样的角色，既当运动员又当裁判员的角色定位是否合理，是我国市场监管模式变革面临的一次重大抉择。

（一）传统监管模式的不足

1. 传统监管模式以强制性监管为基础，缺乏服务型监管

党的十六届三中全会通过的《中共中央关于完善社会主义市场经济体制若干问题的决定》强调：增强政府服务职能，政府职能要从"全能型"转向"服务型"。2004 年 2 月，温家宝总理在省部级主要领导干部"树立和落实科学发展观"专题研究班上的讲话首次提出了"服务型政府"的概念。这一观念进一步强化要求政府职能适应性地转变。

（1）强制性监管模式不符合政府职能转变的要求。党的十八届三中全会提出，切实加快转变政府职能，建设法治政府和服务型政府，特别强调了政府职能向服务转型，要求政府要把伸长的手缩回来。党的十九届五中全会对推进国家治理体系和治理能力现代化提出明确要求。优化政府治理、建设人民满意的服务型政府，是推进国家治理体系和治理能力现代化的重要内容。由此可见，我国政府的职能转变已经是市场经济发展的必然要求，从管理型政府向服务型政府的转变这一变革越来越受到政府的重视。在这种背景下，政府职能转变具体到市场监管工作的具体实践中，以强制性为基础的传统监管手段与服务型政府构建的理念相悖，市场监管应当引进服务理念，增加柔性手段，构建服务型市场监管机制，并在此基础上进一步建立和完善服务型市场监管的相关法律法规，这既是我国经济社会发展的必然趋势，也是当前我国政府行政体制改革的必然要求。

（2）强制性监管模式不适应市场经济发展新形势。我国传统的市场监管模式来源于计划经济时期的理念，以市场监管机构作为单一主体进行市场监管，这样的监管模式虽然强化了监管手段的权威性和效率性，但同时也限制了监管主体的主观能动性和监管手段的多样性。在传统市场监管模式下，政府组织注重强制性，出于提高监管效率的考量，通过一系列政策法规、集权措施维持市场秩序，注重计划和控制，并未对市场主体的需求给予足够的关注，市场监管者扮演了控制者、监督者的角色。在这种监管模式下，传统的监管手段以强制性为基础，缺乏柔性监管手段。

在市场经济发展新形势下，强制性的监管模式会引发许多问题的产生：某些市场监督管理执法人员可能在以强制性为基础的监管手段的影响下，在思想上站在市场主体的对立面，认为自己代表的是监管机构，拥有行政执法的特殊权力，

处于强势地位，主要职责只是监管，从而忽略和弱化了服务意识；某些执法人员采用罚款这种强制性监管手段时，可能会产生"执法为了罚款，罚款为了工作"的错误理念，导致以罚代管的现象发生，阻碍市场经济的健康发展；某些监管机构可能为了彰显自身的权威，以强化监管为由，盲目抬高准入门槛，故意刁难市场经营主体；甚至某些监管人员可能在采取强制性手段时无视法律法规，粗暴执法，严重损害相关法律法规的权威。这种缺乏柔性监管手段和服务型监管意识的强制性监管模式，极有可能会导致市场监督管理机构丧失威信，失去市场经营主体的信任，破坏市场经济秩序，不利于市场经济的发展。随着市场经济的不断发展以及对外开放程度的不断加深，市场监管实践也面临更多无法以强制性手段妥善解决的问题，以强制性为基础的传统市场监管模式不适应市场经济发展的新形势。

（3）强化监管与服务发展是市场监督管理职能的两个方面。市场监管不仅仅是对相关法律法规的执行，更具有引导、扶持市场经济发展的服务功能。在市场监督管理工作中，监管与服务具有双重同一性。一是主体同一性，监管者就是服务者，被监管者就是被服务者。二是最终目标同一性，监管和服务的最终目标都是维护市场秩序，推动经济社会发展。市场监管与服务工作是市场监督管理部门职能的两个方面，是在经济社会发展新形势下的统一体，相辅相成，互为支撑。

一方面，服务离不开监管，不能脱离监管而单纯提供服务，服务应当是在监管的过程中来实现的。市场监督管理部门的法定职责就是监管市场经济，维护市场交易秩序，保护市场主体的合法权益。没有强制性监管作为依托和支撑，市场监管部门提供的服务则会脱离实际，偏离国家对市场监督管理部门的职能定位，这样的服务只能是无源之水，无本之木。另一方面，监管也离不开服务，市场监管需要强制性手段，但也离不开柔性手段。仅以强制性手段进行监管而缺乏柔性手段和服务意识，市场监管工作的开展就缺乏前提和基础。[1] 进行市场监管的最终目的是服务于市场经济的发展，只有提高服务意识，增加柔性监管手段，才能切实做到有效监管；只有落实监管手段与政策，才能更好地服务市场主体。只有正确认识强制性监管与服务型监管之间的辩证关系，才能在市场监管工作实践

---

[1]　参见赵郁强、王停：《做好农药市场监管与服务工作的实践与探讨》，载《农药科学与管理》2010年第6期。

中高效而灵活地处理各种问题。

在传统的市场监管模式下，监管手段以强制性为基础，缺乏柔性手段与服务意识，不符合市场监督管理职能的要求。因此，市场监管人员在市场监管过程中，使用强制性手段的同时，也应当引入柔性手段，把服务理念贯穿于市场监督管理各项工作当中，在市场监管过程中，做到依法行政与以人为本、强化监管与热情服务相结合，杜绝强制性粗暴执法行为，更好地履行市场监督管理职能。

2. 传统监管模式以国家机构为基础，缺乏行业自律和平台监管

由于监管理念的不同，市场监管存在广义与狭义之分。狭义监管是指由政府单独承担市场监管职责。广义监管认为应当由市场监管机构、市场主体和社会等多元主体共同承担市场监管责任。受到计划经济体制的影响，我国传统监管模式下由国家机构单独承担市场监管责任。改革开放后，市场经济不断发展，但在我国传统观念中，市场监管仍然只是政府的职责，与其他社会主体无关。[1] 同时，在传统监管模式研究中，我国主要采用管制经济学、行政法学和传统政治学理论来分析问题，而这些理论都采用狭义监管理念，无视政府机构之外的其他主体的市场监管责任，导致传统监管模式仍然是以国家机构为基础，缺乏行业自律和平台监管。[2] 党的十九届四中全会强调，"必须加强和创新社会治理，完善党委领导、政府负责、民主协商、社会协同、公众参与、法治保障、科技支撑的社会治理体系，建设人人有责、人人尽责、人人享有的社会治理共同体"。[3] 国家治理现代化对市场监督管理工作提出了新的要求，市场监管不仅需要作为政府机构的市场监管部门履行监管职能，而且还要求多元化的治理主体发挥自律自治作用如行业自律、平台监管等。

（1）单一化政府监管的局限性。狭义监管模式不适应市场经济的快速发展。传统监管模式下，政府完全承担市场监管的责任。在我国改革开放初期，市场主体的数量和种类较少，经济活动的模式也比较简单，市场交易总量不大，市场监

---

〔1〕 参见王湘军：《商事登记制度改革背景下我国市场监管根本转型探论》，载《政法论坛》2018年第2期。

〔2〕 参见杨炳霖：《监管治理体系建设理论范式与实施路径研究——回应性监管理论的启示》，载《中国行政管理》2014年第6期。

〔3〕 参见《中共中央关于坚持和完善中国特色社会主义制度、推进国家治理体系和治理能力现代化若干重大问题的决定》，载《中国共产党第十九届中央委员会第四次全体会议文件汇编》，人民出版社2019年版，第17~68页。

管部门尚可独立承担市场监管职责。但随着市场经济的发展，互联网经济的普及以及垄断现象的不断增加，仅仅依靠市场监管部门维持市场秩序已经无法满足市场监管实践的需要。

政府监管自身具有局限性。首先，市场监管部门在市场监管过程中往往处于信息劣势地位。监管部门开展执法活动以掌握相关行业或者企业的经营信息为前提，但在市场监管实践过程中，监管部门需要面对不同行业和不同企业进行执法，必然难以面面俱到地观察和掌握被监管者的具体行为，导致市场监管执法受到阻碍。其次，市场监管部门的工作人员作为理性人难以克服逐利性。在市场监管过程中，监管人员可能出现以权谋私的行为，利用手中的监管权力胁迫市场经营者，从而为自己牟取不法利益。麦克库宾斯认为，"监管为政治家、行政官员和市场经营主体都带来了好处，他们形成了一个操纵政府法规、政策倾向或政策偏好的稳定的'铁三角'联盟，即政治家、行政官员和靠政府得到好处的产业集团，三方联合纠缠在一起的联盟"。[1] 再次，政府监管行为有可能会受市场经营主体影响或裹挟。市场经营主体本身具有逐利性，为追求最大化利益，可能会利用自身资源优势、通过利益输送等方式影响监管机构作出有利于自己的决策，导致监管政策不利于市场秩序的稳定和经济的发展。最后，监管机构在某些监管领域进行监管可能会付出巨大成本，或者采取了不科学不合理的监管措施导致监管无法达到预期效果。以上风险的产生都是政府监管自身的局限性所导致，依靠政府进行狭义监管无法解决，由市场监管机构、市场主体和社会等多元主体共同承担市场监管责任的广义监管则成为解决问题的关键。

（2）行业自律监管的必要性。行业协会是以市场和市场经营主体为基础的一种经济组织的再组织，是一个行业内多个经营主体组织起来执行服务、自律、协调和监督职能以实现行业共同利益的联合体。行业协会为该行业的市场经营主体提供公共服务，属于"私序"的范畴；但作为一种有组织的"私序"，行业协会在发挥行业内管理职能时，又是对"公序"的重要补充。[2]

行业自律监管的优势，一般可总结为专家优势、灵活性、良好的体系内沟

---

〔1〕　Mathew D. McCubbins，"Abdication or Delegation？Congress，the Bureaucracy，and the Delegation Dilemma"，*Regulation*，Vol 22，No 2，1999，p. 34.

〔2〕　参见郁建兴：《全面深化改革时代行业协会商会研究的新议程》，载《行政论坛》2014 年第 5 期。

通、相对政府规制而言的低成本等几个方面。[1] 其一，行业自律监管具有专业性。行业自律组织作为一个行业内部经营者所组成的团体，相较于监管机构，其对于行业内部的运行模式的了解与行业相关专业知识的掌握程度更加深入，便于弥补政府对某些复杂市场问题的监管无力问题。其二，行业自律监管更加灵活。相对于市场监管部门，行业组织更加贴近本行业经济活动的前线，对于市场中的风险与问题的预知更加灵敏，可以更加灵活地发现和解决问题。其三，行业自律的监管方式更加柔性。与市场监管机构的执法监管不同，行业组织的自律监管是通过与市场主体的平等沟通和协商来进行监管。其四，行业自律监管成本更低。行业组织监管的费用一般都来自该行业市场经营主体，因此，作为组织成员的经营主体会最大化降低监管成本。与此同时，行业组织监管的灵活性和专业性也会降低行业自律监管的成本。

（3）平台监管的必要性。平台监管的本质，是平台经营者的自我监管。有学者指出，"企业自我监管，是指由企业最高管理层发起和批准的正式的、结构化的行为规则计划和相关执行机制，目的是使企业的运营、管理人员和员工遵守有关企业活动的适用法律和监管标准。"[2] 随着市场经济的不断发展，互联网市场逐渐发展和扩大，网络平台市场的稳定、有序发展对我国经济社会的发展越来越重要。但随着平台经济的不断发展，各种新兴交易模式的出现在推动经济发展的同时，也出现了许多不法经营者利用网络平台进行非法经营，扰乱市场正常经营秩序。由于网络平台经济的虚拟性、隐蔽性、开放性和无边界性，[3] 以国家机构为基础的传统市场监管模式无法维护网络平台市场的秩序。因此，引入网络平台监管，推动传统市场监管模式的变革成为大势所趋。在网络平台市场监管过程中，市场监管机构可以通过"以网管网"，引入大型互联网平台作为市场监管的助手，以此来弥补自身执法能力和水平的不足，以简单化方式解决日益复杂的

---

〔1〕 参见郭薇：《政府监管与行业自律——论行业协会在市场治理中的功能与实现条件》，南开大学2010年博士学位论文。

〔2〕 John C. Ruhnka, Heidi Boerstler, "Governmental Incentives for Corporate Self-Regulation", *Journal of Business Ethics*, Vol. 17, No. 3., 1998, p. 310.

〔3〕 参见王雪峰：《创新网络市场监管 适应市场发展新常态》，载《中国工商管理研究》2015年第3期。

平台市场监管问题。[1]

3. 传统监管模式以事实经验为基础，缺乏技术监管手段以及事前监管

（1）传统以事实经验为基础的监管的不足。以事实经验为基础的监管模式在市场经济发展新形势下存在一些问题。一是传统监管模式过度依赖经验。在市场监管过程中，基层市场监管执法人员普遍采取"一看二摸三闻"（眼看、手摸、鼻闻）等方法去检测和发现违法产品，通过个人经验判断和认定违法行为和违法产品，其准确性无法得到保障。二是监管方法落后。传统市场监管采取实地手工操作的方法，监管人员需要通过实地考察、查阅台账等方式完成调查取证以及监察监管工作，这种工作方法导致人力物力成本增加，并且效率低下，[2] 科技含量不高，不适应当前经济发展新形势。三是监管机构的监管途径较少，对抗性较强。传统事实监管模式下，监管机构侧重行政监察、行政许可、行政处罚等对抗性强制手段，而忽视行政指导、行政合同、特许经营权竞标、价格上限、资源公开拍卖等激励性监管方式。[3] 四是过度依赖事后监管，忽视事前事中监管。在传统监管模式下，"头痛医头、脚痛医脚"的现象比较普遍，缺乏整体性、系统性和前瞻性，重行政处罚、轻教育疏导，缺乏治标治本的长效监管机制。

（2）技术监管手段的必要性。技术监管手段不仅包括采取先进的科学技术手段，还包括采用先进的监管理念。一方面，随着时代的发展和科学技术的进步，计算机技术、多媒体技术、视频技术、自动化控制技术和其他智能化技术不断被运用于市场经济的发展过程中，传统监管模式下以事实和经验为基础的监管手段已经不符合市场监管实践的需要。通过运用先进的执法装备和技术，监管机构可以克服传统手工监管的弊端，提高市场监管执法的效率。同时，依托现代信息技术，市场监管部门可以快速掌握相关市场信息，打破时间、空间对监管人员收集信息的制约，更加灵敏、快速和有效地维持市场秩序。另一方面，依托现代网络信息技术、现代检测方法、现代统计方法和现代管理工具等手段，市场监管部门可以将监管业务植入网络信息平台，以此来对市场准入、市场经营和市场退

---

〔1〕　参见杨乐：《我国互联网法律政策的特点、问题和建议》，载腾讯研究院：《互联网+时代的立法与公共政策》，法律出版社 2016 年版，第 154 页。

〔2〕　参见胡仙芝、吴文征：《善用"互联网+"提升政府善治能力》，载《前线》2016 年第 12 期。

〔3〕　参见宋慧宇：《行政监管权研究》，吉林大学 2010 年博士学位论文。

出等市场经营进行全程高效监管，强化监管力度。[1] 通过这种技术监测与分析，监管机构能够以问题为导向，将监管工作重心放在事前和事中，通过风险评估与隐患排查，实施主动式管理，更好地服务于市场经济的健康有序发展。

（二）新兴行业监管的不适应

随着信息网络技术的高速发展，市场新行业、新业态层出不穷，对传统的市场监管体系提出了挑战。当今时代，第四次科技革命方兴未艾，大数据、人工智能、云存储等技术广泛应用于市场的各个领域，新能源汽车、高等级的人工智能、区块链技术、3D 打印、物联网等产业也呈现加速发展的态势，随时可能以崭新的形态进入市场。新兴产业的发展不仅需要技术层面的大力支持，同样需要完善的制度规则和监管体系保障其发展。科技上的重大突破和革新带来新兴行业的蓬勃发展，也对传统的市场监管体系提出了新的要求和挑战，需要在新兴领域中加以革新和发展。

传统的市场监管制度在面对高速发展的新兴产业时显现出调整的滞后性和应对的缓慢性，难以发挥市场监管制度本身的作用，因此需要加以变革。新型市场监管制度需要提升对有关新兴产业技术和产业发展规律的认识，加快转变监管理念、监管模式，推动监管规则、监管流程和监管体系转型升级，并根据新兴产业自身的特点，重视新兴产业领域准入规则、知识产权、平台反垄断、消费者权益保护等方面的规则革新和体系构建，在人们因为新兴产业的发展而享受生活便利时，新型市场监管体系要积极作为、保障其权利。

与此同时，由于为新兴产业发展提供技术支撑的信息技术、大数据等领域技术产业革新速度较快，具有发展方式多元、新兴业态迭代速度快的特点，导致相关现行法律秩序缺失。和传统行业发展相比，大数据采集和算法分析等技术必然会触及个人信息保护和消费者权益保护等新内容，因此，新兴产业高速发展的现代市场对传统商业伦理和市场规则带来了颠覆性挑战，需要在现有的市场监管制度上加以变革，在促进新行业发展的同时维护市场中各方主体的合法权益。

1. 新兴行业整体发展现状

数字技术高速发展带来新兴产业的蓬勃发展，其影响是多个方面的：平台规

---

〔1〕 参见天津市工商局实现"四个转变"课题组：《论监管手段由传统向现代化转变》，载《中国工商管理研究》2009 年第 12 期。

模扩大、市场主体类型和数量增加、文娱产业占比增大，等等。这些变化迅速改变着市场结构和运行规则，并对市场秩序产生重要影响。

（1）平台规模扩大。随着数字技术的高速发展，以此为技术支撑的平台经济随之高速发展，平台经济逐渐成为新兴产业中不可忽视的力量之一，新兴产业也主要依托大型平台而发展。根据平台特点和新兴产业的需求，大体可以将平台分为两种类型：第一种是需求导向型的平台，此种平台本身不参与供给方与需求方的行为，仅仅为二者的活动提供交易的平台，需要需求方自行搜索、供给方自行宣传，二者在平台的检索系统和智能匹配的帮助下，供给方和需求方之间自由选择，如淘宝、京东等购物平台就是需求导向型平台的典型代表。第二种是基于固定关系导向型的平台，和需求导向型平台最大的不同在于，此种类型的平台上的供给者和需求者之前存在固定的交易关系，技术的革新只是为其提供了更好的技术体验和服务水平，如支付宝交易平台，随着技术的发展，其为用户提供的技术服务水平也不断提高。目前，许多平台不再单一地属于需求型或固定关系型，而是将两种平台的特点相结合，成为综合发展的平台，其内部交易关系的复杂程度、交易的规模、用户的数量乃至巨大的社会影响力，都是传统市场所不能企及的。

近年来，我国数字平台经济呈现大规模发展趋势。根据中国信通院发布的《平台经济与竞争政策观察（2021年）》中的数据可以看出，截至2020年底，我国市场价值超过10亿美元的数字平台企业有197家；2015年—2020年间，我国超过10亿美元的数字平台企业价值由7702亿美元增长到35 043亿美元，年复合增长率达35.4%，并呈现中型平台规模不断扩张且加速成长为大型平台的趋势。[1]

平台上汇聚着巨量消费者，截至2021年12月，我国网民规模达10.32亿，较2020年12月增长4296万，互联网普及率达73.0%；在网民中，即时通信、网络视频、短视频用户使用率分别为97.5%、94.5%和90.5%，用户规模分别达10.07亿、9.75亿和9.34亿。[2] 同时，几大代表性平台消费者数量不仅庞大，且仍在呈现逐年上涨的趋势。截至2021年9月30日，阿里巴巴生态全球年度活

---

〔1〕　中国信息通信研究院政策与经济研究所：《平台经济与竞争政策观察（2021年）》。

〔2〕　中国互联网络信息中心：第49次《中国互联网络发展状况统计报告》。

跃消费者达到约 12.4 亿，单季净增长 6200 万；[1] 拼多多平均月活跃用户数为 7.385 亿；[2] 截至 2021 年 12 月 31 日，京东过去 12 个月的活跃购买用户数较 2020 年同期的 4.719 亿增长 20.7% 至 5.697 亿。[3] 几大代表性平台的消费者数量均呈现逐年增长的趋势。

通过数据我们可以了解到，大型平台不仅再仅仅是体量巨大的企业，同时还联结着数量巨大的经营者和消费者，其提供的商品和服务种类繁多、数量庞大。最重要的是，当新兴行业飞速发展并占据重要的市场份额时，它的存在已经改变了人们的生活方式和消费模式，其带来的影响是深远的，且在将来会不断发展。由此可见，在大型平台支撑的新兴产业逐步在市场中占据重要地位的当今，市场监管体系必须认识到平台经济的自身特点和其在市场中的影响力，积极推动自身革新，从而适应新兴产业高速发展的现状。

（2）新产品数量激增。在市场监管的流程中，对于新产品进入市场的监管是重要的部分。根据传统的市场监管体制，新产品如果想要进入市场，需要经过市场准入的核验，市场监管部门的核验标准采国家标准、地方标准或者行业标准。而在新兴产业中，新产品的研发速度飞速提升，平台规模的扩大使得平台内经营者的数量大幅度增加，为新产品、新服务的发展提供了良好的契机。当下新产品、新服务数量快速增加，给传统的市场准入监管带来了严峻的挑战。

首先，网络经营者的数量巨大且更替频繁，难以进行具体监管。相较于传统企业进入市场和退出市场都需要烦琐的流程，前期投入的房租、人力和水电成本是其进出市场的阻碍。但在电子平台之上，注册和注销店铺非常便利，甚至只需要在平台上操作即可，为经营者进出市场提供了便利，也造成了市场内经营者更换频繁的现象。[4] 高频率地进入和退出市场，无疑会给传统市场监管体制造成很大的冲击。

其次，新品牌更新迅速。比起单独推出新产品，推出新品牌的效果要更好。新品牌不仅能向消费者展示系统完整的品牌理念，同时也能借助原有品牌的群众

---

〔1〕 阿里巴巴集团控股有限公司：《2021 年九月底止季度业绩公告》。

〔2〕 拼多多 2021 年 Q2 财报，"Pinduoduo Announces Second Quarter 2021 Unaudited Financial Results".

〔3〕 京东集团股份有限公司：《2021 年第四季度及全年财务业绩公告》。

〔4〕 据统计，某电商平台在 2019 年度的多数月份中，每月新注册商家和退出商家数量之和都超过 100 万，个别月份甚至超过了 1000 万。

基础，达到更好的宣传效果。以京东为例，其平台上有 15 个行业在 2019 年 4 月至 2020 年 3 月间，新晋品牌的数量占样本行业全部品牌的比重 20% 以上，部分行业高达 40%。

最后，产品上新迅速。在新兴产业中，平台上新门槛很低，审查大多是形式审查，且由于进出市场便捷，若产品销量没有达到预期也可直接下架，因此新品数量呈现爆发式增长，新品也成为了促进消费的主力军。2020 年度，天猫平台上新品总量达到 2 亿多；京东年度上新数量超过千万，新品销售贡献率 2019 年度为 58%，2020 年度上升至 62%。

（3）文娱产业占据重要地位。在新兴产业中，文娱产业占据了较为重要的地位。线上阅读、电子音乐、直播视频网络游戏等内容由于其便于消费使用、更新速度快、人群适用面广等因素吸引了大量的用户。同时还由于各个平台之间互相联动、品牌效应的推荐等，文娱产业发展如火如荼。[1]

2. 新兴行业冲击传统市场监管秩序

在新兴产业发展过程中，由于平台规模扩大、产品数量激增、文化娱乐产业蓬勃发展等因素，挑战了传统的市场监管体系，使之难以应对此种变化，从而干扰了市场的正常秩序。

（1）海量多态交易带来的挑战。平台规模扩大、市场主体数量激增、新产品新产业的不断发展，随之带来的是交易数量和交易规模的不断扩大。同时，借助新技术和新产业的不断发展，新型交易类型不断出现。从传统的电商行业，到知识付费行业的兴起，再到陪聊电台等情感需求交易，新兴产业带来的是新型的交易形式。随着交易类型创新频繁，加之了解支撑创新的算法等技术的门槛很高，法律本身的滞后性导致很难对新型交易类型作出及时有效的反应。各个新兴产业依托的模式虽然均为平台模式，但经营模式和技术支持各异，导致统一的监管原则难以实施。例如，同样属于电商平台的淘宝和 1688，其针对的消费主体、

---

[1]　据统计数据，从 2016 年 12 月到 2021 年 12 月间，各类文娱领域的用户规模和网民使用率均呈现较高值，各领域用户规模呈现直线增长趋势。例如，网络视频用户（含短视频）从 5.45 亿增长为 9.27 亿，网民使用率从 74.5% 增长为 93.7%；网络直播用户从 3.4 亿增长为 6.17 亿，其网民使用率从 47.1% 增长为 62.4%。伴随着庞大的网络用户群体，文娱产业的内容、品牌和数量也逐步增加。抖音、快手、火山小视频等短视频软件发展迅速，用户遍布各个年龄阶层，短视频用户规模已经超过 8 亿；以视频网站哔哩哔哩为例，到 2021 年第 4 季度，其月均活跃用户达 2.72 亿，移动端月均活跃用户达 2.52 亿，均实现 35% 的同比增长。如此巨量的从业者和用户，是任何线下文娱产业所不可比拟的。

物流模式乃至盈利方式都各不相同；同样是知识变现平台的知乎和得到，二者在用户群体、经营手段和获利模式上也并不相同；更不用说交易类型各异的搜索平台、电子商务平台、社交平台、网约车平台等，因此很难实现统一的监管模式。

另外，通过前文的数据可知，文娱产业是新兴企业的重要组成部分。而在各个平台提供的娱乐产业之中，主要以满足消费者需求的需求导向型平台为主。但消费者对于这类消费需求构成很复杂，既有日常舒缓压力、放松心情的需要，也有学习知识、提高品味的需要，同样有探索求真、获得观点的需要，甚至也有满足其猎奇、攀比、嫉妒心理的需要，现实生活中很难区分。无论是为积极的还是消极的情感需要，都大量存在于网络内容中，情感边界模糊，给监管工作带来了严峻的挑战。需要监管什么，不需要监管什么，如何在数量众多的交易活动中合理分配有限的监管能力，提升监管效率，传统的监管体制无法回应新兴产业的此类变化，需要加以变革和发展。

（2）网络外部效应和高迭代性带来挑战。传统的市场监管体系还面临着新兴产业特有的网络外部效应和高迭代性带来的挑战。

网络外部效应是指当某个产品的数量增加时，市场上就会出现此类产品的互补品。其背后的原理在于，使用某个数字平台的用户越多，表示该平台越有投资前景，未来发展潜力也越大，从而愿意为该平台注入资金和提供技术支持的开发者也就越多。

同时，为了更好地平衡用户数量和产品服务之间的关系，针对不同的用户提供差异化服务和不同的收费等级几乎成为所有平台的经营模式，比如视频网站的VIP免除广告的服务、电商平台VIP折扣服务，都是此种策略下的产物。因此，和传统行业相比，新兴产业除了从日常的经营中获取利润，通过网络的外部性原理还能获得额外的收入。此种新型增收模式是传统市场模式所没有的，对其的监管和约束也是盲区之一，其间可能蕴含的对于消费者权益的侵害、是否构成垄断和不正当竞争等问题也难以找到合适的判断标准和解决方法。

新兴行业的高迭代性同样给传统市场监管体系带来严峻的冲击和挑战。高迭代性是指在数字技术飞速发展的当今社会，无论是新兴产业本身还是新兴产业推出的产品，都有随时被取代的可能性。从用户层面来说，体现在对产品的多重选择方面，如果对某一商品或服务不满意，或者只是单纯想尝试一下别的产品或服务，可以轻易找到替代品，如许多用户同时在多个视频播放平台上注册。

而对于商家来说，高迭代性体现在必须保证革新的能力和提供高质量的服务，从而满足用户的不同需求。因此，即使平台的规模再大，也必须保持警惕性和创新能力，为顾客提供满意的服务，而传统市场中常见的垄断问题则体现得不再那么明显。例如，在国内的视频产业市场中，从传统的优酷、爱奇艺、乐视等占据了大部分的市场份额，到以哔哩哔哩为代表的短视频平台异军突起，再到抖音、快手等直播平台迅速发展，占据了大量的市场份额。新兴产业的高迭代性带来的新现象、新变化给传统的市场监管体系带来了挑战，如何对变化迅速、产品丰富的新兴产业进行恰当有效的监管，是传统市场监管模式需要思考的问题。

（3）市场交易各方关系改变带来挑战。在新兴产业的整体发展过程中，平台提供了作为市场主体的交易场所，同时部分平台也兼具市场规制者的身份，在进入平台、日常经营和退出平台的过程中均有一定的规则。而交易形态也从传统的"供应方—需求方"双向交易转变成为货、钱、数据、广告等多种形态的组合嵌套，交易关系也变得更加复杂，传统的市场监管模式在此种交易模式下部分失灵。具体体现在，平台作为供应方和需求方的交易场所，需要获取两者的信息和数据，从而完成匹配过程，但究竟获取了什么数据，这些数据是否会被储存，此种行为是否会侵犯公民的隐私权，多数供应方和需求方无法得知；同时，在需求导向型的平台之中，平台需要同时吸引供应方和需求方两类主体，但二者性质不同，对于平台的依赖程度也不同，需求方在不同平台之间转换几乎没有门槛，而供应方则需要受制于不同平台的规定，甚至会产生不能同时进入同一类型的平台的问题，如"阿里巴巴二选一"案件；平台作为经营场所的提供者，其具有撮合交易和提供基础设施以及制定经营规则的多重功能，导致其可能设置一些隐蔽的手法来造成事实上的不公平交易。交易各方关系的这种新特点，导致平台与平台上不同类型用户的关系复杂多样，以规则透明和事前契约的方式规范交易各方关系的传统市场秩序难以运行，需要加以变革。

（4）"事前—事中—事后"监管体制失范带来的挑战。将监管模式细分为"事前—事中—事后"监管是近年来较为流行的政策分析范式的一种，一般认为可以从两个角度来理解此种监管模式，一种是从政府角度，另一种是从市场的角度。从政府角度可以认为，市场监管的核心是行政许可，因此取得行政许可为事前，取得许可后满足生产条件为事中，取得许可和拥有生产条件的可持续发展为事后。而从市场角度，可将商品在市场中的流通视为核心，即商品生产作为事前，商品的流通是事中，对商品的消费视为事后。[1]

《中共中央关于全面深化改革若干重大问题的决定》、《中共中央关于制定国民经济和社会发展第十四个五年规划和二〇三五年远景目标的建议》（以下简称《"十四五"规划和远景目标建议》）以及《国务院关于促进市场公平竞争维护市场正常秩序的若干意见》等政策性文件中均提出加快形成权责明确、公平公正、透明高效、法治保障的市场监管格局，进一步简政放权，加强事中事后监管，推进放管结合、优化服务，坚持简约监管等要求。目前正大力推进的"放管服"改革中，就要求政府放宽对事前商品生产的管理，鼓励企业自主经营生产，而重视在事中和事后进行监管，减少政府在市场中的参与度，增强企业活力，从而构建新型的市场监管制度，推动市场健康有序发展。

包括《"十四五"规划和远景纲要》在内的诸多政策性文件为市场监管体制的改革和发展提供了目标、方法和要求，其目标之一便是应对新兴行业的发展和冲击。而传统的"事前—事中—事后"监管模式主要是针对微观经济而言的，政府放宽对于市场中微观事项的审批处理流程以及减少对市场经济活动的直接干预，从而激发市场经济主体的活力。而新兴行业主体复杂、变化速度快、市场体量大，不能完全照搬传统"事前—事中—事后"监管模式放松对事前的监管，更不能恢复传统的市场监管模式。而且，这也从另一个侧面说明"事前—事中—事后"监管的政策分析范式对于竞争政策的实施和反垄断与反不正当竞争，以及国家质量基础设施建设、知识产权保护等，都可能失去或不具备解释与约束的张力。[2] 因此，对于近年来流行且卓有成效的"事前—事中—事后"监管模式也应当加以改进和发展，针对新兴产业发展现状和自身特点加以重塑，才能最大限度地运用以维护市场竞争秩序，进而推动新兴产业发展。

3. 新兴行业冲击市场监管秩序的典型表现

伴随着数字经济和科技水平的飞速提升，新兴行业对现有的市场监管秩序带来了多方面的冲击和挑战。其中几类较为典型的冲击市场监管秩序的表现值得进行细致分析和阐述，不仅能为解决此类典型问题提供思路，更能为整体化解新兴

---

〔1〕 参见董淳锷：《市场事前监管向事中事后监管转变的经济法阐释》，载《当代法学》2021 年第 2 期。

〔2〕 参见王艳林：《大市场监管实践向监管理论提出新挑战》，载《中国市场监管研究》2021 年第 3 期。

行业对市场监管秩序的冲击提供思考。

（1）大数据杀熟。近年来，"大数据杀熟"这一概念逐步进入消费者的视线。这种伴随着新兴产业发展而诞生的社会现象侵犯了消费者的合法权益，也对原有的市场监管秩序提出了挑战。2018年3月，"大数据杀熟"现象陆续被网友揭露并持续发酵，一度成为社会热议的焦点，成为"2018年度社会生活类十大流行语"；[1] 2019年1月发布的"2018年十大消费维权舆情热点分析"榜单中，"大数据杀熟"的舆情社会影响力得分位列第三位，而"大数据杀熟"作为消费者遭遇的日常现象，对其进行规制的前提在于对其进行法律上的定义。"大数据杀熟"是"大数据与算法发展的产物"[2]，通常是指"经营者通过大数据分析，对用户进行定位描摹，形成精准的用户画像，并对其提供特定价格的商品或服务，实现千人千面的定价方式"。[3] 目前，对此现象虽然没有统一的定义，但其本质是指平台经营者利用大数据和算法等优势对不同交易对象实施的价格歧视行为。[4]

"大数据杀熟"在现实中多体现为电商平台为了谋取更大的利益，通过其收集的用户信息和数据进行用户画像，根据其日常消费和资金往来等数据估算用户的消费水平和消费习惯，从而对其行为进行大数据建模，对用户进行分类，为其贴上标签，从而导致不同的消费者面对同一商品或服务要支付不同的价格。对经常在某一平台消费、对该平台有一定信任性的消费者定价往往更高，因为此类用户对该平台内某产品已经形成了一定的用户黏性，习惯在此消费，而不会在消费前进行多方面的比价。而为了吸引新客户，初次消费的用户面对的定价往往更低。同时，部分平台还会根据用户画像中的用户消费喜好有针对性地推送有关产品，达到诱导用户消费的目的，且此类产品会随之加价。部分具备较大规模和客流量的平台试图利用自己掌握的用户数据资源设置隐形门槛，不正当地抬高相关市场的准入门槛，可能产生新型的垄断模式。此类行为的存在，反映现行市场监

〔1〕　参见喻山澜：《2018年十大消费维权舆情热点出炉》，载《中国市场监管报》2019年1月11日，第A1版。

〔2〕　冒纯纯：《"大数据杀熟"的监管规制路径探讨》，载《中国市场监管研究》2021年第7期。

〔3〕　文铭、莫殷：《大数据杀熟定价算法的法律规制》，载《北京航空航天大学学报（社会科学版）》2023年第2期。

〔4〕　参见王渭博：《大数据杀熟的诱因、困境与治理》，载《中国物价》2021年第7期；何文芳：《大数据"杀熟"的价格违法性分析》，载《中国价格监管与反垄断》2020年第4期。

管制度的不足，亟须加以完善和改进。

正如前文所言，平台在提供交易场所的同时会随之收集平台内经营者和消费者的诸多数据，对这些数据的违法利用和监管的缺失是造成"大数据杀熟"现象的重要原因之一。随着大数据时代的到来，网络购物逐渐深入群众生活，已经成为了日常消费习惯之一，因此需要加强对此种行为类型的监管力度和变革现行市场监管制度已经成为了社会共识。

由于"大数据杀熟"是伴随平台经济高速发展而生的产物，传统的市场监管模式对其的监管与规制存在多方面的遗漏与不足。一方面，无论是法律法规还是理论学说都未能对"大数据杀熟"行为作出明确的定义，更没有专门规制此类行为的法律条文。由于现行的法律法规在规制"大数据杀熟"行为上存在模糊性与不确定性，现行的市场监管体系对于规制"大数据杀熟"行为也显得力不从心。另一方面，杀熟行为本身具有隐蔽性和模糊性，由于涉及商家的自由定价权利和商家和用户之间的交易自由等民法原则，使得现实生活中对于"大数据杀熟"的认定非常困难，用户即使在事后发现自己被"杀熟"了，也很难留存下证据来证明此种行为，导致规制此种行为难度较大。

对此，应当对传统的市场监管体系进行变革，政府要注重引导各电商竞争者树立公平竞争的观念，通过提高自身服务质量赢得消费者、赢得市场、赢得信誉。在具体措施上，首先，可以建立大数据监控机制，对平台收集平台内经营者和消费者的数据的行为监控其合法性，同时建立完善的举报、调查、处置等程序；其次，应当发挥多种层面的监督作用，鼓励企业间的相互监督，开辟群众监督举报渠道，对"大数据杀熟"行为进行全方位多层次的监督；最后，可以设立大数据监管的黑白名单，追踪监管白名单企业，对于违反法律法规、行业规范的企业则列入黑名单，向社会公众进行通报批评，处以大额罚款，情节特别恶劣的可以强制下架。

（2）直播带货中的不正当竞争行为。随着互联网和大数据的发展，直播带货这种新型交易方式随之产生。在互联网时代，竞争的主要因素在于用户，用户是平台人气和流量的保障，用户基数越大，意味着消费群体和消费能力越强，随之产生的流量利益也越大。因此，部分商家为了获取更高的利益，利用平台人气吸引更多的观众，会选择采用不正当的竞争手段，违反了《反不正当竞争法》中公平、平等、诚信的原则。现实中，此种不正当竞争手段一般表现为利用不正当的手段提升直播人气，还体现为对直播数据的虚假宣传。直播带货中的种种问题显现出现行的市场监管体系对此种行为存在着的监管漏洞，需要加以革新和发展。

直播带货行为中，较为典型的冲击市场监管秩序的行为形式主要体现在以下几个方面。

第一，部分平台在直播带货中植入虚假广告，夸大甚至虚构产品功效，从而误导观众购买商品，严重侵犯了消费者的自由选择权和公平交易权，也违反了《广告法》中禁止虚假广告的规定。更有甚者，部分广告涉及低俗、暴力甚至血腥内容，严重违反市场监管法律法规的要求。

第二，伴随着直播平台同步发展的，是打赏机制的产生。打赏的本意是观众自发为自己喜欢的主播提供金钱上的支持，是基于观众自愿的合法行为，却被部分平台加以不当利用，导致直播行业打赏乱象丛生，现实生活中为了打赏主播而倾家荡产的现象屡屡发生。此种现象固然和平台直播相关法律法规建立不健全、普及程度不够，导致部分平台钻法律的漏洞有关，也和未针对直播行业建立相匹配的市场监管制度有关。此外，主播门槛过低等问题也引发了对公众隐私保护的担忧。随着直播群体的不断扩大，各种各样的直播类型也扩大了公众隐私传播的范围和途径。其中，带有监控功能的直播在直播平台上被广泛运用，对原有市场监管中个人隐私的限度提出了挑战。毫无疑问，目前我国已经形成了完善的监控体系，其为了保护人身、财产安全的用途限制使其在现实操作中具备了很高程度的合法性，便于侦查违法事实和案件，提升侦查效率。但在直播平台中广泛使用带有监控功能的直播系统，无疑存在侵犯公民隐私和个人信息的风险，而目前的市场监管体系对此种行为应对意识不足，需要在将来的改革中加以完善。

从是否需要对打赏金额设置最高限度、到网络直播的资质审查标准如何设定，再到如何认定直播内容是否涉及低俗色情等违法领域，都需要在未来的市场监管体系中加以明确和完善，从而规制直播行业的乱象横生。

（3）"二选一"行为。平台经济领域的"二选一"行为并不是新鲜事物，2010 年 11 月初爆发的"3Q 大战"[1]被视为中国互联网领域最早的"二选一"案件。此后，随着新兴行业和市场经济的进一步发展，"二选一"行为逐渐成为

---

〔1〕《腾讯逼迫用户二选一：装了 360 就不能用 QQ》，载 https：//tech.163.com/10/1103/18/6KJ8KG1J000915BF.html，最后访问日期：2022 年 3 月 26 日。

市场监管和运营中的热点问题,如何规制和监管市场中的"二选一"问题也成为市场监管体系构建中的重点问题。但由于"二选一"并非法律术语,现行的法律法规中也并没有对此种行为的概念作出明确的规定,因此对"二选一"问题的讨论多数是基于对其现实表现的描述。"二选一"行为一般是指部分电商平台在具备了一定的知名度、用户数量和市场份额之后,利用自身的优势地位,要求想要入驻本平台的经营者只能在此平台内发生交易而不得选择其他平台,其直接目的是将平台内经营者限制在本平台之内,从而将其品牌影响力、用户等也限制在本平台内,促进自身的发展,同时也限制和其有竞争关系的其他平台的发展,达到提升在市场上优势地位的最终目的。

"二选一"行为广受争议的原因在于,此种行为在促进竞争的同时也会损害合理的竞争秩序,对于更迭频繁、信息量庞大的平台经济来说,用户流量是维持平台经营的决定性因素,而优质平台内经营者是平台能够吸引用户的重要因素之一,"二选一"行为就是对于优质平台内经营者的限制。以电商行业为例,此种行为若不能得到有效的监管,会直接减少中小型电商平台获得优质商家资源的可能性,也会限制优质商家自身的发展,从而演变为电商行业无形的准入门槛,大型平台的优势将会进一步固化,加剧该行业的行业垄断,而当大型平台的优势地位被固化,该行业的创新速度便会随之减慢,新兴行业特有的创新性强、更新换代速度快的优势也随之消弭,使得市场竞争机制的积极效用难以得到发挥。

同时,对于平台内经营者来说,其受到"二选一"行为的影响更大。对于自身实力较强的平台内经营者来说,其本身自带的品牌影响力和较大的客流量使得其具有一定的实力和平台相互抗衡,两者的地位较为平等。因此,此类经营者在选择是否接受"二选一"的要求,以及在之后的条件和待遇问题上可以和平台进行交涉和谈判,具有一定的话语权。而自身能力较弱、客流量较小的中小型平台内经营者,其对于大型平台的依赖性则更重,在与交易平台的交涉与谈判中就处于弱势地位,在面对"二选一"等不合理要求时反抗的意愿和能力也就更弱,若不能及时入驻有关平台,则意味着其无法正常开展经营活动,前期投入的物流、人力等成本等也就无法回收,长此以往,可能造成资金链断裂等情况,因此中小经营者往往更倾向于答应平台的类似要求。而当中小经营者答应了"二选一"的要求,其经营场所和客流量也会被限制在特定平台之内,从而影响其后续的壮大和发展。

对于消费者来说，平台内"二选一"政策的推行势必会影响消费者的自由选择权。消费者在寻求匹配的经营者的过程中，所考虑的不仅仅是平台内经营者提供的产品和服务，电商平台本身的物流水平、售后服务、争议解决机制等配套服务等同样是消费者的重要考量因素。而在"二选一"政策之下，消费者的选择面明显变窄，若考虑平台内经营者提供的产品和服务，则可能不会满足消费者对平台配套服务的要求，若考虑平台提供的配套服务水平，则可能难以找到满意的产品或者服务。因此，"二选一"的行为在现实中限制了消费者对同种商品的选择范围，从法律上来说，即侵犯了消费者的自主选择权。而且"二选一"行为对平台内经营者的限制导致平台内经营者上升的经营成本，其最终也会转移到消费者身上，导致消费者的双重损害。现行的市场监管体制在面对此类问题时往往难以及时反应，其重要因素在于对应监管技术手段的缺失。

为了防止平台内经营者在其他平台开展经营活动，电商平台采取的措施往往是通过技术手段对其他平台进行监控，如果发现本平台内注册商户同时在其他平台开展同类型业务，就会通过多种手段强迫商户做出"二选一"的选择。其中手段包括强制关店、非法降低店铺等级和评分、屏蔽商品关键词、恶意降低店铺流量等，通过这些手段强制商户做出二选一的选择。"二选一"行为的监管难度并不在于难以被现有的市场监管体系所察觉，而是在于证明平台的强迫手段行为和平台内经营者损害之间的关系，更难以证明此种平台的强迫手段是"二选一"之下的辅助行为。伴随着互联网技术的发展，技术手段自身的隐蔽性为市场监管主体的监管提出了更高难度的要求，愈发难以判断电商平台是否运用不合法的技术手段强迫商家进行"二选一"行为，也难以估算出此种行为给商家造成损失的大小，这都需要监管体系加以变革，早日规范此类行为。

作为新兴行业的典型代表，平台经济对传统的市场监管体制提出了严峻的挑战，需要市场监管部门积极应对，变革市场监管体制，构建规范、合理、有效的市场监管制度，维护合理的市场竞争秩序，从而促进市场的有序竞争。

（三）新监管原则的确立

我国已经进入数字经济时代，这个时代改变了经营者传统的行为方式，监管也应当适应性地转变。应认识到，这是任何技术发展过程中的共同现象。同时，我国早期互联网发展的自由和任意，应随着互联网对国家安全、社会公共利益影响的扩大而逐步予以规制，不能回避网络安全问题对社会发展的消极影响。为此，需要建立市场监管新的原则。

1. 主动性与谦抑性相结合

从监管主体角度看，对相关企业进行监管是一项法定的、必须履行的义务。从被监管行为角度看，其本身的特点要求监管主体主动对其进行监管，其原因在于：互联网市场的范围极广，用户极多，每天都在进行大量的、错综复杂的交易行为和数据往来，从中发现违法行为并非易事；公共性互联网企业一旦滥用其相对优势地位，往往会影响到整个互联网产业的运行效率及其他互联网企业对市场秩序的信心，负外部性极大；由于互联网产业是新兴产业，相关法律法规不完善之处较多，不能周延所有的侵犯公众权益、危害国家安全的行为，这就要求监管主体必须主动代表公共利益，对此类行为进行有效监管。

但监管主体在进行主动监管的同时，也应当注意到互联网产业本身的独特性。目前，互联网产业对传统经济的渗透与改造无处不在，在经济新常态的背景下为我国经济的平稳健康发展起到了极大的保障作用。而且互联网产业独特的寡头市场结构与传统经济领域相比，其危害性并不突出，有时还会给经济发展及消费者福利带来好处。原因在于，基于互联网经济双边（多边）市场的特性，互联网企业即便取得了较高的市场份额，多数情况下其通过限制竞争来获得高额利润也会非常困难。加之很多时候公共性互联网企业对其相对优势地位的利用究竟会促进效率还是阻却效率并未可知。原本就模糊的法律规则在互联网行业面临更大的不确定性，因此，监管机关在介入之时应当秉持谦抑性原则，尽力保持克制、谨慎。谦抑性意味着，监管主体能采用柔性手段解决的，尽量不采用硬性手段；能靠市场机制解决的，尽量不通过行政执法机制解决。

2. 应急性与长期性相结合

互联网产业对社会的影响程度日益深刻，已经成为现代社会重要的基础设施。互联网的安全问题直接影响着国家的安全、社会的稳定和公众的利益。互联网本身连接广泛、接入简便，使其面临安全威胁时防护的脆弱、爆发的突然、传播的广泛和损害的严重也就成了必然。以 2017 年 4 月爆发的勒索式病毒 WannaCry 为例，其至少传播了 150 个国家、30 万名用户，造成的损失达 80 亿美元，影响到金融、能源、医疗等众多行业，严重危害了公共利益和国家安全。互联经济中公共性互联网企业处于枢纽地位，掌握海量的数据，一旦发生事故，将会严重危及国家安全和公共利益，这极大考验了监管主体应急介入的能力。

与此同时，对公共性互联网企业的监管，仅仅依靠事后的应急性介入往往是临渴掘井，为时已晚。因此必须进行长期性常态化的监督，为公共性互联网企业正常运营保驾护航，确保公众利益和国家安全。

3. 硬性与柔性相结合

互联网经济的发展可谓是一日千里，新产业、新模式不断涌现，公共性互联网企业作为互联网创新的领头羊，许多行为难以避免涉及立法空白之处。但这些行为的危害程度不尽相同，如果仅仅依靠责令停止违法行为、罚款、吊销营业执照、接管等硬性手段进行规制难免有矫枉过正之嫌。适时采用约谈、提示等柔性手段，有利于保证公共性互联网企业创新的积极性，有利于引导相关产业积极良性发展。

4. 重视风险的预防性控制，弥补事后救济的不足

对大型公共性互联网企业的行为应给予密切的关注，防止其出现侵害社会公共利益的现象。对此，应建立预防性控制机制：①从管理主体层面，主管部门应当将工作的重点放在重要领域网络的监督管理方面。②从经营主体层面，大型公共性互联网企业应当建立完善的网络安全管理制度。这些网络运营单位，不论是一般企事业单位，还是国家网络安全基础设施机构都应当在建设、管理、设备采购、人员岗位设置等方面积极实施"安全保护等级工程"，明确人员和职责，保障网络安全运行。③从社会层面，治理网络空间要广泛参与、综合治理。广泛参与实际上是要求所有社会成员都做网络安全的卫士，不做制作、传播有害数据的"帮凶"。综合治理的具体内容是，在信息发布和传播的各个环节积极地、有效地控制安全风险。

5. 一般监管与特殊监管相结合

一般监管即立足于现行法律法规中规定的监管手段的常态化监管。特殊监管即在一般监管的基础之上，对特殊产品、特殊行业、特殊时期配置特殊权力的监管。特殊产品如食品药品，特殊行业如金融行业，特殊时期如病毒爆发时期，对于这些特殊监管对象，市场监管主体应当通过强有力的行政执法保障行业秩序。

四、我国市场监管模式创新的方向、思路与核心

（一）市场监管模式创新的方向

党的十九届五中全会通过了《"十四五"规划和远景目标建议》，其明确要求"更好发挥政府作用，推动有效市场和有为政府更好结合"，并指出要加快政

府职能的转变，为适应国家治理能力现代化提供重要保障，这为市场监管能力和模式的创新指明了方向。

1. 提升国家治理能力

党的十四大指出，在国家的宏观调控之下，要让市场在资源配置中起基础性作用，党的十八大进一步提出，要让市场在资源配置中起决定性作用。从党的十四大到党的二十大，我国一直在中国特色社会主义道路上探索政府和市场关系的平衡点。

政府职能的转变最重要的是深化简政放权、放管结合、优化服务改革，建设法治化、国际化营商环境。"放管服"改革是由行政审批制度改革发展而来。2001年至2011年国务院多次调整行政审批事项，着重改进实践中重审批轻监管、以审代管等问题。2015年李克强总理首次提出"放管服"改革的概念，共同推进行政审批改革和市场监管完善。深化"放管服"改革要求充分发挥市场的决定性作用，将有效市场和有为政府有机地结合起来，加快国际营商环境建设。

深化"放管服"改革一方面要明确政府权力的边界，要求政府减少对于市场的介入，激发市场活力，建设权责一致的法治政府。建设法治政府的三个基本点是：其一，推进国家治理体系和治理能力现代化。这要求政府必须优化组织结构、完善职责体系、提高工作效能、健全权责清单，克服政府越位、错位、缺位的现象。其二，建设人民满意的服务型政府。法治政府的根本宗旨是为人民服务。当前，我国社会的主要矛盾已经转化为人民日益增长的美好生活需要和不平衡不充分的发展之间的矛盾，这就需要政府不断优化政府服务，减少对微观经济领域的介入，为其创造良好的营商环境，抓住人民最关心最直接最现实的利益问题，提升人民的幸福感。其三，全面推进依法行政。法治政府建设必须坚持权责一致、依法行政，法定职责必须为、法无授权不可为，让权力暴露在阳光下。这就要求加强对行政权力的制约和监督，进一步提高行政人员的行政能力。

深化"放管服"改革另一方面要发挥政府宏观调控作用，为市场主体提供良好的市场环境。这一点体现在多个方面：其一，对新产业、新业态实行包容审慎监管，平衡鼓励创新和坚守安全质量底线两大目标。近年来，中国市场新产业层出不穷、新业态蓬勃发展，政府既要为市场的新力量成长提供足够的支持，不断助其发展壮大，又要保障生产安全、注重产品质量，积极引导市场新力量健康发展。其二，健全重大决策事前评估机制，充分听取各方意见。重大政策出台前，要履行公众参与、专家论证、风险评估、合法性审查和集体讨论决定等法定程序。要保障人民群众通过多种途径和形式参与决策，采取座谈会、听证会、公开征求社会意见、民意调查等方式广泛听取意见建议，提高决策科学化、民主化、法治化水平。其三，加强事中事后监管，放管结合、放管并重等措施。"放管服"改革要求在简政放权的同时，事中事后监管不能缺位。坚持放管结合、放管并重，将行政资源的重心从事前审批转换到事中事后监管上来，进一步改变重审批轻监管、以批代管等行政管理方式。做到事中动态监测、及时预警、有效防范，事后可以源头追溯、全面核查、严格追责。其四，处理好政府与社会之间的关系。"放管服"改革要求政府简政放权，处理好政府与市场的关系。党的十九届五中全会公报指出，实现"十四五"规划和2035年远景目标，必须坚持党的领导，充分调动一切积极因素，广泛团结一切可以团结的力量，形成推动发展的强大合力。在宏观调控的过程中，政府可以吸纳社会力量，加强与社会组织、行业协会、中介机构等的合作，完善对上述机构的监管。

2. 保障国家经济安全

经济安全是国家安全的基础，是国家安全体系的重要组成部分。《"十四五"规划和远景纲要》中明确提出必须进一步强化国家经济安全保障，把安全发展贯穿国家发展各领域和全过程，筑牢国家安全屏障。"十四五"时期，我国面临的外部环境日趋复杂，不稳定性不确定性明显增加，国内发展不平衡不充分问题依然突出，国家经济安全仍然存在不少薄弱环节，维护国家经济安全责任重大。

国家经济安全一直随着经济全球化的深入发展而动态变化。从宏观维度上看，国家经济安全主要指的是一国具备可以化解各类潜在风险状态以及确保一国经济主权免受侵犯的抵御能力。从中观维度上看，国家经济安全指的是在抵御外部威胁的同时可以消除内部失衡的影响，最终保证经济稳定均衡可持续发展。从微观维度上看，国家经济安全主要指关系国民经济命脉的重要行业和关键领域的安全。

从我国经济发展的历史进程来看，不难发现，党和国家根据不同时期的发展特点和突出问题，对保障国家经济安全工作进行了有益探索。国家经济安全观的内涵不断扩展，为我国经济安全工作提供了科学指导和根本遵循。首先，自党的十八大以来，经济全球化的深度和广度不断增加，经济领域的风险和挑战日趋复杂，国家经济共同体间联系日益紧密。其次，根据国内国际经济安全的特点和形势，我国也不断调整经济安全举措，提高经济安全监管能力，保持经济发展和经济安全的长期性、持续性和统一性，防止风险聚集、爆发系统性风险。再次，面对新兴领域，我国抓住物联网、大数据、人工智能的发展契机，保障新兴领域的经济安全，同时又继续关注传统领域安全问题，积极应对国际层面新兴经济领域的安全挑战，夯实国家经济的总体安全根基。最后，我国着力把握实体经济的供给侧结构性改革，同时推动虚拟经济与实体经济深度融合，保障整体经济运行效率，充分发挥国家经济安全在现代经济体系建设中的基础性作用。

（二）市场监管模式创新的思路

1. 立足于本国经济发展的现实需求——传统经济向数字经济转型

数字经济是现代社会发展的源头活水和动力引擎，是打造经济发展新高地、应对国际激烈竞争、抢抓战略制高点的重要手段。《"十四五"数字经济发展规划》提出，以数据资源为关键要素，以数字技术与实体经济深度融合为主线，加强数字基础设施建设，完善数字经济治理体系，协同推进数字产业化和产业数字化，赋能传统产业转型升级，培育新产业新业态新模式，不断做强做优做大我国数字经济，为构建数字中国提供有力支撑。事实上，近年来国家颁布多项政策，促进数字经济落地深化，该产业重要性日益凸显。数字经济有效促进了市场的全环节流通，疫情期间，以社交电商、直播电商为代表的新电商模式释放了消费内需，一定程度上缓解了疫情对出口的不利影响。而且数字技术可以赋能传统产业，实现产业数字化，推动了传统产业升级，优化了生产要素配置，提高了资源利用率。

在当前，传统经济发展趋缓，新兴技术及产业兴起，数字经济带来了生产方式的深刻变革，对各类生产要素实现全面数字化，在全社会范围内发挥着高效强大的调配作用。数字技术有效打通了生产、消费、分配和流通环节，促进供给与需求的精准匹配。同时，在传统行业，各行各业与数字化技术、服务、产品的融合不仅意味着生产效率的提高，还冲击着传统生产方式与价值理论。这种改变既包括微观层面企业盈利模式的转变，还包括中观层面市场概念的重塑，更为重要的是，它从根本上重塑了宏观上资源配置的方式。

从微观层面来说，数字经济颠覆了传统企业的利润生成逻辑，开拓了企业在产品之外的利润来源，在传统经济意义上的规模经济中进一步融入范围经济，从而获得由数字企业自身规模效应带来的诸如广告收益等潜在收益；从中观层面来看，数字经济突破了传统意义上消费者、生产者及竞争者的概念，市场参与主体从单边关系转向双边甚至多边；从宏观层面来看，数字经济的出现使得生产要素资源被充分调动，资源配置效率得以提高。

一方面，传统经济模式下，市场监管的正当性来源于市场主体对于市场秩序的需求；另一方面，数字经济发展加速，而市场监管模式应当如何改革，才能适应快速发展的数字经济需要也亟需解决。数字经济虽然给市场效率以及市场各参与主体的福利带来了提升，但如果缺乏政府的公共服务和公共监管，也就依然存在引发市场不规范行为和无序竞争的风险。且数字经济自身的规模效应以及网络效应等特点，要求政府对于这种新经济模式需要有较快的反应速度，既要保证数字经济模式的快速发展，还要维护正常的市场秩序。

2. 传统市场——类型化监管

针对市场不同领域的各自特点进行有区分性的监管是科学监管的体现，也是推进新时代市场监管工作的要求。在此基础上，需要本着"放管服"理念对传统行业类型化监管机构进行改革和完善。就传统的市场监管机构而言，除了中央和地方不同级别的划分外，可以依据监管范围和领域将市场监管机构划分为"一般市场"监管机构和"特殊市场"监管机构。这里一般市场监管机构主要是指针对市场领域中一般性的、具有共同性的事项进行监管的机构，例如，竞争环境监管、一般消费者保护机构等。而特殊市场监管机构则是针对如金融、房地产等特殊行业或领域进行监管的机构。在传统行业领域，需要以党的十九届四中全会精神和要求为指导，分别对一般市场监管和特殊市场监管予以不同的改革和创新。

（1）一般市场监管。中央以及地方各级的市场监督管理局是一般市场监管机构的代表机构，但也并不能说所谓的一般市场监管机构就是市场监督管理局。对一般市场监管机构的界定和分析视角都应更关注其具体的监管行为和监管领域，即着眼于对整个市场或者对市场环境中一般性和基础性事项进行监管的机构。

对于竞争监管领域，最重要也是最常见的是反垄断的执法和反不正当竞争的执法，两者的目的都是维护市场的公平竞争、保护竞争秩序和促进竞争效率。需要以党的十九届四中全会为基础和指导，进一步完善垄断领域和不正当竞争领域的市场监管。首先，对于反垄断领域的监管机构，主要是国家市场监督管理总局。一方面需要进一步加强专业性和技术性的建设，反垄断案件专业性更强，在实践中其具体认定相比于其他市场领域要更为复杂，其背后需要用到的经济学分析工具和经济学原理也更为复杂。所以新时代背景下，反垄断执法需要进一步完善其专业性、落实执法过程中的技术方法改革和创新，从而更好地适应经济发展的需要。另一方面，还应加强反垄断监管机构针对性、科学性等方面的建设，正如上文所述，反垄断案件实践中执法困，如何既保障执法的科学公平性，同时又保障执法的效率和降低执法成本，这也是未来反垄断执法机构改革的思路之一。其次，相较于反垄断的执法，对不正当竞争的执法更为灵活，更需要本着类型化监管的理念，对不同的不正当竞争行为进行监管和规制。针对新时代经济发展的需求和特点，反不正当竞争监管机构既要以法律为准则，又要"对症下药"，灵活实践。最后，反垄断执法机构和反不正当竞争执法机构要完善和司法机关的对接程序，一方面要注重垄断和不正当竞争案件的司法规制途径，另一方面行政执法机构也要受司法的制衡和约束、保障当事人的权利救济。

对于消费者保护领域，[1] 消费者保护机构的改革需要面向实际问题，以消费者的权益保护为导向，不断优化消费者保护的执法方式和实践效果。具体而言，在实践中目前消费者保护的完善方向主要有以下几个方面：其一，消费者救济途径的优化。实践中消费者往往因诉讼成本高、救济困难而选择放弃权利，这对保护消费者权益、维护市场环境是不利的，所以在新时代，执法机构首先应当落实并完善消费者权益的救济途径建设。其二，重视零星小额的消费者权益保护。零星小额消费者，可能因为救济标的较小而被执法机关和司法机关忽略，但是随着时间和量的积累，也会对整个市场经济和市场环境产生严重影响。其三，"新型"消费者的保护，新时代背景下，出现了很多非传统交易途径的消费者，如互联网途径、微商以及一些新型销售方式中的消费者，对此类消费者的保护也需要结合互联网行业的多元化监管思路进行完善。

（2）特殊市场监管。对于特殊市场监管领域，和一般市场监管的总体性、普遍性不同，特殊市场监管领域的针对性更强，需要根据不同行业的不同特点进行不同的监管以及监管方式的改革。特殊市场监管领域主要有特殊产品消费者保护、金融行业监管、房地产行业监管等领域。

---

〔1〕 这里主要是指一般消费者，即基本上涉及所有领域中具有普遍性的消费者保护。

第一，不同于"一般市场"监管中的消费者权益保护，特殊产品消费者保护主要是根据特殊商品、产品的不同特点进行有针对性的不同监管，进而维护市场中特定领域的市场秩序。在实践中主要的特殊消费领域包括食品领域、农产品领域等，在新时代经济发展的背景下，应加大特殊消费领域的监管力度。首先，随着经济的发展和人民生活水平的提高，特殊产品领域具有专业性，信息不对称的消费者很容易受到侵害，进而损害我国的市场环境；其次，特殊的产品往往影响更大，如食品安全、农产品质量等问题都事关人民的生命财产安全，随着科技水平的提高和经济的发展，此类问题就更为突出，更应该作为未来监管机构改革的重点之一。所以，对于特殊产品的监管机构改革要以人民的利益为基点，加强针对性和效果性建设和改革，切实落实新时代经济发展背景下特殊产品领域的市场监管。

第二，而对于金融行业监管领域，在新时代市场环境下应遵循如下完善思路：其一，应加强金融监管机构的风险评估能力，完善金融风险的识别与防控机制。金融稳定与安全事关国家经济命脉，应尽可能在事前识别并化解风险。其二，应落实并完善金融违法行为的人员责任和追责途径，切实保障人民群众的金融财产利益，避免财产安全和金融秩序受到侵害。其三，应加强金融监管的信息性、时代性建设，加强对新时代新型金融交易市场风险的应对，与互联网接轨，将监管能力提升至新时代金融体系所需的监管标准。其四，在原有改革的基础上进一步优化机构建制，既要分工明确，也要提升监管效率、适应不同模式的金融监管。

第三，对于类似于房地产行业等特殊行业的监管，也应遵循上述机构的改革思路，一方面进一步细化监管模式、使得特殊领域监管针对性和专业性更强；另一方面，要注重效率性建设，从而更好地适应新时代的监管要求。除此之外，如房地产等行业的监管还需要注重和宏观调控领域的联系，被监管的市场领域在接受市场监管的同时也受宏观调控，所以该领域市场监管部门应当和调控部门建立协同机制，共同作用于相应市场领域，监管与调控的良性互动既可以降低执法监管成本，又可以优化市场环境，进而顺应新时代的经济发展需要，促进该特定领域的发展。

3. 数字市场——多元化监管

随着互联网和信息技术的发展，数字市场给监管机构的执法带来很多的挑战。根据党的十九届四中全会的会议精神，未来互联网等信息技术领域将继续快速发展，在此背景下，对于数字市场的监管面临巨大挑战。和传统行业监管机构的优化思路不同，互联网领域的监管需要针对互联网数字市场的特殊性质，进行有针对性、进而有效率的监管。互联网数字市场领域具有新颖性、灵活性和复杂性等特点，并且实践中互联网数字市场的监管也与传统的监管模式有很大差异，所以，应当先明晰数字市场和传统市场的区别，从而明确数字市场监管的改革方向。

具体而言，数字市场在监管上和传统市场的区别主要体现在以下方面：其一，服务性质差异大。相较于实体经济，数字经济主要以服务为主，并且服务类型也呈现多样化的特点，且与大数据数字经济紧密相连，在传统市场中作为极为重要的信号同时也是执法判断的重要标准之一的价格信号，在互联网交易中却很难确定。其二，市场主体身份的复杂性。与实体经济不同，互联网数字市场中的经营者一方面主体类型更为多元，另一方面其从事的行为也更为多样复杂，可能集广告、中介、服务为一体。其三，传统的执法技术难以直接适用。例如，反垄断执法中"相关市场"的界定、不正当竞争行为的认定以及互联网新型金融产品风险分析等，传统的执法途径和程序方法无法直接适用于互联网数字市场。综上所述，需要根据这些数字市场的具体特点，有针对性地制定互联网监管机构改革方案。

通过以上对比，不难发现：传统市场主要以商品和服务的类型分类，并且价格信号容易界定，所以可以通过分类改革进行监管体系的完善。但是数字市场中交易行为复杂、价格信号难以确定，因此不适宜再采取类型化监管，需要开辟新的规制思路和路径。一方面互联网数字市场特殊且多样，另一方面数字市场发展迅速、变化多端，需要抓住其本质核心，对于互联网数字市场应当采取多种方式、多种途径的多元化监管，这样既有利于互联网问题对症下药，也有利于适应数字经济的快速发展。具体而言，互联网数字市场的多元化监管主要有以下途径：

首先，建构监管主体多元化路径。互联网数字市场行为复杂且多样，需要摒弃传统市场的固定化、类型化思维，灵活地调控数字市场。对于监管主体来说，一方面应对传统执法机关加强多元化执法改革，针对互联网数字市场中的要素设立专门的对应性机构部门，如针对数据要素、信息要素、电子商务等专门的负责或监管部门，并且在此基础上建立部门间执法联动机制，相互配合、信息及时共享；另一方面，还应积极探索社会共治的监管途径，互联网商业等行为既具有灵活多变复杂性，同时也深入日常，具有一定的隐蔽性，所以监管主体应当积极联合社会力量，摸索积极可行的社会共治方法。具体而言，有两方面可资参考的路径：一是权力下移，逐步对有监管能力的社会组织赋予一定的管理权，充分发挥社会组织的中介桥梁作用。二是逐步探求与社会组织的联合互动、相互协助，社会组织向监管部门提供信息和市场情况，监管部门对社会组织予以法律和技术上的援助。总之，多主体各力量相互配合，是数字市场监管主体多元化改革的重要思路。

其次，数字市场中行为性质分析与认定方式多元化改革。在与传统市场的对比中我们可以看到，数字市场中的行为性质复杂而难以认定，传统的执法分析工具在互联网行业中难以适用，所以对于数字市场中行为的认定与分析需要探索多元化方式。其一，对于数字市场中的行为性质认定多元化处理，例如，对互联网中电子商务平台行为的认定，应当抛弃传统的直接定性的思维，具体问题具体分析，根据电子商务平台具体行为认定，如果是卖方市场行为就以卖方市场为主进行认定、本质是宣传行为就应按照广告市场进行认定。其二，互联网市场中执法分析工具应多元化改革。传统执法分析工具如界定相关市场中的需求者替代、待定垄断者测试等无法在数字市场中直接进行应用，所以需要进行执法分析工具的多元化改革，借助经济学工具，探索与数字市场相适应的监管路径。

再次，数字市场的监管程序与执法程序多元化探索。执法程序和上文对市场行为的认定分析是相辅相成、相互配合的阶段。一方面，执法监管需要和多元行为认定分析方式相配套的程序，使得数字市场中不同的行为、不同的认定分析方式对应不同的程序，从而使得不同性质的行为有不同的监管配套路径，例如，对数字市场不同的不正当竞争行为应采取不同的执法程序。另一方面，执法程序本身应结合互联网数字市场的特殊之处进行不同的改革，例如，互联网的新型行为"二选一""大数据杀熟"相对于传统市场其行为更具有技术性，在适用程序上可以简化不必要的传统程序，增加针对性的识别措施，进而更好地与多元化执法方式衔接。

最后，数字市场的多元化法律适用与救济途径。互联网数字市场的法律适用具有多样性，因为其一方面仍在基本的商事行为框架内，受传统的民商事法律调整，如《民法典》《公司法》等；另一方面，我国有专门针对互联网领域的法律法规以及法律条文，如《电子商务法》和《反不正当竞争法》互联网专条，所以在法律适用上应当运用多元化思维，不能拘泥于传统法律，要灵活适用法律规定以达到监管目的。除此之外，对于数字市场的救济途径也应多元化。例如，开设针对不同主体、不同情景的不同救济渠道，如网购争议解决途径、电商平台间纠纷解决机制等，这样既能更好地对互联网实施监管和解决纠纷，同时也可以更好地在数字市场中保护消费者利益，促进互联网数字市场健康有序发展。

（三）市场监管模式创新的核心

党的十九届四中全会对市场监管工作提出更高的要求，为推进新时代市场监管工作指明了方向。我国市场经济的发展应当遵循经济规律，建立科学完善的市场监管模式。

1. 尊重经济规律——保障市场在资源配置中的决定性作用

对经济规律的认知随着时代的发展不断深入。亚当·斯密在《国富论》一书中提出自由放任主义，这种观点的核心实质为政府完全放任经济发展，使市场在资源配置中起决定性作用。该观点认为：在经济发展过程中，市场可以及时灵活地反映供求关系的变化，实现资源的合理配置。同时，市场还可以通过竞争和利益杠杆，激发市场主体的积极性，使市场主体不断改进技术和经营管理，提高资源的利用效率。

但是，这种自由放任的市场配置资源方式也存在缺陷，极易导致市场失灵。首先，市场自主配置资源会导致贫富差距变大。在没有监管和调节的市场中，完成原始资本积累的资本家掌握了大量生产资料，无节制压榨员工，并且资本越多，在市场竞争中越占据优势，盈利越多，进一步导致收入差距变大，使大量财富逐渐被少数人掌握，而掌握少量财富的大众的消费水平越来越低，使市场需求减小，最终影响到生产。这种恶性循环最终导致了 19 世纪 20 年代经济大危机的爆发。其次，完全由市场配置资源会产生外部负效应问题，即生产和消费过程中的成本外部化。市场主体在市场的完全自主调节以及自身逐利性的推动下，为了降低成本、追求更大利润，往往会放任自己的生产或消费行为对自然环境或者他人利益造成的损害。最典型的例子就是工厂为了节省成本，不经处理就将污水排入河流和湖泊，这种行为虽然为工厂节约了成本，但是其对环境造成了巨大破坏，也影响了周围居民和企业的正常生产生活。另外，市场失灵也会造成竞争失灵，进而产生垄断现象。当国民经济完全由市场来调节时，随着资本的不断聚集，为了追求更高的利益，占据市场优势地位的经营者往往形成垄断，限制甚至排除竞争，以达到抬高价格等垄断效果，获得垄断利益。而一旦经营者取得垄断地位，不存在有力竞争对手，就会失去研发的动力，最终抑制技术的革新和进步。

与自由放任主义经济理论相对的是凯恩斯主义。在经济大危机发生后，传统的自由放任主义经济理论遭到严峻挑战，为了应对经济危机，凯恩斯主义逐渐盛行。凯恩斯主义的实质即为国家干预经济，其主张政府应当积极干预经济，通过采取有效的财政政策，在需求不足的情况下通过政府购买公共服务，增加就业，带动消费需求，刺激国民经济活动，逐渐走出经济危机。这种政府直接干预经济的思想对于克服依赖市场自身力量调节经济带来的弊端具有良好效果。首先，政府可以提供公共产品。公共产品是指消费过程中具有非竞争性和非排他性的产品，即路灯、灯塔等边际消费成本为零且生产出来之后无法排除消费者不支付对价而使用的产品。在市场调节经济的情况下，生产者的逐利性决定了其不可能主动生产该类产品，而通过国家干预经济，由国家以税收等财政为基础进行公共产品的建设，在满足社会大众需求的同时，也进一步刺激了消费，扩大了就业。其次，通过政府干预经济，还可以保障公共自然资源的合理适度使用。在国民经济中，有些产业的生产获利主要取决于公共资源。例如，渔民捕鱼取决于河流湖泊中鱼的数量，牧民放牧的规模大小取决于草场的承受能力。在市场调节经济的情形下，经营者在市场追逐利益的驱动下，即使他们知道无节制使用资源会造成可再生资源的毁灭，但是由于担心其他竞争使用者过度使用，通常仍然会对这些资源进行掠夺式使用，导致资源的破坏。而在国家干预经济的情况下，通过规定相关的市场机制，对相关产业进行管理，则可以科学合理地使用这些资源，使自然资源可以被可持续利用。最后，通过国家干预经济，还可以有效应对上文所述的收入差距过大、外部负效应问题以及垄断现象等完全由市场调节经济而产生的弊端。

但是，国家干预经济也有其弊端。当市场经济完全由政府来调控时，政府对于市场供需关系的变化反应不灵敏，会导致生产供给与国民消费需求的不符合，在由政府来干预企业生产的情况下，企业自主性降低，自主定价和安排市场生产的能力降低，再加上由于市场竞争的缺失，导致企业活力下降，组织和管理效率低下，科研动力不足，阻碍了技术的进步，最终将导致经济僵硬死板。

历史的经验启发我们，在国民经济发展的过程中应当结合政府与市场的力量，尊重经济规律，在充分发挥市场在经济中的决定性作用的同时发挥好政府的作用。因此，我们应当采取市场调配与政府监管相结合的市场监管模式，那么，研究这种市场监管模式下政府干预的力度即政府的权力配置就显得十分必要。

2. 权力、权利、义务、责任关系的重组

权力、权利、义务和责任是法律中尤其是经济法中描述法律主体间法律关系的基本概念，同时也是分析、阐释某一社会现象、社会行为在法律中意义的重要方式。一方面市场监管模式的创新核心需要借助这些法律概念理解，另一方面监管模式的创新本质上也是这 4 个法律元素重组的体现。具体而言，主要表现在这四个方面：

（1）权力对权利限制的范围加大。这里的权利指的是通过以《民法典》为核心的市场经济基本法律所赋予市场主体的基本法律权利，市场主体的权利具有平等性，法律保护每个市场主体的权利，正是在这种权利体系下，市场经济得以充满活力。但随着经济的发展，传统的平等权利逐渐异化，一部分弱势群体的权利受到侵害，另一些权利逐渐异化、甚至滥用，这就需要权力介入权利，对权利加以干预，使其在正确的轨道上发挥作用。为了适应新时代经济发展的需要，更应该完善权力监管体系，完善权力对权利的引导，及时针对权利的问题进行限制，并扩大限制范围。随着经济的快速发展，尤其是伴随着互联网等信息技术的发展，权利的滥用和异化将更为多样，且具有隐蔽性，这就需要市场监管机关进行权力介入，加大权力对权利的限制。但是，限制应当在法律的框架内进行，并且需要根据市场情况兼顾监管效率、行政成本，在确有必要权力介入的情况再进行干预，秉持依法干预、适度干预、有效干预的理念，从而建立完善有效的新时代市场监管体系。

（2）权力的部分下落与融合——大型平台的权利与权力重组。正如前文所述，随着经济的发展市场主体所拥有的权利可能被异化、滥用，甚至产生类似权力的效果。随着我国社会主义建设进入新时代，经济飞速发展、数字市场异军突起，在互联网市场中涌现出一些互联网巨头，其中大型互联网平台是其中的典型。对于这些大型平台来说，表面上其是市场主体的一部分，和其他的经营者、消费者之间是平等的权利义务关系，但是一方面由于其平台双边市场的巨型体量，另一方面基于互联网数字市场的特殊性质，大型平台的权利不断累积、异化，例如，通过双边市场的大体量对平台内经营者施以格式合同，通过大数据以及算法对消费者或者其他市场主体以经济歧视和欺压，这些行为的基础就是大型平台借助其市场地位以及互联网特殊性质产生的权利异化。除此之外，由于大型平台的体量巨大，涉及经营者、消费者众多，其内部管理行为不仅仅是其自主行为，也具有了一定的权力支配效果。这就使得大型平台的权利具有了权力的属性，产生了权利和权力的融合。在改革中，我们需要将这种权利权力附合关系进行重组，使得监管权力部分下落和融合，既要防止权力性权利的滥用，同时也可以借助其权力属性，扩充监管途径，完善监管体系。

（3）义务与责任关系的重构。对特定的市场主体施加义务是法律干预市场的方法之一，从法理的角度看，责任是违反义务所对应的法律后果。为了维护市场经济秩序，市场监管意义上的义务与民事法律中的义务不同，这里指的是企业对社会公众承担的社会义务，在传统民事法律规范中也存在有关企业社会义务的表述，但大多是倡导性义务，缺乏相应的企业社会责任。所以面向新时代的市场经济，我们需要重构企业的义务和责任关系。一方面，在对市场监管法律中已有的企业责任予以贯彻落实的同时，应加强落实企业的社会责任，更为重要的是配置相应切实可行的责任制度，使义务与责任相统一。除此之外，倡导性责任可以进行转型，上升为法律原则指导司法，或者落实为具有可行性的社会责任。另一方面，对于国有企业也应遵循义务和责任相统一的改革以及监管理念，国有企业是我国市场经济的重要组成部分，也是实现间接性市场调控的重要方式。但是国有企业如果没有合理的监管和管制，很容易滥用其地位，进而导致经营效率低下，造成国有资产的流失。因此，国有企业既要承担更多的社会责任，同时落实经营自主权与承担义务和责任相统一的理念，确保国有企业有序高效运行，优化营商环境。

（4）权力与权力的联合。对于市场经济来说，权利需要权力的制约和监管。基于新时代市场经济建设发展的要求，权力需要进一步扩充范围、完善内涵。权力与权力相互依托、相互联合是市场监管改革创新的另一重要方向。具体而言，权力和权力的联合体现在两个维度：第一个维度，对具有竞合法律关系的违法行为予以规制。一方面，市场主体的违法行为既是对传统民商事法律的违反，同时在市场层面上，也可能是对市场秩序的破坏，同时构成对经济法法律规范的违反，这时会产生权力和权力的竞合；另一方面，随着我国的经济发展，新时代市场中的行为更具复杂性，同一个市场行为可能触犯多项法益，例如，电商经营者既有可能实施不正当竞争行为，也有可能侵害了消费者权益；既有可能违反竞争法和消费者保护法，也有可能触犯电子商务法规范。这时不同执法部门可以建立联合执法机制，实现权力和权力的联合。第二个维度，社会共治理念的实现。正如前文提到，在现今我国市场经济中许多大型主体如互联网大型平台，由于其市场地位等因素，使其权利在很大程度上具有了权力的属性。从市场监管创新方向的角度来说，并不一定要一味地约束或取缔这种"权力"，相反，在约束的基础上可以积极借助这种"权力"的管控力，将其纳入合作监管体系，实现权力和权力的联合，从而更好地完善市场监管体系。

第三章

适应国家治理能力现代化需要的市场监管实体性权力的配置

一、权力配置与市场监管的基本关系

自国家产生以来，权力便相伴而生，权力配置和权力运行成为政治生活中的重要问题。不仅处于不同时代和不同社会形态的国家，权力配置方式会不一致，处于同一时代与同一社会形态的国家，因历史传统、现实国情以及政治体制不同，其权力配置方式往往也不尽相同。权力配置方式的不同，往往决定着控制和监督权力运行的方式的差异。总的来说，如果以权力为观察视角，市场监管这一过程实际上就是"市场监管权"的配置（产生）、运行（作用）与制约 3 个部分。权力配置是市场监管的基础和前提，更是行政执法机关进行市场监管的依据与凭托。

（一）权力配置是监管的基础和前提

权力配置的内涵要大于一般意义上的权力分配、权力界分的意蕴。任何国家都必须构造一个权力运行的系统，并把权力安排在系统内部的各个组织之中，国家权力的这一安排的具体表现就是权力配置。

正如前文所述，一般意义上的"权力"是一个泛化、抽象的概念，通常用来指称"国家机关、准国家机关及其官员的职权，也被称为法律权力"，[１] 其实际上是一种"强迫力量"。[２] 但此种语境下的权力是一个由诸多权力组合而

---

〔１〕　童之伟：《论法理学的更新》，载《法学研究》1998 年第 6 期。

〔２〕　参见吴玉章：《法律权力的含义和属性》，载《中国法学》2020 年第 6 期。

成的聚合体，根据所述领域的不同可以划分为更多更细致的权力。在这里我们要讨论的是市场监管领域中权力配置与市场监管的关系，因此实际上要探讨的就是在市场监管过程中市场监管权这一权力的配置与市场监管的关系。一言以蔽之，市场监管权的权力配置是市场监管的基础与前提。"法无授权即无权"这一传统法谚揭示了作为强迫力量存在的权力运行的前提在于法律的明确授予，而市场监管权的权力配置就表现为相关法律的明文规定。因此，没有权力配置就不可能有市场监管的具体实施与运行。

一方面权力配置是市场监管的基础与前提，另一方面也要认识到权力配置与市场监管并不是同一层次的概念。如果将市场监管视为一个大概念，那么前者是在权力语境下对市场监管的剖析。也正如前文所述，在这一语境下市场监管实际上被切割为市场监管权的三个部分——"配置—运行—制约"。其关系如图 3-1 所示：

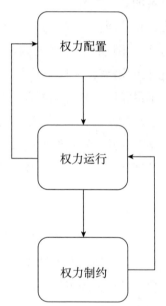

图 3-1　权力语境下的广义市场监管的组成部分

所谓的广义的市场监管便是包含了权力"配置—运行—制约"这一完整流程的过程，而所谓狭义的市场监管便仅仅涉及市场监管权使用的这一过程，也就是权力运行。因此，认识权力配置与市场监管的关系应当从两方面来观察，当采狭义的市场监管语境时，权力配置一方面是市场监管的基础与前提，另一方面市场监管也是权力配置在实践层面的具体应用，二者的关系实际上就表现为权力配置与权力运行互相作用、相得益彰的关系。当采广义的市场监管语境时，权力配置是市场监管的开端与发轫，同样作为市场监管的基础与前提，但与前者稍显不同的是其统领整个市场监管的过程。

具体来说，权力配置是监管的基础和前提。一是体现在权力配置是监管合法性的依据。市场监管权的形式合法性来自民意机关以合乎法定程序的方式制定法律形成制度，而更为重要的是，市场监管权的实质合法性来自其合目的性，即市场监管权的行使增进社会利益。[1] 要让市场监管权的行使增进社会利益，其权力配置就必须结构合理、相互制约、功能优化。二是体现在权力配置是监管模式的制度基础。我国尚没有一部组织法专门规定市场监管权力的分配，监管规范制定权、监管许可权、监管调查权、监管命令权、监管处罚权和监管强制执行权等具体权力配置散落在各个经济法律规范和行政法律规范中。这些制度基础一同构成我国综合性、专业专项和行业市场监管机构并存的市场监管格局。三是体现在权力配置是监管效力的前提。在行政诉讼和行政复议中，无论是抽象行政行为还是具体行政行为，在当事人质疑行政机关是否具有执法权时，法官都有义务定分止争，判决结果直接决定了之前的权力在具体个案中的运用结果能否继续有效。而且，在市场监管权力配置不清晰的情况下，当事人启动这些救济程序可能并非因为当事人对实体权利处理存在争议，这些"人为"引发的案件完全可以通过明确界定市场监管权得以避免。[2]

由于权力配置是市场监管的前提条件，对权力进行适当和科学的划分、配置，使之结构合理、相互制约、功能优化，才能够保障市场监管的高质量、高效率。狭义的市场监管实际上就是市场监管权的权力运行阶段，其有效性受到行政系统内部现有权力配置的影响。市场监管中为了适应市场环境变化而相应做出监管组织结构配置的变革，其实质是对现有权力结构的调整与再次分配。因此在进行权力配置时应当注意以下几个方面。

第一，权力配置的核心是集权分权。就权力配置的内容来讲，不仅包括确定

---

〔1〕　参见宋慧宇：《行政监管权研究》，吉林大学 2010 年博士学位论文。

〔2〕　参见宋亚辉：《市场规制中的执法权冲突及其解决路径》，载《法律科学（西北政法大学学报）》2012 年第 4 期。

集权还是分权，还包括明确分权的内容和形式等。集权与分权是相对的，在特定权力体系中，既需要适当的集权，也需要适当的分权，具体包括以下两个方面的内容：一是权力主体上下级间的纵向配置，即权力在中央与地方各级政府之间的配置，在纵向权力结构中，权力由下向上集中，由上向下分配；二是同位阶间权力的横向配置。横向配置主要发生在如下三种情况下：同级政府之间、同一级政府内各职能机构之间、同一个机构内各个部门之间。与权力配置直接相关的是政府的职能机构设置。在职能技术上相近的监管部门是分开设立还是合并监管，这既涉及纵向权力配置，也涉及横向权力配置。一般来说，权力配置首先要从组织的纵向维度考虑，以确定组织权力的集中和分配程度，例如，反垄断执法只授权给省级市场监督管理部门。在解决纵向关系后，再进行横向维度的设计，以确定组织的各层级中各部门的协作关系。

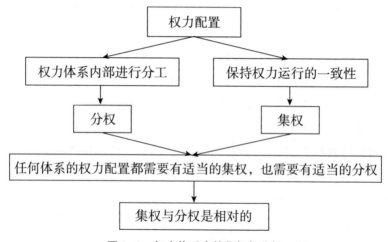

图 3-2　权力体系中的集权与分权

　　第二，权力配置要产生应有的效能，必须进行结构和功能的分配，使之协调一致。从结构功能主义角度而言，权力的有效行使有赖于权力的结构化，这是法治化的载体要求，也是法治化这一制度文明现象所发展出的必然结果。没有多元的权力结构，没有分离制衡的体制，没有多种力量的对抗，就不可能有对权力的真正限制和约束，法治本身的建设和实现也无从谈起。权力系统内的各要素权力具有各自独特的功能，此权力与彼权力之间相对独立，都有其自身的调整对象、固定的活动范围和特定的议事或执行程序，不能混淆和互相替代。适当分配权力，保证各个行政机关各司其职，防止权力之间的互相替代和互相僭越，是必要的。权力必须分配到具体的有生命的组织和个人，才能发挥应有的作用。实践证明，市场监管过程中，权力在各级各类政府之间能不能进行分配、如何进行分配、分配得合理不合理，关乎市场机制能否正常发挥，甚至决定市场经济的发展程度和发展潜力。

第三，权力配置的结果不是一成不变的。由于国家权力的稳定性，一定时期内权力配置模式是固定的，因为任何特定的权力的获得都是众多力量共同努力的结果，不会轻易变更，但同时应当意识到，这种固定只是相对的。随着权力配置赖以存在的外部需求和内部条件的变化，其必然需要适应发展进行变革，否则，已经获得的权力不可能保持长久。如今，世界各国市场监管中的权力配置还呈现如下一些新的发展趋势：一方面，在政府与市场的关系方面，探究政府干预的合理边界，凡是能够交给市场自我解决的事情，政府权力就不应当介入，仅在必要时发挥作用进行适度干预；另一方面，权力配置致力于解决如何防止政府权力集中、滥用，使掌握权力的各个国家机关形成监督、制约和协调配合的关系，使权力配置的效果真正落到实处。

（二）权力配置的目标

作为市场监管的基础和前提，权力配置的目标可以从两个角度来论述，一方面是在市场监管中权力配置的应然模式，即市场监管中最优化的权力配置。另一方面则是权力配置所应追求的最终效果，即发挥市场监管体制的存在价值和积极作用这一主要目的。

1. 市场监管中权力配置的应然模式

正如上文所言，在具体市场监管过程中，权力配置可以划分为两个维度：一种是同位阶间权力的横向配置，由于市场监管权是一个大的概念，因此，市场监管中权力配置的横向配置在权力种类层面上体现为市场监管权在不同行政机关之间的划分。同时，如果按照主体划分，还可以划分为市场监管中横向权力的内部配置与外部配置，其中内部配置是指不同国家行政机关在市场监管权力配置中获得不同的权力，而外部配置则主要协调国家行政机关与社会性组织在权力配置上的关系。另一种则是权力主体上下级间的纵向权力配置，其中以中央与地方的央地配置最为核心。

（1）市场监管中权力横向配置的应然模式。

第一，市场监管中内部的权力横向配置目标：以专业化为基础。在不同国家行政机关内部的权力横向配置方面，应当以专业化为基础，在实现监管专业化的同时整合监管机关的力量，从而实现降低执法成本、提高执法效率的目标。有观点认为目前在横向权力配置方面存在着"政府授予的市场监管权不完整、不协调"的情况。[1] 一项受监管的事项在原则上最好是由一个专业化的国家行政机关来牵头进行市场监管，而不应当将市场监管的权力过度泛化配置。因为一方面不同监管机关可能会出现争权夺利、互相掣肘以至于损害监管效率的情形，另一方面对于作为被监管方的公民个人与集体而言，权力配置越泛化，其接受监管往往会面临更大的困难，以《城市房地产管理法》中的相关市场监管权力配置为例，根据该法中对市场监管的权力配置来看，市、县级政府土地管理部门负责行政合同的监管，工商行政管理部门享有工商登记权，县级以上房产管理部门享有权属登记权与认证管理权，而县级以上相关工商行政管理部门则享有行政处罚权。在此基础上如果进一步扩大相关市场监管权力的授予主体的话，不仅不合理地增添了被监管主体的负担，而且也会导致监管程序过于杂糅进而影响监管效率。因此，市场监管中内部的权力横向配置模式应当以专业化为基础，从而实现执法资源的整合，在降低执法成本的同时能够有效地实现权力配置优化。以反垄断执法为例，在之前，反垄断执法的权力分散在商务部、国家发展和改革委员会与原国家工商行政管理总局，但在 2018 年的国务院机构改革中，在保留国务院反垄断委员会的基础上，由新成立的国家市场监督管理总局来承担反垄断统一执法，这不仅提高了反垄断执法专业化与执法资源的整合程度，有利于执法标准的统一与执法行为的协调，更在制度层面缓解了学界提出的反垄断法执法机构独立性不足的问题。

但有时候，专业化的行政机关与牵头的行政机关并不同一。为了增加执法的专业性和灵活性，在一般法规定统一的市场监管机构之外，有时法律会概括地对特别法中规定的行业主管机构进行例外授权，有如"法律、行政法规规定由其他部门查处的，依照其规定"[2]，因而可能引发市场监督管理局和行业主管机关之间的市场监管权冲突。基于执法效率和限制权力的考量，市场监管权的横向权力配置应当采取明确的事前配置方式，较为可行的方案是由全国人大常委会对现行

---

〔1〕 参见贺荣兰：《政府市场监管权的法律配置及其优化》，载《甘肃社会科学》2019 年第 6 期。

〔2〕 参见《反不正当竞争法》第 4 条规定："县级以上人民政府履行工商行政管理职责的部门对不正当竞争行为进行查处；法律、行政法规规定由其他部门查处的，依照其规定。"

法律中市场监管权配置不清晰之处作出法律解释。在法律没有明确配置的情况下，立法机关应当作为裁决者，避免部门内的批复和人民法院的判决效力冲突。[1] 在市场监管机构的选择上，对技术性较高的行业，行业主管机关比市场监督管理局更具有信息优势，其可以通过克服与被规制企业之间的信息不对称来提高市场监管的质量和效率。[2] 但是，当特定领域发生的经济违法行为与其他领域无异，对其监管并不需要很强的技术性或者可以用替代性方案降低信息获取成本时，更宜交由市场监管机构。而且，行业主管机关和被监管行业长期保持联系，具有利益关系，相关利益集团可能向行业主管机关施加压力或贿赂来避免处罚和监管，尤其是在公用领域中。在这一点上，由综合的市场监管机构负责多领域的监管工作能够降低被监管者俘获的风险。

所以，权力配置专业化并不是意味着各执法机关之间各自为战、完全独立，相反，多元化的市场监管权力配置更应当强调权力配置之间的协调性，只有这样才能够避免监管机关相互扯皮和权力不当扩张的弊病。这种协调性表现为监管分工、程序合作、咨询制度、异议制度、信息共享制度等，还可以在设立成本低于协调成本的情况下设立统一的市场监管协调机构。在横向的权力配置过程中，应当将不同监管部门市场监管的权力配置如何有效协调与衔接作为完善权力配置的重点考量之一，在专业化的基础之上建立一套行之有效的综合性权力配置模式。事实证明在实践中，我国各地方也在不断地进行市场监管体制改革的探索，例如，深圳、上海、天津模式，这些改革模式虽然有差异，但却具有共同的特点，即在权力行使的纵向上和横向上建立一种联动机制，以突破分散格局的监管难题。[3]

第二，市场监管中外部的权力横向配置目标——以行政机关与社会性组织监管共治为核心。在市场监管权力配置的过程中，除了内部的行政执法机关之间的市场监管权力配置之外，还包括位于行政执法机关外部的非政府监管权力配置问题。我国当前的监管目标具有经济性和社会性双重属性，企业规模化经营和社会性组织参与监管活动也在不断实践和探索中，我国有必要也有条件构建社会多元

---

〔1〕 参见宋亚辉：《市场规制中的执法权冲突及其解决路径》，载《法律科学（西北政法大学学报）》2012 年第 4 期。

〔2〕 参见张昕竹、［法］让·拉丰、［法］安·易斯塔什：《网络产业：规制与竞争理论》，社会科学文献出版社 2000 年版，第 77 页。

〔3〕 参见贺荣兰：《政府市场监管权的法律配置及其优化》，载《甘肃社会科学》2019 年第 6 期。

监管体系。协同监管治理还需要企业和行业的自律、社会性组织的监管、社会公众的监督等非政府监管的发展和扩张。[1] 其中，以行业协会、交易所和消费者组织为代表的社会性组织可以依据法律或章程授权对市场主体扰乱市场竞争秩序的行为主动监督，其与行政执法机关的在市场监管方面的权力配置问题共同处于核心位置。

一方面，这种共治的模式与理念是由国家干预理论所衍生的，传统的自由主义经济学者过度相信"看不见的手"的市场自我调节，从而产生了垄断、外部性等一系列现象，国家干预主义应运而生。但是，国家干预主义强调的是国家有限、适度的干预能够维持经济运行与活力，并不意味着无死角化的管控。因此如何寻找政府干预与市场调节之间的平衡点成为了历来诸多经济学家与法学家的难题。归根结底，如何实现以行政机关与社会性组织之间的权力配置最优化关系实际上正是上述问题在市场监管权力配置方面的具体体现。另一方面则是受"社会共治"理念的影响，这一理念起初是用于宏观层面的社会治理上，党的十九大报告指出"提高社会治理社会化、法治化、智能化、专业化水平"，"打造共建共治共享的社会治理格局"。[2] 近年来，以国家市场监督管理总局为代表的市场监管行政执法机关将社会共治与市场监管相联系，强调在市场监管过程中充分发挥市场主体的作用，强调市场主体应承担的相关责任，加强行政执法机关与社会性组织的合作，构建多元共治市场监管格局。但毕竟以行政机关与社会性组织为核心的社会共治市场监管模式目前尚处于探索阶段，因此在该过程中的权力配置也面临着相应的困境与难题。例如，在主体方面，"社会性组织"这一概念的定义稍显模糊。还有观点认为，我国目前在市场监管领域社会性组织在权力配置上存在着"利用监管权力限制、排除竞争"、"利用监管权力不正当进行自利"、"取得监管授权不作为"等一系列需要解决的问题。[3]

因此，针对上文论及的外部市场监管权力横向配置面临的挑战，本部分简要地提出几点有针对性的建议与设想。首先，需要明确"社会性组织"这一概念的外延。一个概念的外延决定了这一概念的边界，而"社会性组织"这一概念

---

〔1〕 参见杨炳霖：《从"政府监管"到"监管治理"》，载《中国政法大学学报》2018 年第 2 期。

〔2〕 习近平：《决胜全面建成小康社会 夺取新时代中国特色社会主义伟大胜利》，人民出版社 2017 年版，第 49 页。

〔3〕 参见单新国：《市场监管权法律规制研究》，西南政法大学 2018 年博士学位论文。

显得过度模糊，按照最为宽泛的理解，作为独立个体的市场经济的经营者也可勉强纳入到社会性组织的概念之中。因此，在目前的情况下，宜结合市场监管的特点，通过"一般+列举"的方式对社会性组织进行定义，以对传统的社会性组织的理解为基础，将行业协会、平台型企业和市场化专业信用服务组织[1]作为列举的具体对象，从而进一步明晰该概念的边界。其次，行政机关与社会性组织之间的权力划分应当根据承受能力、公平效率、行业发展状况等因素进行分权，并以此为目标建立规则体系来为社会性组织合理授权。规则体系包括实现界定两者的权力内容和治理领域、规定权力确认主体和程序以及建立应对权力争议的裁断机制。[2]在两者的关系中，行政机关市场监管权仍起主导作用，社会性组织的市场监管权应服务于政府监管，行政机关应当掌握"规范制定权、最终监管权、全局性监管权、特定监管权"。[3]再次，需要对具有市场监管权力的社会性组织进行"去行政化"，这是因为在接受了法律、行政法规的授权之后，配有市场监管权力的社会性组织就获得了公共事务管理职权，原有的自律性管理行为就不再是传统的市场行为，而转变为"与一般行政机关管理活动没有性质和效力上差异"[4]的准行政行为。因此"去行政化"一方面表现为具有监管权力的行政性组织需要"去行政化"，政府改变对企业的管理方式，不再是直接干预企业的经营行为，而是通过法律的手段实施监管；[5]另一方面则需要政府与国有企业实现市场监管、资产管理与生产经营相分离。最后，在赋予相关社会性组织以市场监管权力的同时，也要加强对社会性组织行使市场监管权的监督。这是因为由于地区、文化、经济等一系列差异，不同地区、行业的社会性组织对本行业的监管规则、方法也不尽相同，而这种规则与相关行业的健康运行与否息息相关，此时

---

〔1〕　在 2018 年由国家市场监督管理总局牵头举办的首届市场监管领域社会共治高峰论坛上，时任国家市场监督管理总局信用监管司司长常宇强调："进一步加强（行政执法机关）与行业协会、平台型企业和市场化专业信用服务组织的合作，积极构建多元共治格局。"参见中国市场监管：《社会共治，怎么看怎么干？听"大咖"们怎么说》，https://www.sohu.com/a/279205934_755783，最后访问日期：2021 年 1 月 23 日。

〔2〕　参见白利寅：《省人民政府权力配置研究》，载《政治法学研究》2015 年第 2 期。

〔3〕　参见许明月、单新国：《社会性市场监管权主体监管权的法律规制》，载《甘肃政法学院学报》2018 年第 4 期。

〔4〕　参见焦海涛：《行业协会的反垄断法主体地位——基于中国体育反垄断第一案的分析》，载《法学》2016 年第 7 期。

〔5〕　参见宋慧宇：《论政府市场监管权的合理配置》，载《社会科学战线》2012 年第 12 期。

若没有监督之策，则难免会发生不合理的"恶法"加入到行业自律的规则之中，从而给经营者增添了不必要的负担。对社会性组织的监督应当以现行法律、法规为依据，从立法、执法、司法等方面进行着手，从而保证被授予市场监管权能的社会性组织能够按照预期实现市场监管的作用，促进市场经济顺利运行。

（2）市场监管中权力纵向配置的应然模式——以央地关系为核心。纵向维度市场监管中权力配置的最重点问题为中央与地方国家机关的权力配置。有学者认为我国目前市场监管权在央地配置上可能存在四方面的问题：制度化欠缺、授权不明确、央地之间权力配置缺乏明确标准以及央地之间权力配置缺乏有效监督。[1] 首先，制度化欠缺主要表现为我国央地之间的权力分工尚未形成稳定的制度机制，权力配置方式以中央决定为主要模式，且往往都是采行政文件确定职责分工，较少使用法律规范。其次，授权不明确主要表现为法律对市场监管权分配的模式通常集中授权某个级别以上的政府部门相同的职权，没有涉及对不同级别的政府部门之间的职权划分，其根源在于我国宪法和组织法确立的各级政府之间"上下同构"的基本职权体系。此外还存在着部分法律建立一系列的管理制度，但是没有规定相应的职权关系的情况，比如产品质量法中的奖励制度没有配套规定具体的制度内容和相应的职权关系。[2] 再次，央地之间权力配置缺乏明确标准，进行权力配置过程中的主要倾向较难把握。最后，央地之间权力配置需要加强有效监督，《宪法》第89条第4项仅规定了作为中央的国务院统一领导地方，并且负责中央与地方的权力配置。[3]

另有观点提出，我国在央地关系层面，尤其是权力配置过程中存在权责不对称与财权、事权不对称的情况。[4] 这虽然是广义层面上的中央与地方权力配置的问题，但是也可以在一定程度上反映出市场监管层面上的权力配置监督存在的相应问题。比如在金融行业监管中存在金融监管权过于集中于中央、重心无法下移，上下监管力度不均衡的问题，这归根结底是地方特别是地级市一级金融监管机构"权""责"不协调的结果。[5] 需要注意的是，市场监管权的横向配置也

〔1〕 参见单新国：《市场监管权法律规制研究》，西南政法大学2018年博士学位论文。
〔2〕 参见贺荣兰：《政府市场监管权的法律配置及其优化》，载《甘肃社会科学》2019年第6期。
〔3〕 《宪法》第89条第4项规定："国务院行使下列职权：……（四）统一领导全国地方各级国家行政机关的工作，规定中央和省、自治区、直辖市的国家行政机关的职权的具体划分……"
〔4〕 参见肖立辉：《县委书记眼中的中央与地方关系》，载《经济社会体制比较》2008年第4期。
〔5〕 参见牛广轩：《中国金融监管体制分权架构研究》，云南大学2016年博士学位论文。

会受到纵向配置的影响，根据《地方各级人民政府机构设置和编制管理条例》，各级政府部门的设置及具体职权主要由本级政府报请上级政府批准，若纵向权力配置格局缺乏规范性和确定性，横向权力配置的科学性也难以保证。

因此，对于在市场监管中央地之间权力配置的应然模式的构建应当着眼于目前权力配置模式存在的问题，针对目前出现的问题进行有的放矢地更新与完善。故而以央地关心为核心的纵向市场监管权力配置的理想模式的变革目标也应当从四个方面来展开：其一，应当推动市场监管权力在央地之间配置的制度化进程，在这一方面实际上可以借鉴传统意义上地方与中央的权力配置的制度化进程，例如，有学者提出应当在中央与地方之间进行立法、财政、治理分权，通过该 3 个方面的分权来实现中央与地方关系的法治化与制度化。同时为了解决中央与地方的法律规范冲突，可能需要建立一部专门用于调整两者关系的基本法律。[1] 具体到市场监管权，应对在行政区域内形成共识并有明显效能的纵向配置及时从政策性要求上升到规章的形式。其二，在法律授权不明确的情况下，可以由省级政府根据各级政府差异化的行政管理实践和行政能力，决定上下级政府之间的决策权、执行权、监督权等具体分配，防止市场监管权力的向上集中和责任的不当下放。而中央层面可以对各级政府间权责划分中的顶层设计作出统一安排和原则性规定。其三，应当构建一套科学合理的央地市场监管权力配置的标准。明确规定央地权力配置的标准可能是不现实的，但是这并不妨碍我们可以选取主要的价值导向作为权力配置的参考因素，如经济效率、经济公平、市场秩序等。不同权力的具体化配置可以采取不同的标准，比如日常管理职权配置上的重点是提升政府的服务能力，而在监督检查职权配置上则要求加强监管的实效。其四，应当推进市场监管的央地权力配置接受有效的监督。对于法律已有规定的，要将规范各级政府及其部门责权划分与运行的违法问责纳入行政司法轨道，并加强合宪性审查及备案审查中对相关领域行政法规、部门规章、地方性法规和地方政府规章的审

---

〔1〕　参见朱未易：《对中国地方纵横向关系法治化的研究》，载《政治与法律》2016 年第 11 期。

查与监督。[1] 同时，根据《宪法》第 3 条[2] 的规定，行政机关是由各级人民代表大会产生的，因此其权力也是由各级人民代表大会赋予的，故而应当以全国及地方人民代表大会作为市场监管权力配置的监督主体。

2. 权力配置应然的积极效果

(1) 激活市场经济。在市场经济纵深发展的过程中，权力配置与运行机制是不同社会制度都不可回避的一个重要问题。虽然经济自由主义强调市场中政府权力最小化，反对一切公权力对资源的配置，然而这种理论在实践中给世界经济和社会发展带来了诸多恶果，如经济发展减速、贫富分化加剧等。事实证明，在私有制或市场经济条件下，权力干预仍是遏制经济危机、维持社会秩序的有效选择。但是，权力运行过程中带来的负面影响又被广为诟病。因此，合理的权力配置能够有效解决二律背反的问题，实现政府与市场的相互协调，促进市场经济的进一步发展。

而对于转型国家而言，在经济体制改革的过程中，刚开始由于生产力水平较低、工业化程度不高、技术水平落后等原因，政府在推进经济市场化过程中发挥着主导作用；但随着经济的市场化程度显著提高，权力配置与运行机制也进行了变革，政府职能和行政方式发生了明显变化。国家转变为间接通过市场调控调节资源配置，同时，以列举具体违法行为的方式实施市场监管。但是，市场机制在经济运行、资源配置方面的作用还需要进一步充分发挥，与之相适应地，需要政府在经济运行、市场监管中提升调控能力。要实现这些目标，就要对政府职能进行新的定位，进一步划分政府与市场的权力边界和利益分界，并探索科学有效的调节和监管方式。互联网经济的发展激活了经济的活力，但互联网经济不可以简单地理解为传统经济的虚拟化方式。为此，需要顺应市场经济深入发展的形势，对权力配置和运行机制进行适度调整，提高政府在市场监管中的能力和水平。

(2) 实现行政法治。市场失灵是政府监管的基本条件，监管意味着政府以法律方式对市场运行进行规范，在市场监管过程中，政府发挥着为市场保障必要

---

[1] 参见任广浩、解建立：《改革开放 40 年我国政府间权力纵向配置变革及其法治化探索》，载《河北法学》2018 年 12 期。

[2] 《宪法》第 3 条规定："中华人民共和国的国家机构实行民主集中制的原则。全国人民代表大会和地方各级人民代表大会都由民主选举产生，对人民负责，受人民监督。国家行政机关、监察机关、审判机关、检察机关都由人民代表大会产生，对它负责，受它监督。中央和地方的国家机构职权的划分，遵循在中央的统一领导下，充分发挥地方的主动性、积极性的原则。"

的法律和制度运行的作用。但同时，政府在监管中也可能出现权力滥用现象。市场监管的主体是行政机关，而行政法治是现代法治建设的重要组成部分，它反映了经济社会发展对行政权力行使的全面要求。

我国经济体制改革的渐进性决定了依靠行政权力对经济进行管制的情况不可能一下子消除，受利益的牵扯行政权力在退出市场时带有很强的粘性。旧习惯中遗留下的做法在新的经济条件下可能仍然存在，并改变了作用的方式。行政权力不受约束则很可能随意侵蚀经济关系，也可能受经济利益的诱捕被动介入经济关系。一些地方政府可能出于地方利益的考虑没有随着改革的深入而相应地将权力归还市场，甚至滥用行政权力获取非法利益。另外，一些改制后的企业，可能还没有完全实现市场化，仍然依赖行政权力生存和发展，阻碍市场依据价值规律发挥作用。若构成行政垄断则不仅侵害相关竞争者的利益，还会扰乱市场经济秩序。

我国在《"十四五"规划和远景目标建议》中明确提出，要基本实现国家治理体系和治理能力现代化，人民平等参与、平等发展权利得到充分保障，基本建成法治国家、法治政府、法治社会。

在法律制度层面，行政法治包含了行政实体制度、行政程序制度和行政救济制度三部分。在传统的行政复议、行政诉讼、行政赔偿、行政系统上下级监督、人大监管等外，2016 年国务院颁布了《国务院关于在市场体系建设中建立公平竞争审查制度的意见》，开启了公平竞争审查制度。该意见明确了两个审查的时间维度和效力跨度：既往效力——清理废除妨碍公平竞争的规定和做法；期后效力——出台的政策措施不得包含排除、限制竞争的要素。很大程度上，这种制度设计反映的是寄希望于"解铃还须系铃人"的观念；而且该意见的制度设计在程序上和（或）实体上仍有诸多问题需要进一步细化，如政策制定者的审查能力是否可以保障审查效率、审查程序是否可以达到有效的社会监督、审查和司法如何实现有效接轨问题，等等。

（3）实现多元利益均衡。从计划经济体制到社会主义市场经济体制，从传统经济到数字经济，市场结构发生了很大的变化。经济主体间的市场结构关系发生了重大的变化。

一个经营者市场行为至少涉及消费者、经营者、竞争者三类主体。三类主体的关系如何确认，这涉及主体之间的利益协调，关乎行政执法的准确性。这里的协调，主要是指私益实现的过程中指导经营者将其行为控制在不违背公益的合理限度内。"私人财产权的行使不仅不能违背公共利益，同时还负有增进公共利益的义务"。[1] 权力对权利的限制需基于公共利益的考量，才具有某种合理性，为了协调私益与公益之间的紧张关系，使各项利益处于均衡且可维持的状态之中，需要一种协调机制。这种机制运作的基础有二：一是具有可协调性，因为事物在一定的范畴内会存在某种统一性；二是协调与否需要主观判断，因为不同利益是否协调及在何种程度上协调本身就是主观的，加上反垄断法的立法视角——以怀疑目光审视经营者的行为，是否协调和何种程度上协调需要当事人结合自身情况进行充分解释。在利益协调中，消费者的利益具有本位的价值，这里的消费者利益是指消费者的长期利益，而不是短期利益。少数拥有支配地位的企业为了获得更大的利益，可能采取"欲取之，先与之"的手段，如在前期低于成本销售，这看似有利于消费者，但实质是以短期施惠手段掩盖长期剥夺消费者福利的目的——经营者排挤掉竞争对手后，抬高价格以弥补其先前的"贴现"损失。对此行为"禁止的理由应确立为对消费者利益的中长期保护，确保从长远来看消费者能够获得选择商品和获得价廉物美商品的能力。"[2]

（4）服务公共行政。随着市场经济的深入发展和利益主体多元化，加之社会关系的多重复合与叠加，需要将一些社会性监督的权力下放给合适的社会主体。为此，传统意义上的国家行政逐步向公共行政转变。公共行政在多元社会主体的合力下相互协调、共同运作。例如在平台经济领域，市场监管机构负责市场的专业监督；而大型平台既是一个经营者，也是在法律授权下对平台内经营者实施一定监督权的主体，如监督平台内经营者"亮证亮照"。但同时，现代行政权呈现出的多元化发展趋势对权力配置的要求更加严格，不合理地下放权力会导致权力滥用，如获得授权的大型平台基于权力而攫取不当利益。如不适度分配权力，对于技术性强的行业行政机关可能无法实施有效监督。新经济背景下权力配置与运行机制需要越来越多的社会组织参与到社会公共事务的管理和服务活动之中，权力的下放和权力的回收或整合具有动态的特性，这是我国市场经济发展所带来的必然结果，也是社会发展的基本规律。

---

〔1〕 孙丽岩：《公共利益服从的博弈分析》，载《法学》2004 年第 10 期。

〔2〕 ［德］乌尔夫·伯格：《德国法中的滥用市场支配地位行为》，董文勇译，载《环球法律评论》2003 年第 1 期。

新经济背景下的权力配置与运行机制的目标是高效的市场监管。是否高效主要看市场机制的功能是否充分发挥，即促进市场中各主体的合理分工和资源的有效配置。例如，在公共基础设施建设领域，政府权力的配置和运行机制已经发生了翻天覆地的变化，从过去的部分排斥市场到现在充分发挥市场机制作用，通过竞争性招标、特许经营等手段鼓励民间资本、社会力量参与到基础设施的建设经营中，通过采取 BOT、PPP 等模式，既满足了社会公众对基础设施的需求，也避免了政府财政支出不足的尴尬，同时还有效利用了民间资本为社会服务。这种权力配置和运行机制有效服务了公共行政，成就了"双赢"甚至"多赢"的局面。

二、实体性权力配置的方式和手段

市场经济具有多样性，相应的，对市场进行监管的行为也具有复杂性。政府为了实现对市场的有序高效监管，就需要合理地安排、分配监管权力，既保证权力被有效地行使，又不至于因过度集中而存在滥用现象，能够形成"决策科学、执行坚决、监督有力的权力运行机制"[1]。

（一）基本视角

理解市场监管的权力配置可以从不同视角出发，从多个视角、不同侧面更能深化对于权力配置的认识。下文将从四个角度解构权力配置的组成因素。

1. 权力（权利）、义务和责任

理解权力配置的具体方式，是从法律视角研究国家干预的必然要求。不同于经济学的研究视角，法学上的国家干预，从内涵到外延都必须具体，而其中进行干预所使用的法律手段，可以分为权力、权利、义务、责任等内容。[2]

历史上各派学者对权力的定义莫衷一是，罗素认为权力是"若干预期结果的产生"，[3] 而马克斯·韦伯则认为权力意味着行动者能够违背他人的抵制而实现个人的意志。前者所涵盖的范围更加广泛，而后者则更强调权力指向带有强制性的行动。如果用法律做类比，那么前者的权力定义是一般意义的法律法规，能够依据其文本指引公众行动，以达成实现某种社会效果的目的。而后者则近似于司法判决，通过强制方式强迫当事人履行特定义务。当政府成为权力主体时，权力

---

〔1〕　参见《中共中央关于坚持和完善中国特色社会主义制度 推进国家治理体系和治理能力现代化若干重大问题的决定》。

〔2〕　参见薛克鹏：《经济法基本范畴研究》，北京大学出版社 2013 年版，第 116～117 页。

〔3〕　[英]伯特兰·罗素：《权力论》，吴友三译，商务印书馆 2012 年版，第 26 页。

的内容应该更接近于第一种定义，当然同时也包含了范围较窄的第二种定义。但显然不能仅限于韦伯的界定，因为政府行使权力还包含了很多引导、指引等功能，并非都具有强制力。

任何的政治体制都围绕着权力展开，权力意味着主体对特定资源的控制力和影响力。从社会契约的角度来看，政府的权力是社会成员让渡的自己的一部分权利，允许政府管理社会公共事务。在无政府的自然状态下，社会陷入"一切人对一切人的战争"状态，社会矛盾激化，而政府与国家正是从这种矛盾中孕育出来的产物。要平息矛盾则必然要授予政府权力，政府运用权力调动社会资源，调整主体行为，实现对社会公益的维护。

但是，既然政府权力意味着公民对自身个人权利的让渡，那么政府权力的扩张便会导致公民权利的减损，二者呈现此消彼长的关系。"在权力未受到控制时，可以将它比作自由流动、高涨的能量，而其结果往往具有破坏性。"[1] 因此，限制政府权力的诉求要求对政府课以相应的义务，这也就构成了"有限政府"学说。自霍布斯、洛克起，思想学界便开始主张限制政府的权力，以保障公民权利。洛克以自然权利为基点，认为自然权利的有限让渡意味着对于政府而言，法无授权皆无权，只有在社会契约允许的范围之内政府才拥有相应权力。随后，18世纪中叶，边沁、密尔等功利主义哲学家认为，政府的职能在于实现社会总体福利的最大化，由此政府应当更多扮演自由市场经济的"守夜人"，"管的最少的政府就是最好的政府"，要将政府权力限缩在很小的范围之内。20世纪后，凯恩斯主义开始盛行，在政府权力扩张的趋势之下，哈耶克等学者提出新自由主义学说，再次主张限制政府权力，反对家长主义式的政府管理方式。

对政府权力的限制意味着政府需要履行自身的义务和责任。在法律意义上，责任是第二性的义务，是行为主体违反了法律义务后被要求履行的补救义务或惩罚义务。而在政治学中，政府责任可以从广义角度来理解，它意味着政府对社会公众需求的回应，履行法律和社会的义务。其中，履行法律和社会义务不仅意味着政府正确地做事，也意味着做正确的事情。[2] 如果政府未能履行相应的义务，那么也就应当承担其行为的后果和法律责任。

---

〔1〕 ［美］E. 博登海默：《法理学：法律哲学与法律方法》，邓正来译，中国政法大学出版社 1999年版，第 360 页。

〔2〕 参见张成福：《责任政府论》，载《中国人民大学学报》2000 年第 2 期。

2. 主体配置、实体权力配置、程序权力配置

"在宏观调控制度建立之初,明确享有宏观调控权的主体尤为重要,因为并不是所有的政府部门都能享有该权力。"〔1〕 在配置政府权力时,首先应当明确权力指向的主体,这里的主体可能有两种性质:权力的享有者和被限制者。一些重要的、涉及国家经济命脉的权力,应当由较高层级的政府机关所享有。而相对应的,由于地方政府机关被监管力度不足,容易形成地方性利益集体,因此应当注重限制其权力,防止出现行政性垄断等现象。

对于我国这样的转型国家来说,权力的限制应当成为重点。我国市场经济的建立是由计划经济转变而来,在此过程中政府将不少权力下放给市场,但无论是在思想观念上、还是在制度设置上,都很难立刻清除计划经济时代的影子。政府之手"在法律的边缘或法律的空白处仍极尽所能发挥调整经济的作用"。〔2〕 因此,如何通过合理配置权力,以限制政府不合理的经济干预行为,就成为了我国应当关注的重点。具体来说,权力配置的方式又可以分为两种,实体权力配置和程序权力配置。

实体权力配置要求明确政府权力的内容和范围。首先,可以从原则设定着手,要求政府在进行经济干预时,以促进公共利益为原则、增进社会福利为宗旨,防止出现"以权谋私"的行为。同时,公共利益原则还有利于划定政府的权力范围,防止政府的手"伸得过长"而介入到与社会公益无关的私人经营领域,造成"政企不分""政商合一"等现象。其次,可以从主体配置方面着手,例如《反垄断法》对于滥用行政权力排除、限制竞争的行为主体设定的是"行政机关和法律、法规授权的具有管理公共事务职能的组织",这样就造成了对于抽象行政行为规制的不足,如地方人大等权力主体并不在《反垄断法》所规制的行政垄断主体范围之内,这就可能导致对权力监管的缺失。越是对市场影响力大的权力机构,越应当谨慎配置权力,防止其权力滥用。最后,还应当确定政府干预市场的合理程度,也就是明确市场监管的对象、手段和职权范围。如前文所述,转型国家的问题就在于,政府很容易遵从历史习惯,过度干预市场。因此总体来说,应当减小政府对经济的控制力度,充分发挥市场对资源配置的决定性作用。

---

〔1〕 张守文:《宏观调控权的法律解析》,载《北京大学学报(哲学社会科学版)》2001 年第 3 期。

〔2〕 刘继峰:《竞争法学》,北京大学出版社 2018 年版,第 71 页。

程序权力不是在市场监管权的配置环节而是在市场监管权的运行环节发生作用的。虽然对于市场监管权的运行环节，法律会为市场监管主体和市场监管对象设定一系列的程序性规定，但是这些程序性规定不可谓之是配置权力的过程。对于市场监管主体来说，程序是给市场监管主体施加的义务，是限制市场监管权的法律手段，市场监管主体不遵循法定程序会遭到不利的法律后果，比如监管行为被撤销等。对于市场监管对象来说，程序不完全是义务，不按照程序行为可能只是无法发生市场监管对象预期的法律后果，比如不按照法定程序登记注册可能无法取得营业执照，但这也并不是市场监管机关行使程序权力的结果。程序权力配置往往容易被忽视，但良好监督程序的确立对于防止行政权力滥用、提高行政权力行使效率，有着不容忽视的作用。在我国，因为行政体制和历史因素等原因，经济制度改革往往是"自上而下"进行，由上级行政机关确定相关政策，交由下级行政机关实施。同样地，权力监督机制也以自上而下的监督为主，亟需补充、加强自下而上的监督以及平行监督。

所谓自下而上的监督，就是公众、市场主体和社会舆论对政府权力行使的监督。这种监督方式体现在一些程序设置上，例如，政府重大决策前的听证制度要求政府必须向公众论述行政决策的合理性；又如公开政府的有关文件，公开政府官员的收入账簿，通过"阳光政府"的建设，让民众得以了解政府的权力行使情况。

所谓平行监督，主要是通过司法途径监督行政行为。依法独立公正行使司法权是保障司法机关有效履行职权的重要前提。曾经我国法院工作人员隶属于行政编制，同时财政来自政府拨款，在人、财等方面都不可避免地受到政府影响，因而难以保障独立性。经过近些年的司法改革，我国司法机关的独立性已经大大提升。在此基础上，合理的市场监管权力配置要求不仅由政府机关对自身进行监督，还要接受来自司法机关的监督。例如，我国对于目前的行政垄断行为，只给予了反垄断执法机构"建议权"，最终决定是否处罚依然取决于上级行政机关。或可参考俄罗斯的法律，其赋予了反垄断执法机构直接以行政垄断为由，认定行政机关具体行政行为无效的权力，行政机关不服的，则可以向法院起诉撤销反垄断执法机构的决定。[1]

---

〔1〕 参见刘继峰、张挥：《权力行使中的"团体性目的偏移"与矫正》，载《伊犁师范学院学报（社会科学版）》2016年第1期。

3. 内部制衡与外部制衡

"在法制社会，有限政府的权力制衡主要表现为两个方面，一是政府内部权力的均衡，这主要通过政府权力的分立和制衡得以实现，分权体制是实现政府内部权力均衡的典型制度安排。二是政府与公民社会的权力均衡，它主要通过民主政治制度得以实现，选举制和代议制是典型的政治制度安排。"[1] 从这个角度来说，权力配置又可以分为内部制衡与外部制衡，要恰当地限制政府权力，不仅要靠来自政府内部的自我监督，也要靠来自社会的有效监督。

如果说，以民主政治制度为代表的外部制衡方式自古希腊时期便已经开始在城邦之中付诸实践，那么政府内部的制衡则是近代新兴资产阶级发展壮大之后的新产物。新崛起的资产阶级意识到，理想状态下将权力归属于人民的民主政体，也可能发展成为多数人的暴政，受到群体无意识的影响，最终将一个国家拖向深渊。比起到底由多少人进行统治，更重要的是无论谁掌握权力，都要通过权力对权力进行制约。因为新兴资产阶级认为"一切有权力的人都容易滥用权力"，[2] 不管是君主立宪政体，还是民主共和政体，都应该坚持制衡原则，唯有这样才能防止一项制度违背其设立的初衷而发生倒退。

而在处理政府与市场的关系上面，制衡原则同样适用。当然，这里政府更多是靠自我监督，自觉性地控制权力的行使，防止其越界和超出必要限度。"为提升公权力的运行效率、维护社会整体利益和相对人的合法权益，公权力主体自觉进行适当的自我约束是非常必要的。"[3] 在反垄断领域，为了制约行政垄断，我国制定了公平竞争审查制度。在政府实施竞争政策时，应当进行自我审查，对可能起到限制、排除市场竞争的政策，应当予以制止。这体现了在处理政府与市场的关系上，政府应当采取谦抑性、审慎性的态度，主动对自身的干预行为进行审查，体现了政府内部的权力制衡。

当然，来自外部的监督也不容忽视。对于政府干预经济的行为，除了从政治角度，通过民主选举等方式保证政府官员对人民负责、政府决策体现选民意志之外，还有一些促进公民和市场主体以多种方式参政议政的路径。这主要体现在程序方面的举措，如在政府重大决策之前，定期召开听证程序，听取民众意见，公

---

〔1〕　陈国权：《论法治与有限政府》，载《浙江大学学报（人文社会科学版）》2002 年第 2 期。

〔2〕　[法] 孟德斯鸠：《论法的精神》（上册），张雁深译，商务印书馆 1961 年版，第 154 页。

〔3〕　叶姗：《论定价权的分立结构及其制衡逻辑》，载《学术交流》2009 年第 2 期。

布决策的相关依据和理由，保证政府决策行为的透明化、民主化。特别是在可能关涉到人民群众生活的决策上，如当政府对某些公共事业、自然垄断领域的商品行使定价权的时候，有必要采取多种方式，主动听取消费者以及经营者的意见、建议，说明确定相关价格的合理理由和事实依据，实现政府与市场之间的良好信息沟通。

4. 授权性配置和制衡性配置

市场监管权的授权性配置是指法律赋予政府相关职能部门对违反市场秩序准则的市场主体给予查处制裁的监管职权，为市场监管权的存在提供合法性支持，使相关职能部门负担起监管市场主体行为、维护市场运行秩序的职责。[1] 不同于公民先天拥有的自然权利，政府的权力并非"天赋"，而是来自法律的授权，这意味着对于公民而言"法不禁止即自由"，而对于政府来说"法不授权即无权"。政府只有在获得法律明确授权的情况下，才能依法对市场主体行使市场监管权。

市场监管权的制衡性配置是法律对市场监管权的控制提供的制度性安排，包括积极性立法制衡、体系性制衡和消极性的权力间及权力与权利间制衡等。积极性立法制衡是指在法律上形成对市场监管职责进行合理界分的制度，包括权力主体、权力范围、权力程序以及权力责任的法定。体系性制衡存在于普适性的行政法规范、私法规范以及司法审查等。消极性制衡是指在不同主体的权力授予以及与被监管者的权利博弈中产生的相互监督制度。[2]

授权性配置和制衡性配置要求政府只能在法律规定的范围内、授予的权限内行使自己的权力，而不能超越上述界限。例如，一般来说在自由竞争领域内出现的可能限制、排除竞争的垄断行为，应当为法律所禁止，并将相应的自由竞争的权利返还给经营者，也就是让市场自身发挥竞争功能。但对于一些特殊的自然垄断领域，法律不仅不禁止垄断，反而赋予政府权力以维持垄断状态。这些领域往往关涉国计民生，涉及民众基本的生活需要，如水、电、燃料等基本能源供应。由于在市场"看不见的手"的调节下，企业往往只会趋向于成本低、收益快的行业，一些需要长期的成本投入、收益周期长的大型公共工程，往往不会吸引私

---

〔1〕 参见秦国荣：《维权与控权：经济法的本质与功能定位——对"需要干预说"的理论评析》，载《中国法学》2006 年第 2 期。

〔2〕 参见杨松、魏晓东：《次贷危机后对银行监管权配置的法律思考》，载《法学》2010 年第 5 期。

有企业的目光，但这类公共事业对于提升民众福祉，增进社会公益，有着重要作用。此时便需要发挥政府的力量，法律允许政府主动介入这些领域，通过财政来给予这些行业经费支持，减少相应企业的成本压力，促进公共事业的建设。

（二）基本手段

中共中央在《"十四五"规划和远景目标建议》中明确指出，应当加快转变政府职能，深化简政放权、放管结合、优化服务改革，全面实行政府权责清单制度。持续优化市场化法治化国际化营商环境。实施涉企经营许可事项清单管理，加强事中事后监管，对新产业新业态实行包容审慎监管。其中便指出了几种市场监管的手段以及未来改革的趋势，从顺序上可以划分为事前、事中和事后监管，从手段强度上可以分为强制性监管手段与柔性监管手段、积极监管手段和消极监管手段，从结果上又可以分为低度监管、中度监管和高度监管。

1. 事前监管、事中监管和事后监管

一个市场主体参与市场竞争，需要大致经历几个过程：进入市场，生产制作有关产品，销售产品。企业参与市场竞争的过程，便对应市场监管部门的几个监管步骤：事前监管、事中监管和事后监管。对于不同的领域、不同的市场环境、不同的产品特性，这些步骤有不同的侧重方面。

（1）事前监管主要指市场准入方面的审查。对于商主体而言，进入市场既需要符合商主体资格，也需要取得生产经营的资质。事前监管如同乘客登机之前必须要进行的安检，只有通过安检才能进入飞机，而企业只有通过事前审查，才能获得市场准入的资格。

事前监管的设置包括几种目的：一是在自然垄断行业，由于相关领域和资源的经营涉及国家和社会的经济命脉，因此相关企业必须符合严格的经营标准和具有相应的生产能力，同时由于自然垄断行业往往同一个市场中只有少数企业，因此监管部门会通过法律法规，设置天然的市场壁垒，阻止其他企业的进入。二是对于一些已经被市场淘汰的、不符合经济发展需要的乃至会造成资源浪费的企业，出于市场效率和社会福利的考虑，会阻止其参与市场竞争，禁止其进入有关行业。三是防止一些不具有经营资质或者安全许可的企业恶意参与市场竞争，其可能通过生产假冒伪劣的产品或者搭其他企业便车的形式，损害其他经营者和消费者的利益，破坏公正有序的市场竞争秩序，因此需要通过事前审查予以筛选。

负面清单制度是事前监管的常用手段。通过明确不予准入的事项，企业可以在这些事项之外申请进入市场，市场监管机关考察相关企业的资质予以认定。准入标准制度是另一种常用手段，如我国《公司法》曾经设定过最低注册资本制和注册资本实缴制，就是典型的事前监管手段。

事前监管有其优势。在一个国家刚刚建立起市场经济制度的时候，市场发展需要一个稳定、安全的环境，此时容易有大量鱼龙混杂的企业进入市场，扰乱市场经营秩序。因此在市场经济发展初期，政府往往重点利用事前监管手段，控制进入市场的企业数量，严格把控市场准入资质，在源头上防止市场主体恶意参与竞争。事前监管是一种事无巨细、人人有份的审查，能确保监管机关了解每一个市场经营者的信息，特别是在转型国家中，有利于在政府扶植下快速建立起一个有序的市场机制。

此外，如上文所述，在一些特殊领域中，事前监管对于经济安全和社会福祉有着重要意义。在诸如食品安全等涉及人民身体健康的市场领域，一旦发生食品安全问题，其损失往往难以计数，不可挽回。此时光靠事后的惩罚，无论采取多严厉的措施，也难以弥补人民群众人身健康方面受到的损害。因此必须在市场准入阶段就进行严格把关，从而将发生大规模损害的可能性降至最低。

（2）事中监管指向的是企业进入市场之后，对在其经营过程中的行为进行监管。不同于事前监管的普遍性审查，事中监管更多是以抽查的方式进行，例如，对于企业的经营场所、经营设施、生产流程等方面进行检查。国务院在《国务院办公厅关于推广随机抽查规范事中事后监管的通知》中指出，应当对事中事后监管建立"双随机"的抽查机制，通过摇号等方式，从市场主体名录库中随机抽取检查对象，从执法检查人员名录库中随机选派执法检查人员。一方面，由于事中监管往往需要执法部门前往经营现场，单次执法耗费的成本比较高，不可能如事前监管一般普遍核查，因此必然只能从中抽取部分样本；另一方面，这种部分检查的方式为监督权力留下了寻租的可能性，因此应当通过严格程序确保抽查的随机性。

事中监管的对象主要有三类：信息、设施和行为。对信息的监督包括依据《价格法》《企业信息公示暂行条例》等规范，对经营者商品价格的变动、有关经营公示信息是否属实，以及经营信息的备案是否完整等进行监管。对设施的监督指向的是经营者的经营场所和设施是否符合质量标准和安全标准。对行为的监督则指向生产行为的规范性，特别是对于建筑等特殊行业，其施工的过程必须经过严格把控。

（3）事后监管的内涵更为复杂，因为很容易将其理解为法律责任制度，而事实上，在事前监管、事中监管的过程中，执法机关对经营者作出处罚、使其承担法律责任，并不属于事后监管行为。事后监管依然指向的是经营者的经营流程，经营者除了在进入市场、进行生产的过程接受监督之外，生产的产品也要受到监管。监管部门需要确保产品合格、质量达标，因此会对产品进行合格检验或质量验收。此外，对于一些长时间不开业或者经营状况已经不符合市场标准的企业，还应当强制其退市。

总体来说，事前、事中和事后监管各自针对不同的生产经营阶段，在手段方式和监管成本等方面也各自具备不同的特点。并不能说哪一种监管方式最优或者哪一种监管方式最差，而应当针对具体的经济环境和市场发展水平，在不同的监管方式上投入不同比重的资源。对于一国的市场监管来说，政府可投入的监管资源是固定的，那么无论是立法还是相关政策的出台，都应当促使作为投入成本的监管资源能够获得最大限度的效益——市场效率、社会总福利的最大化。那么，在市场发展的初期，政府往往为了确立一个良好的市场秩序，将大量资源投放在事前监管的环节。而在市场秩序逐渐成型、成熟之后，为了促进经济的繁荣，应当放宽市场的准入标准，鼓励更多企业加入市场、参与竞争，为消费者提供种类更多、更丰富的产品，所以市场经济发达的国家往往通过负面清单等方式，采用一种"法不禁止即可为"的市场进入模式。相对应的，市场成熟阶段由于商品种类、数量繁多，难免产生生产过程中的合规问题或者产品的质量安全问题，因此更需要加大事中、事后监管的资源投入。在行政审批制度的改革下，我国市场监管部门的工作重心从事前监管转到事中、事后监管，事前审查的弱化导致进入行业的市场主体增加，市场监管任务加重，监管的对象和范围也更加广泛。在现有监管资源不能快速增加的情况下，市场监督管理部门应当以提高事中、事后监管的监管效能为目标而努力。[1]

2. 强制性监管手段与柔性监管手段

柔性监管是与命令控制色彩强烈的强制性监管相对应的监管手段。柔性监管和强制性监管的核心差异在于是否尊重被监管者的意愿，强制性监管目的的达成

---

〔1〕　参见渠滢：《我国政府监管转型中监管效能提升的路径探析》，载《行政法学研究》2018 年第 6期。

依赖于国家强制力，而柔性监管则是通过非强制的手段引导被监管者自愿做出某种行为。柔性监管的依据可能来自法律法规对监管部门的授权，还可能来自会员认可的自律规则对行业协会和中介组织的权利让渡。与法律明文规定了强制性监管的权力内容、适用条件和适用程序不同，非正式的程序在以协商、和解、建议、指导为内容的柔性监管中得到了普遍适用。[1]

市场监管中常见的柔性监管有激励性监管、协商性监管、行政指导等。激励性监管是监管主体使用经济诱因间接引导市场主体的监管方式，其符合人的趋利性，有利于在一些弹性较大的监管事项上节约监管成本。协商性监管是监管主体和被监管主体或第三方在对话协商的基础上，共同制定监管目标和政策并以此明确各自权利义务的监管方式，运用得当能促进公共福祉在更大程度上被实现。[2]行政指导是监管主体采用协助、劝告、示范、告诫等非强制的方法规范行政相对人行为的监管方式，其简便、任意、灵活的特点能够充分发挥促进、引导和预防的作用。

柔性监管理念可以指引我国政府干预市场方式改革的方向。转型国家在建立市场经济之初，由于计划经济和指令性手段的惯性强大，政府往往会过度干预市场，通过家长式的方式进行市场管理。实际上，市场监管本身并非目的而是手段，它的最终目标是建立和维持一个健康、有序的市场经济环境，促进经济的增长和社会福利的增加。因此，政府应当在一定程度上保证自身干预行为的谦抑性，充分尊重市场规律和经济发展规律。

在这个基础上，柔性监管往往在适度监管和包容性监管的理念下被监管主体适用。[3] 特别是在互联网时代下，随着科技的迅猛发展，新的经济领域和商品市场不断涌现，它们不仅推动了经济发展、增加了就业岗位，还大大方便了群众生活。对于这些新领域，市场监管部门应该扩大柔性监管手段的适用，在不触碰安全底线的情况下避免对抗和擅权，"让子弹飞一会儿"，给予那些未知大于已知的新兴产业充分的发展空间，防止将新的经济态势扼杀于萌芽之中。

柔性监管还可以作为一种理念融入强制性监管中，这体现为在强制性监管的适用中融入民主和柔性的元素，比如增加被监管者、利害关系人和公众的参与。

---

〔1〕 参见蒋建湘、李沫：《治理理念下的柔性监管论》，载《法学》2013年第10期。

〔2〕 参见李沫：《协商性监管的挑战与应对》，载《社会主义研究》2012年第6期。

〔3〕 参见许多奇：《互联网金融风险的社会特性与监管创新》，载《法学研究》2018年第5期。

柔性监管和强制性监管不是相互替代而是相互成就的关系。在一定意义上来说，只有在监管者拥有更多惩戒机制的前提下，监管目的才可能更有效地通过柔性监管得以实现。[1] 而在柔性监管手段失灵时，应当及时更换执法策略，提升威慑等级，民主化、法治化的强制性监管手段为柔性监管提供了保障。

3. 积极监管手段和消极监管手段

根据监管的作用力方向不同，市场监管手段有积极监管和消极监管之别，也可以称之为激励性监管和约束性监管。积极监管是指当法律为市场监管对象设立授权性规则或命令性规则时，市场监管主体以积极、肯定和鼓励的方式引导市场监管对象实施某市场行为。消极监管是指当法律为市场监管对象设立禁止性规则时，市场监管主体以消极、否定和禁止的方式引导市场监管对象不去实施某市场行为。[2]

从监管效益来看，积极监管手段有利于提高监管实效，法律的禁止性规定通常只能对监管事项弹性范围内的下限设定监管标准，至于底线之上的范围，消极监管手段发挥的作用有限。[3] 从监管成本来看，积极监管手段是规避不当监管风险和降低执法成本的有效手段，消极监管手段需要较强的执法能力，尤其是在某些监管信息差较大的领域中。且在验证负向消极监管能够克服市场失灵和监管失灵时，谨慎采取监管手段比如先采用积极监管手段能够减少监管不当后造成的损失。积极监管手段可以实现监管目标之外的目标比如经营目标，积极监管为被监管对象提供的激励措施，使被监管对象在自发地选择了利己的行为和结果的同时，社会整体利益最大化的目标也得到了实现。[4]

当然，积极监管手段能发挥以上积极作用的前提都是激励性措施的内容能和被监管者的激励相融，应当在考虑积极监管手段的成本效益之后合理确定积极监管手段的范围、指标、幅度和方式。需要注意的是，积极监管手段的运用同样是运用国家力量对市场干预的过程，监管部门采用积极监管手段同样应当尊重市场的自主性，遵循政府对经济最小干预的原则。一般来说，积极监管手段对于新兴行业的经济性监管意义较大，此时市场结构变化快，未能形成垄断，一般不涉及

---

〔1〕 参见卢超：《社会性规制中约谈工具的双重角色》，载《法制与社会发展》2019年第1期。

〔2〕 参见薛克鹏主编：《经济法学》，中国政法大学出版社2018年版，第138页。

〔3〕 参见董淳锷：《市场事前监管向事中事后监管转变的经济法阐释》，载《当代法学》2021年第2期。

〔4〕 参见周昌发：《论互联网金融的激励性监管》，载《法商研究》2018年第4期。

反垄断法的规制。但是对于强制性规范禁止的行为，则需要通过消极监管手段调整其行为，比如不正当竞争行为，而不论其产业发展的阶段。而社会性监管主要解决信息不对称和外部性的问题，其监管的作用力方向与产业发展阶段没有必然关联。在简政放权背景下，若该行业旨在鼓励产业创新，则适合在市场准入、信息披露和税收监管等方面采取积极监管手段，有利于降低市场主体门槛和促进市场主体数量。而对于安全、健康和环保等领域，仍应当以消极监管手段为主。[1]

4. 低度监管、中度监管和高度监管

根据国家强制力在市场监管中的运用强度不同，市场监管可以分为低度监管、中度监管和高度监管。低度监管使用的国家强制力程度最浅，市场对经济活动实行全面调节，而监管部门的主要作用则是拾遗补阙，只能对市场不能发挥作用的领域和市场主体不愿意介入的领域实施政府行为。在高度监管中，监管部门在社会经济活动中扮演直接管理者和组织者的角色，直接干预或介入微观经济运行过程，常见于计划经济模式。中度监管使用的国家强制力程度介于低度监管和高度监管之间，市场在资源配置中起决定性作用，政府的主要作用是针对市场缺陷加以矫正或纠正，目的是提高整体经济效率、维护社会公平，从而避免和减少市场的不利影响和消极作用。

对于竞争较为充分、与消费者权益关系较远的行业，可以采用低度监管的方式，比如小商品行业。高度监管只适用于战争、突发公共危机或者行业整体危机等情况。过度的约束监管会妨碍市场机制的正常运行，过度的放松监管会损害社会公共利益，所以一般情况下监管部门应采取中度监管的强度。除了法律在书面上明确规定对市场监管的范围外，市场监管部门的执法是对这些规则和权力的落实，其执法强度是影响市场监管中国家强制力运用强度的重要因素。在自由裁量权大量存在的现代行政中，市场监管部门的自由裁量权大小以及如何在执行活动中运用这些裁量权同样是在权力配置中应当关注的。市场监管机关应当在法律的基础上制定更为明确的规则如裁量基准，来避免市场监管机关的权力滥用和法外干预。对于对相对人权利影响较大的行为，市场监管机关可以辅之以程序控制，

---

〔1〕 参见王首杰：《激励性规制：市场准入的策略？——对"专车"规制的一种理论回应》，载《法学评论》2017 年第 3 期。

比如建立执法案例制度。[1] 除了在制度上限制市场监管部门的自由裁量权，市场监管部门在制定和调整执法决策时，可以通过量化市场监管部门实际作出的处罚和法律规定的处罚上限之间的差距，反映市场监管部门的执法强度以及分析影响执法强度的各个因素。

三、实体性权力配置中的问题

（一）权力配置理念的不适应性

思想是行动的先导，权力配置理念直接影响我国市场监管权力配置的立法实践，影响我国市场监管权力的配置模式，进而影响权力运行效果；权力作为现代语境下法律的核心概念，权力配置理念也彰显着政府在市场秩序中的定位与作用，权力配置理念对于建成统一开放、竞争有序、制度完备、治理完善的高标准市场体系具有重要作用。

纵观我国市场监管体制的构建历程，不难发现，我国在市场监管权力的配置理念方面主要在以下三个问题上有待加强。

1. 对"有限政府"理念的认识有待进一步深入

有关"有限政府"理论的论述，最著名的当属洛克的《政府论》，洛克从古老的自然法传统出发，根据自然状态的基本假设，揭示出政府诞生于自然状态的缺陷，人们通过订立契约来成立政府，自然状态下的个体通过让渡部分权利产生了原始权利的分化与制衡，政府权力源自社会人的委托，因此具有一定的限定性，其权力范畴局限于所订立的契约内容，特别是个人的自由、生命、财产等权利并未让渡，因而需要限制政府权力予以尊重。将"有限政府"理念放到市场监管的语境之下，要深入理解和贯彻"有限政府"的理念，就要厘清政府与市场的界线。

厘清政府与市场的界线，也就是划定政府干预市场的起点与终点。政府干预的起点是市场有其自身所无法调节的地方，也就是"市场失灵"，市场机制有时无法有效发挥资源配置的功能，资源配置效率低下或资源配置失当，此时需要政府的介入，政府干预到一定程度之后，会出现诸如国有经济比重过大、社会福利水平过高等"政府失灵"的表现，也就是政府干预的终点，这便是理论上市场

---

[1]　参见邓可祝：《规则控制、程序控制抑或类型化控制——基于裁量基准与执法案例对自由裁量控制的分析》，载《法治研究》2017 年第 5 期。

监管的起点与终点。而在我国司法与执法实践中，政府存在以积极的姿态介入市场运行秩序的惯性，没有贯彻"有限政府"的理念，容易造成监管的越位。而在某些新兴领域，司法与执法实践不得不保守地桎梏于"滞后"的法律规定，导致出现了监管的错位、越位与监管空白等情况。

关于政府与市场二者的关系，《中共中央关于全面深化改革若干重大问题的决定》曾有过明确的论述"使市场在资源配置中起决定性作用"和"更好发挥政府作用"。对公权力的限制与对私权利的保障有机结合起来，是"政府与市场"实现辩证二元共治的重点。"市场在资源配置中的决定性作用"一方面体现了市场本身具有优先性顺位，应该让市场在资源配置中起优先性、决定性作用，以便于充分发挥市场主体的活力，另一方面也为"更好发挥政府的作用"提出了尊重市场竞争机制、放权于微观市场主体的要求，只有这样才能实现二者的辩证共存。《中共中央关于全面深化改革若干重大问题的决定》还指出要建设法治政府、服务型政府，优化政府机构、简政放权等，这些要求正是对"有限政府"理念的呼应。但是目前在我国司法与执法实践中，还有进一步贯彻"有限政府"理念的空间，对于"有限政府"理念的认识还不够深入，这也是导致市场监管中政府越位与缺位的情况时有发生的一大原因。

2. "更好政府"的监管理念需要进一步落实到位

在明确了政府与市场的关系之后，下一步需要考量的便是政府如何更好地发挥作用，习近平总书记对此有过专门的论述，"更好发挥政府作用，不是要更多发挥政府作用，而是要在保证市场发挥决定性作用的前提下，管好那些市场管不了或管不好的事情"。[1] 要发挥政府的作用，政府自然要运用一定的监管手段，而宏观调控和市场监管则是实现政府职能的重要手段，在我国经济体制的发展历程之中，计划经济体制在我国实行了很长的时间，在这样的历史背景下，政府为实现宏观经济目标，对市场进行宏观调控的倾向比较突出。但在完善社会主义市场经济体制的当前时代，要对确立良好的市场监管体制予以足够重视。对于市场监管理念的理解、对于监管制度的安排以及对于监管模式的设定，在一定程度上决定着政府能否更好地发挥自身职能、协调好"看得见的手"与"看不见的手"的关系。

---

[1] 《坚持稳中求进工作总基调，全面提高党领导经济工作水平》，载中国共产党新闻网，http://theory.people.com.cn/GB/n1/2017/0705/c412914-29384754.html，最后访问日期：2021年4月11日。

目前，我国"更好政府"的监管理念尚未落实到位，对权力配置以及由此带来的权力运行的效果考虑不足：我国对于市场监管职权在政府权力中的定位相对模糊，从经济法的产生路径予以分析，针对市场失灵的诸多表现，经济法需要从市场监管和宏观调控两个方面予以规制，例如，针对竞争失效的问题，经济法以竞争政策予以规制；针对宏观经济波动的问题，经济法以货币金融政策予以规制等。市场监管法与宏观调控法同时进行规制，看似逻辑严密且周延地涵盖了所有的问题，但是实则不然，二者之间存在诸多重合的模糊地带，市场监管与宏观调控无法做到泾渭分明，这就导致宏观调控作为市场监管的实现路径以及市场监管作为宏观调控的手段等问题屡见不鲜。[1] 不可否认，部分执法手段在短期内确实具有良好的执法效果，但是监管理念的不明确、监管手段的不科学必然会使得本身就"强势"的宏观调控冲击了市场监管的内部秩序，使得监管规则的判断标准与价值标准丧失中立性，不利于市场规范体系的进一步发展。

正如前文所述，政府市场监管的起点在于市场自身存在无法调节的地方（"市场失灵"），而且在此基础上政府介入市场要经过严格的审议程序，应该更好地发挥政府的作用而不是更多地发挥政府的作用。但是这种"更好政府"的监管理念尚未落实到位，这种理念上的落后对监管实践产生影响，就导致目前相关市场监管部门的设立和相关法律法规的出台并非严格的"对症下药"，监管部门繁多且存在监管权的交叉；规范市场秩序的条令众多，但是监管权自身所受约束不足等。正如前文所述，思想是行动的先导，权力配置理念指导权力配置的实践，不恰当的监管理念正是导致权力配置实践中产生上述诸多问题的症结所在。

3. 权力配置中法治思维有待进一步强化

习近平总书记在党的十八届四中全会明确提出"要全面建设依法治国、依法执政、依法行政"，"在法治轨道上不断深化改革"。要推进全面建设依法治国的进程，树立并坚决贯彻法治思维是必由之路。那么法治思维究竟应该如何理解呢？人们对法治思维的理解往往包括追求公平、正义、自由、追求理性思维等抽象价值，但是抽象价值是难以在实践中充分运用的。有学者提出应当从四个方面对法治思维作更具可操作性的阐述：①法治思维是以法律规则为中心的思维。一是法律规则体系内部的顺位问题，法规、规章对于权力的配置不得超越法律授权

---

〔1〕　参见盛学军：《政府主导模式与证券公开规制的失效》，载《现代法学》2004 年第 6 期。

的范围。二是法律与政策之间的关系问题，从正当性来说，法律优于政策。要树立以法律规则为中心的思维，就要明确法律高于政策。②法治思维是合法性判断优先的思维，无论对于公权力的约束还是对社会成员活动的评价，都应以合法性判断为优先顺位，道德判断和政治判断要排在合法性判断之后，要让社会成员的活动评价符合法律规则的预期，避免政策运动式的治理。③法治思维是以限制权力、保障权利为中心的思维，自法治的萌芽时期起法治的重要使命就在于限制政府的权力。要严格监督政府公权力，对于政府而言，法无授权不可为，对于公民而言，法无禁止即自由，时刻避免公权力侵害人民权利。④法治思维是坚持程序正当的思维，在权力配置的全过程始终要保障人民的知情权、参与权，要坚持通过正当程序配置权力，不能只重视权力配置的效果而忽视了权力配置过程的程序正义。[1]

目前我国在权力配置中对于法治思维的贯彻还不够深入。诚然，国家的发展离不开公权力，但是公权力不能超越法律的框架。一定要贯彻法治思维，保证公权力在法律规定的范围内运行，这样才能真正建设建成"有限政府""更好政府"。另外，传统上重实体轻程序的思维也是贯彻法治思维的一大阻碍。正是程序决定了法治与恣意的人治之间的基本区别。对于权力配置的考察，不能仅观察权力运行的效果，还要确保权力配置的程序正当、公开，只有严格按照法律程序进行权力的配置，才能保障权力配置的合法性、科学性和正当性，才能获得社会成员的广泛支持，也只有重视程序，才能保证权力在阳光下运行。

（二）权力配置方式的不合理性

我国法律对市场监管权的配置方式呈现出两方面的特点：一是集中授权和分散授权相结合。如地方政府组织法统一授予县级以上地方政府一致的管理职权；其他法律规范和行政法律规范也有集中授权，统一授予县级以上政府部门一定的监督管理权。同时，法律也会采取分散授权的形式，分别授予国务院、省级政府、市级政府、县级政府及其相关部门不同的监管权，以体现授权的差异性。二是授权内容多样，概括与具体相结合。对一级政府的授权通常是概括的领导权、监督管理权、经济管理权等，比较笼统；对于政府监管部门的授权则比较具体，如监督检查权、行政强制权、行政处罚权、行政许可权等。

---

〔1〕 参见于浩：《当代中国语境下的法治思维》，载《北方法学》2014 年第 3 期。

　　长期以来，通过法律的授权我国市场监管行政体制形成了由综合性市场监管机构、专业专项市场监管机构、行业市场监管机构共同构成的市场监管格局，这样的权力配置方式存在各个机构之间的权限分工不明确的问题，在权限交叉的地带容易出现互相扯皮、无人监管的窘境。下文将具体阐述我国现行市场监管的权力配置方式有待优化之处。

　　1. 权力配置内容有待进一步明确

　　现行行政组织法对于政府市场监管权的授权不明确，其根源在于我国各级政府之间"上下同构"的基本职权体系，法律对省、市、县级政府的行政权力进行相同的纵向配置。这样的权力配置方式难以适应各级地方政府差异性的行政管理实践，同时也难以兼顾地方各级政府差异性的行政能力，导致行政权力只能依照上下级行政领导体制进行再次配置。这样，下级政府尤其是基层政府往往缺乏稳定清晰的职权，法定权力配置格局被打破。在横向上，依照我国《地方各级人民政府机构设置和编制管理条例》的规定，各级政府内部部门的设置及具体职权主要由本级政府报请上级政府批准，根据行政决定、命令进行调整。也就是说，地方各级政府具有一定的横向权力配置权，但是受到纵向权力配置格局的影响，需要报请上级政府批准，地方各级政府的配置权力有限。另外，权力横向配置方式的科学性、规范性也缺乏保证。

　　我国对于各级政府职权配置采用的集中授权方式，基本上不能反映各级地方政府之间的权力配置差异，集中授予县级以上政府部门相同的职权成为常态。例如，现行《反不正当竞争法》第4条规定："县级以上人民政府履行工商行政管理职责的部门对不正当竞争行为进行查处；法律、行政法规规定由其他部门查处的，依照其规定。"并在第13条中规定了监督检查部门在调查涉嫌不正当竞争行为时，可以行使检查、询问、查询、查封、扣押等具体行政权力。法律集中授予了县级以上政府部门相同的监督检查权，但对于省、市、县级政府之间的具体职权应当如何分配、如何行使的规定并不明确。同时，法条中也没有关于各级政府内部组成部门之间的权限划分的一般性规定，完全授权中央政府和省级政府自行规定。所以，当前既没有确立清晰的纵向权力配置模式，也没有关于横向权力配置的基本规定，法律中有关市场监管权力配置的内容功能薄弱。

　　如上所述，目前法律中的市场监管权力配置功能很薄弱，尚存很多空白部分。这些空白部分基本靠法规、规章予以补充。即使部分法律授予了市场监管部门具体的行政权力，但除了行政处罚的内容相对具体一些外，其他类型的行政权力内容并不十分清晰，这些权力如何行使以及市场监管过程中的其他管理权、执法权配置的具体内容，基本要靠法规和规章予以详细规定。同时，法律法规中还设立了一些新型制度，但新制度涉及的权力配置大多也交由法规和规章予以规定。目前法律的授权给法规和规章预留了很大的规范空间，也是造成权力配置内容不明确的重要原因。

2. 权力配置方式尚待细化

如上所述，我国目前法律中的市场监管权力配置功能薄弱，原因在于其对权力的配置过于粗放。"法律授权中央政府和省级政府确立和调整内部职能部门和下级地方政府职权的权力，实际上赋予了国务院和省级政府进行权力配置的权力，从而成为法律授权的重要补充，可以更加灵活和具体地对地方政府的行政职权进行配置。"[1] 这样的权力配置方式虽然可以增加灵活性，但却无法改变法律确定的"上下同构"的基本职权格局，无法更好地发挥组织法的功能。我国目前的行政组织法立法比较粗疏。现行的行政组织法律体系的主要组成部分包括《国务院组织法》《地方各级人民代表大会和地方各级人民政府组织法》《国务院行政机构设置和编制管理条例》《地方各级人民政府机构设置和编制管理条例》。《国务院组织法》只有 20 个条文，对机构设置的规定非常简略，《地方各级人民代表大会和地方各级人民政府组织法》的内容相对具体一些，但是也没有为地方机构设立、撤并规定明确的条件、标准和程序。[2] 如果组织法能够细化权力配置，构建一种适应我国当前社会发展需要的基本职权格局，将对稳定我国权力配置进程、推动法治进步具有重要意义。

此外，我国当前市场监管权力配置体系存在权力内容重合与权力主体重合的问题。权力配置中内容和影响领域的重合加剧了权力配置体系之间的矛盾，也反映了权力配置方式过于粗放的现状。如前所述，法律在授权时采用集中和分散授权、概括和具体授权的方式，这使得各种监管权力的内容以及主体之间的权力发生重合，职权主体不能准确界定各自的权力，难题来源于两个方面：一是与权力

---

〔1〕 徐继敏：《论省级政府配置地方行政权的权力》，载《四川大学学报（哲学社会科学版）》2013年第 4 期。

〔2〕 参见刘小妹：《机构改革与组织法律体系的革新》，载《西北大学学报（哲学社会科学版）》2019 年第 3 期。

重合的其他主体之间的权力究竟怎样界分？二是概括性权力如何明确其内涵和外延？法律规范还会将某些职权授予两个或者两个以上的机关或者部门同时行使，但并未规定这些主体之间如何具体划分职权、如何进行有效协调。法律对于综合性、专业专项、行业性市场监管部门职权的分别授予使得权力配置在监管领域之间也出现重合。因此，权力内容和权力影响领域的重合使得我国市场监管权力体系异常复杂。当代市场体系的复杂性导致对市场监管领域的划分比较困难，各个领域之间有时也并不存在明晰的界线，在这种状况下法律的权力配置确实无法准确避免监管领域的重合，但过多的重合却又极易影响权力配置的效率，造成执行困难。"一个有效政府，应更多强调政府对于市场监管的结果，应当做到资源优化配置，应当取得监管效率，即监管收益大于成本。"[1] 以此为目标，对政府市场监管权的配置应当更为细化、精准，以实现权力配置的具体化和效益最大化。

（三）权力配置综合性要求的不匹配性

1. 市场监管机关内部职能整合有待进一步优化

随着 2018 年国家市场监督管理总局的组建，我国在中央层面的市场监管权从原先多部门分散化监管的局面趋向于集中和统一。这对推进构建全国统一大市场、深化我国社会主义市场经济体制改革、推动我国社会主义市场经济高质量发展具有非常重要的战略意义。然而，整合后的市场监管机关内部在职能上如何分工和配合，尚不十分明晰。从目前国家市场监督管理总局内设机构的设置来看，呈现出一定程度的机械组合特征，即将原先分散在多部门的市场监督管理权机械地拼装和组合在当前的国家市场监管总局这单一部门的内部。

具体来说，可能存在两点应调整之处：其一，内部职能划分标准不统一，导致内设机构的监管职能可能出现交叉。例如，网络交易监督管理司、广告监督管理司、产品质量安全监督管理司等内设机构之间可能出现监管交叉和重叠。网络交易既可能涉及广告监管问题，也可能涉及产品质量安全监管问题。再如，价格监督检查和反不正当竞争局与反垄断执法司、网络交易监督管理司等内设机构之间在价格监管范畴内也可能出现监管交叉和重叠问题。反垄断执法的重要内容之一就是监管涉及价格的垄断行为。网络交易也不可避免会涉及交易价格。其二，同一领域监管权力分工可能整合性不足。例如，在市场竞争监管领域，不仅分设

---

[1] 罗刚、徐清：《论市场监管法的地位——以市场监管法和市场规制法的关系为视角》，载《天津法学》2011 年第 2 期。

了垄断监管和不正当竞争监管两大子领域，还在垄断监管范畴下分设了竞争政策协调司、反垄断执法一司、反垄断执法二司。在产品质量安全监管领域，不仅从"产品"中单独区分了"食品""特种设备"等特殊产品的质量监管内设机构，而且从"食品"中又特别考量了"餐饮食品""特殊食品""食品安全抽检"等细分领域。同一领域监管权力分工越细、分工标准越不统一，越容易产生监管权交叉和重叠问题。一方面这可能会导致监管资源的浪费，另一方面可能会出现相互推诿、权责不清等问题，最终降低市场监管效率，影响市场监管效能。

因此，集中和统一的大市场监管权力内部如何进一步整合和优化职能分工，构建权责明晰的市场监管内部体系，并建立健全市场监管内部协调机制，是进一步深化市场监管体制机制改革的主要方向和着力点之一。

2. 市场监管机关横向职能交叉

同级政府的横向职能交叉容易导致职能交叉地带职责不清，出现多部门互相"扯皮""踢皮球"的情况，降低政府工作积极性与工作效率，逃避政府部门应当承担的责任。而且，同级政府的横向职责不清会导致市场监管过程中协调成本增加，甚至出现因为协调不当而导致的监管缺位、监管真空。

要解决市场监管机关横向职能交叉、职权不清的问题，要真正实现市场监管职能的深度融合，就必须将所有直接与市场监管有关的职能尽可能按照技术可能性和操作便利性原则进行整合。自2018年起的机构改革对市场监管职能的整合主要体现在运用"N合一"的方式实现主要市场监管部门的大部制改革。但观察政府部门改革后的职能分配，市场监管部门依然与公安、农林、卫计、住建、城管等政府职能部门之间存在一些职责交叉和工作协调的问题。地方政府在改革过程中并没有完全整合与市场监管相关的职能，改革以后市场监管职能部门和其他承担市场监管相关职能的部门之间权责交叉现象依然存在，市场监管职能整合的空间还很大。

3. 市场监管机关人员配备不够合理

区县级市场监管职能部门主要的职能定位是市场监管执法，基于此，区县市场监管在人员配备上应该充分保障执法职能的行使。换言之，从职位类别来看，区县市场监管职能部门的大多数职位应属于行政执法类岗位，或基于行政执法需求而配备相应的专业技术岗位。但我国传统市场监管主要是"以管代监"的模式，市场监管主要通过管理手段进行，在定职能、定机构和定编制（下文简称

"三定"）的过程中，由于监管机构的职能定位于管理而非市场监管执法，所以机构和编制设置倾向于综合管理机构，导致大量的区县级市场监管职能部门的职位类别属于综合管理类，行政执法类和专业技术类人员缺乏，这就造成了市场监管机关人员配备不合理的局面。

在开展大部制改革后，区县级市场监管职能部门的职能定位依然未脱离"以管代监"的传统路径上，在机构设置中的人员配置环节，半数以上的编制仍属于综合管理编制。这种人员配置反映出区县市场监管职能部门存在着严重的"机关化"和"管理化"问题，与基层市场监管职能部门的职能定位不相符合，职能定位在"以管代监"与现实需要的监督执法相矛盾，就导致市场监管执法力量的薄弱，执法功能难以有效发挥。如果要强化监管执法尤其是事中事后监管执法，就需要对市场监管职能部门的"三定"进行重构。重构的基本取向就是强化区县市场监管职能部门的执法职能，并充分保障行使市场监管执法所需要的人员编制，扩充行政执法类人员和专业技术类人员，摆脱人员配置不合理的困境。

（四）权力央地配置中事权的不明确性

事权与财权是央地权限划分的重要内容，事权和支出责任划分是建立现代财税体制的起点和基础，财权的配置应该服务于事权配置，实现事权与财权的基本对称。换言之，央地权限划分中事权是否明晰，对于建设成熟稳定的央地财政体系具有重要意义。聚焦"十四五"全面开启现代化建设新征程的阶段特征，应持续优化政府间事权和财权划分，形成稳定的各级政府事权、支出责任和财力相适应的制度，为全面建设社会主义现代化国家提供有力的支撑。[1]

根据目前的主流观点，中央与地方权限的划分是以事务的影响范围为标准：①全国性和跨省（自治区、直辖市）的事务，由中央管理，以保证国家法制统一、政令统一和市场统一；②属于面向本行政区域的地方性事务，由地方管理，以提高工作效率、降低管理成本、增强行政活力；③属于中央和地方共同管理的事务，要区别不同情况，明确各自的管理范围，分清主次责任。[2] 这是合理划分中央与地方事权的指导原则，也符合国际上的惯例。

---

〔1〕　参见王蕴：《"十四五"时期优化政府间事权和财权划分研究》，载《宏观经济研究》2021 年第 2 期。

〔2〕　参见《中共中央关于完善社会主义市场经济体制若干问题的决定》，载中国共产党新闻网，http://cpc. people. com. cn/GB/64162/64168/64569/65411/4429165. html，最后访问日期：2021 年 4 月 11 日。

但是，仔细分析这一央地权限界分标准不难发现，其中的诸多定义仍需进一步明晰，哪些是"全国性事务"，哪些是"地方性事务"，哪些是"跨区域事务"，目前仍然缺少权威且全面的界定。在同一个事权界定之中分析中央与地方权限的划分，究竟是采用地理位置区别的界定方法还是采用以决定主体为标准的政策性界定方法，可能会有截然不同的结果。事实上，央地权限的划分标准问题并非简单的技术性问题，而是一个涉及政治权力结构、国家治理模式等因素的深度理论问题。[1] 然而，已有的操作实践和研究成果的共同问题是过于"重技术"而"轻理论"，缺乏一种更深层次、明确的价值指引。技术性分析的优势在于现象解释，其缺点在于缺乏理论性，且很难提出富有深度与现实回应性的解决方案。

在我国分税制的大背景下，中央与地方的财权划分与财政体系构建，很大程度上仰仗于事权的界定是否明晰且准确，如果没有清晰的界定，根据我国中央集权的单一制国家结构形式和长久以来形成的权力观念，事权自然会出现"下放"的态势，上下同构现象严重，并且中央收入多支出少，地方收入少支出多，造成了中央与地方的不平衡发展。在面临较大经济下行压力的情况时，财政收入新增空间进一步缩小，地方发展经济和保障基本公共服务的负担相对更重，财政收支紧张，压力更明显。根据中国财政科学研究院的研究数据显示，2015 年以来，地方财政自给率总体呈逐年下降态势，2019 年仅有上海、北京、广东、浙江、江苏、天津和山东 7 个省份，财政自给率超过 60%，事权划分标准不明晰导致事权不断"下放"，地方财政却无力支撑事务的不断扩张，如此循环往复，地方政府难以保证基本公共服务的质量，地方主动履职的积极性会受到打击，从国家整体来说会抑制总体发展的效率和积极性。

"权力是用来履行事权的，权力划分也应当以政府事权作为基础。一项事权归哪一级政府承担，与该项事权相关的管理权力也应归哪一级政府，不能脱离政府事权来讨论权力分配，否则势必造成有责无权、有权无责"[2]，有活力的市场秩序和现代化的国家治理体系应当是在维护党中央权威和集中统一领导的前提下，充分调动地方发展的积极性，而实现的关键基础则在于——央地权限划分中

---

〔1〕 参见沈广明：《论中央与地方立法权限的划分标准——基于公共服务理论的研究》，载《河北法学》2020 年第 4 期。

〔2〕 沈荣华、曹胜：《政府治理现代化》，浙江大学出版社 2015 年版，第 112 页。

明确的事权划分。但目前我国央地事权划分还存在很多不明晰之处，进一步改革优化的空间还很大，应当进一步细化立法，以"便利服务"原则和可操作性原则为宗旨，推动央地事权划分的科学化、准确化、动态化，保证各级政府事权、支出责任和财力相适应，保障良好的公共服务持续稳定运行。

四、实体性权力配置问题的解决

（一）建立现代化的监管理念

在市场监管权力的配置过程中，无论是域外的经验还是国内的现实情况都表明，监管治理体系的建构在一定程度上反映了特定社会环境下的监管理念。要构建适应社会主义发展新阶段的监管体系，解决监管权力配置中的问题，首先必须建立现代化的监管理念。

关于如何认识市场监管体系现代化，学界的观点并不一致，大致有以下几种学术观点：

第一种观点认为，建立现代化市场监管体系，关键要处理好几对关系。首先是要处理好私法秩序和公法秩序，以便确定市场监管的边界，确保"看得见的手"正确发挥作用；其次就是要处理好硬法秩序和软法秩序，以便确保建立一套良好的社会秩序；最后是要处理好民事和商事关系，以便建立良好的营商环境。在此基础上，需要进一步明确政府监管的有效性问题、不同监管手段的合理配置和组合运用、民商融合背景之下的市场监管问题。

第二种观点认为，要与时俱进地看待市场监管体系现代化。从历史的视角分析，市场经济的发展也经历了从自由市场经济向现代市场经济的转变，从政府对市场经济完全的自由放任到如今政府"有形的手"不断发挥着维护市场运行的职能。我国商事制度改革取得了巨大成效，在大部制下如何推进市场监管体系现代化，就需要对"放管服"进行全新的诠释，增加其中的现代性，根本的办法还是要运用信用监管的手段，不要过度运用行政许可的办法限制市场主体的发展。

第三种观点认为，研究市场监管体系现代化问题，要注重处理好市场监管的几个重点问题。一是市场体系现代化对监管体系现代化提出的新要求。我国市场主体依然受到政府过多的干预，政府职能的越位、错位、缺位问题依然很严重，市场监管体系要围绕着市场发挥决定性作用进行设计；二是提升市场监管体系的质量。新技术、新产业、新业态的出现，从对主体资格监管转向对主体行为监管，从事前准入监管转向事中事后监管，从经济性监管转向合规性监管，监管手段要从书面汇报转向依靠信息、数据、指标转变。

第四种观点认为，市场监管体系必须与现代市场体系相一致。有效市场不仅应该是充分竞争的市场，而且应该是有序竞争的市场。我国的互联网、大数据、人工智能已经与市场经济深度融合，市场监管也应该与互联网、大数据、人工智能深度融合。概括而论，我国企业发展的趋势表现为：核心业务全部在网上，管理全部靠软件，产品高度智能化，市场监管体系应该跟上市场经济发展的步伐。

第五种观点认为，现代化的市场监管体系不能是一种"猫抓老鼠"的体系。把一切人都假设为小偷，力图抓住一切小偷，这是根本不可能的，这种监管思想导致监管部门根本管不过来。现有的市场监管体系必须得到根本性的改革，变直接监管为信用监管；"人盯人"的监管方式必须转变为依靠互联网、大数据等方式监管；要引进"好人举手"等制度，在此基础上建立简约型监管体系，政府只负责合规性监管，管几个关键产品、关键环节就行，这样的市场监管才算具有现代性。

此外，还有一种观点认为，市场监管体系现代化是国家治理体系和能力现代化的重要组成部分。监管体系是监管制度的表现，更深层次的内容是法律法规、体制机制。建立新的市场监管体系，首先就要注重监管理念的统一，尤其是要加强法治化建设，重点是放在维护市场公平竞争方面，要着力构建竞争政策和反垄断、反不正当竞争政策。政府应进一步简政放权，提高办事效率，依靠市场监管体系有效运行实现高质量发展目标。

理论界关于何为现代化的监管理念众说纷纭，在政策执行的各个层面，不同部门对何为现代市场监管理念也有完全不同的理解。市场监管体系现代化，最大的难题就是真正确立现代化的监管理念，这对监管机构权力配置的研究具有重要的指导意义。

（二）优化实体性权力配置

1. 监管权力的增配

（1）权力的增加。与近代经济发展相适应，随着个人权利本位向社会本位的逐渐转变，法律逐渐背离极端的自由主义，开始对经济活动实施有限度的干预。[1] 在凯恩斯之前，德国历史学派学者李斯特就明确提出，后进国家无法通过放任自流使本国幼稚的商业得到发展。[2] 随着 20 世纪 30 年代凯恩斯主义的兴盛，现代国家干预无处不在，政府在调节市场失灵、规制无序竞争方面发挥着不可替代的作用。我国改革开放以来取得的巨大经济成就表明，中国特色社会主义市场经济的健康蓬勃发展无法脱离政府的有力支持和积极引导。面对无所不在的改革风险和成本因素，如果没有政府权力的干预，既不可能建立市场经济制度，也不可能完善市场经济体制。

随着政府改革的推进，切实简政放权，树立有限政府的理念成为社会共识。然而在这一过程中，存在着不少误区与误读，简政放权并不意味着放松监管，更不意味着管得越少的政府越是好的政府。波兰尼早年曾提出的著名的"双向运动"理论可以给我们一些启发。波兰尼指出，在商品化的市场经济中，经济活动在全部社会关系中占据决定性的地位，形成了经济自由主义的运动；而在经济自由主义运动的影响下，市场机制的弊端对社会关系带来了侵害，于是产生了反向的社会自我保护运动。[3] 在市场化和反市场化的"双向运动"中，有些人只注意到了市场在配置资源上的效率性和优先性，但波兰尼等学者更多地关注到市场配置资源的不足，强调政府适度干预、适度监管的重要性。简政放权并不意味着放松监管，更不意味着管得越少的政府越是好的政府。应该注意到，以往计划经济时代乃至改革开放后的很长一段时间内，政府与市场的关系严重失衡，监管权力过大压制了市场经济的发展。然而因为既往的管制存在明显的"过度"倾向而将监管的改善对策单纯归结为"放松监管"，甚至根本否定市场监管制度的观点实不足取。必须认识到，所谓"简政放权""有限政府"，最根本的核心还是在于厘清政府与市场的边界，不属于政府管理、市场能够自行调节的领域，政府不得介入；市场无法调节或者调节不好的领域，政府才能干预。这绝不代表政府应该放弃对市场的监管，任由市场经济野蛮生长，历史的一次次教训时刻都在提醒我们，如果完全脱离政府的监管，市场失灵的问题无法通过市场本身解决，良好有序的竞争环境也难以长久维系，市场会陷入无序竞争的困境。因此，在监管

---

〔1〕 参见薛克鹏：《经济法基本范畴研究》，北京大学出版社 2013 年版，第 113 页。

〔2〕 参见华民等：《不均衡的经济与国家——国家干预经济的目的和方法》，上海远东出版社 1998 年版，第 23 页。

〔3〕 参见［英］卡尔·波兰尼：《大转型：我们时代的政治与经济起源》，冯钢、刘阳译，浙江人民出版社 2007 年版，第 136、114、164 页。

权力的配置过程中，切勿因噎废食，否则可能导致监管权力的缺位。

事实上，在市场监管体系现代化建设中，一些新兴和重点领域的监管不但未到达过度监管的程度，甚至可能存在监管不足或监管缺位，如现代互联网技术、区块链和人工智能等新技术的发展就对市场监管提出了新的挑战。另外，当前我国在事前监管这一侧的改革逐步推进，而事中与事后的配套监管措施没有及时跟进，稍显滞后。在从直接监管向信用监管转变的过程中，信用监管亦可能使执法部门的职权处于弱化状态，导致执法的威慑力下降。

解决这些问题需要立法对监管机构进行"赋权"，使监管机构有法可依，要在法治的基础上科学、准确地对监管权力进行增配。在面对新兴领域的迅速发展时，无论是事前、事中还是事后的配套监管措施都要及时跟进，避免监管的缺位。

（2）权力与权力的联合。在组织体系上，多头、分段监管等问题仍然存在，监管职能分散的体制缺陷无法通过简单的高层议事协调机制加以解决。"多龙治水"的权力配置格局造成执法权相对分散，监管碎片化和威慑力不足问题突出；客观上，还存在监管职权的交叉重叠，事权不明极可能导致出现多重监管或无人监管的极端情况；此外，考虑到信息在部门间传递的时滞与损耗，监管部门间若没有建立一套开放共享、统一有效的信息系统，部门间信息沟通不畅，势必导致行政成本的增加和行政效率的降低，直接影响最终的监管效果和共治水平。

因此，针对监管权力配置分散化的问题，应当对同一领域不同部门之间监管职能存在的重叠和交叉进行整合，中央和地方层面职能重复的机构均要进行整合，促进监管权的相对集中。合理缩减不同领域监管机构的数量，整合监管资源，提升监管能力和监管水平。在处理中央和地方的监管职能分配上，应当坚持中央机构对地方机构的领导，同时明确中央和地方各自的监管职能和范围。

具体来说，市场监管权的配置应当尽量采用综合性监管结构，削减狭窄型的专业监管机构，对相关领域统一进行监管。同时，对于分散在其他综合政策部门的监管权，应该进行清理和回收，对市场监管机关和部门内设机构进行深度整合优化，迅速解决多头执法问题，保证监管机构监管权的统一，避免职能横向交叉带来的职权混淆不清、相关机构互相"踢皮球"进而导致监管权缺位的窘境。

2. 监管权力的减配

（1）分权。学者们对政府权力的分权理论研究主要基于对"国家—市场—

社会"地位的重新审视。20 世纪六七十年代，西方市场经济国家普遍出现了一系列的社会、经济、政治危机，凯恩斯主义失灵，社会弊病丛生，政府改革呼声渐起。在此背景下，里芙琳、凯特等学者，都提出了有别于传统治理模式的理论模型，并将"分权"作为各自理论的核心内容。[1] 例如，里芙琳在《社会行动的系统思考》中提出了提升政府绩效的三元模式：分权、社会控制及市场模型；凯特在《全球公共管理革命——关于治理转型的报告》中，也把分权作为新公共管理运动的核心内容。

相较于传统的集权式监管体系，分权的管理方式具有新时代背景下的优越性。例如，现代社会普遍面临海量信息与迅速决策之间的矛盾，分权模式可以克服传统的监管模式无法对环境变化作出迅速有效反应的弊端；分权机构相较于集权机构而言更有效率；分权机构具有更强的责任感和创新精神；等等。

分权包括在行政系统内的分权，和行政性的权力分解给自治主体。

第一，关于行政性分权。应该说，分权化已经成为一股不可逆转的时代潮流。当然，在我国市场监管语境下，监管权力的分权又有其特殊之处。一般而言，监管权力的分权应该主要围绕横向和纵向两个维度展开，即中央层面监管系统内各机构的权力分配（横向维度）和中央—地方之间的权力划分（纵向维度）。对监管权力纵向划分的研究是重点，亦是解决监管权力、监管资源与监管任务不匹配问题的关键。

当前，深化"放管服"改革、转变政府职能工作进一步推进，"事权分级"成为监管的重要原则。以人身保险监管工作为例，在原中国银行保险监督管理委员会制定的《人身保险公司监管主体职责改革方案》实施前，人身保险公司均由原中国银行保险监督管理委员会直接监管。但是监管权力的过度集中可能导致一系列问题，例如，无法发挥派出机构的属地优势，不能很好把握单体机构的潜在风险等。改革之后，根据综合考虑公司系统重要性、资产规模、风险状况等指标，监管对象被划分为直接监管和属地监管两类，从而改变了之前原中国银行保险监督管理委员会直接监管的局面，有助于进一步完善监管体制机制，落实监管

<hr />

[1]　参见 [美] 戴维·奥斯本、特德·盖布勒：《改革政府：企业家精神如何改革着公共部门》，周敦仁等译，上海译文出版社 2021 年版；[美] B. 盖伊·彼得斯：《政府未来的治理模式》，吴爱明、夏宏图译，中国人民大学出版社 2001 年版；Alice M. Rivlin, *Systematic Thinking for Social Action*, Washington, D. C.：Brookings Institution Press, 1971；Donald F. Kettl, *The Global Public Management Revolution：A Report on the Transformation of Governance*, Washington, D. C.：Brookings Institution Press, 2000.

主体责任，有效化解和防范重点领域风险。

当然，在权力下放的过程中也应当避免认识误区，"放权"而不"放水"。在实践工作中，一些部门对监管权力下放的后续监督必要性认识不足，监管权力下放"一放了之"。因此，监管权力下放的一项重要内容，就是确保下放的权力能得到有力、有效的监督，放管并举，方能使改革得到最大的成效。在权力下放的过程中还要注意体系性、整体性地推动改革进程，要避免各地改革的不平衡，避免出现个别地区改革迟滞的情况，要引导各部门、各地方协同推进监管体制改革，加快建立适应简政放权改革持续推进的、监管权限与职责分明的制度和机制。

第二，关于行政性权力分权至平台经营者。平台经营者具有双重身份，在参与市场竞争的同时，也掌握平台内经营者的相关信息，并由此对平台内经营者进行规范和审查，审查方式包括形式审查和实质审查。[1] 平台经营者对平台内经营者进行资质审核，起到履行平台管理责任、保障消费者权益的作用。而对于平台经营者违反资质审查义务的责任承担，其中，当平台经营者违反形式审查义务时，应当承担直接侵权责任；当平台经营者违反实质审查义务时，应当承担间接侵权责任。[2] 并且，尽管网络平台是"虚拟空间"，但如今网络平台已经成为"公共场所"，基于平台的公共属性，平台经营者承担安全保障义务。安全保障义务的本质是一种管控的义务，平台的角色不再仅仅局限于守夜人，而应当积极作为，履行相应的注意义务，并为消费者所遭受的损失承担按份责任。当然，更加细节性的责任和规范需要进一步探索和完善。

一些国家和地区已经对大型平台企业设置了更多的义务和责任。如欧盟《数字市场法》中的"守门人"制度，美国等也从义务的角度对大型平台企业设置了诸多限制性义务，旨在从根本上阻止占据主导地位的大型平台企业利用其垄断权力扭曲或破坏公平竞争。在确立义务的同时，还应当对大型平台日常经营行为进行授权性的监管。

授权的范围应当限于经营性活动，包括售前、售中和售后。售前如资格准

---

[1] 参见孙晋、袁野：《论平台经营者的民事法律责任——〈电子商务法〉第38条第2款的解释论》，载《财经法学》2020年第1期。

[2] 参见陈星、杨小艺：《论电商平台经营者"相应的责任"的法律适用》，载《重庆邮电大学学报（社会科学版）》2020年第4期。

入，证照核验；售中的监管权力包括标识完整性监管、宣传合法性监管、产品质量监管等；售后监管主要是消费者权益保护过程中的监管。

对于平台经营者而言，需要进一步赋权的是技术性监管的手段和适时监管的方式。其中技术性监管是平台监管的优势所在，但技术监管不能侵害平台内经营者的合法利益。

（2）限权。在社会的资源配置系统中，市场配置和政府配置是两种最重要的子系统。波兰尼提出的"双向运动"理论强调，经济活动在社会关系中居于决定性地位；而与此相对，为了防止市场失灵给社会机制带来的负面影响，需要政府对经济进行干预。[1] 然而，权力本身具有极易扩张性。

要对权力进行必要的限制，最根本的方法就是要树立并且切实践行法治思维。权力限制的必要性来自必须保障的人的自由、人性的固有缺陷以及权力的自我扩张特性。[2] 美国法学家博登海默有言："法律的进步作用之一乃是约束和限制权力，而不论这种权力是私人权力还是政府权力。在法律统治的地方，权力的自由行使受到了规则的阻碍，这些规则迫使掌权者按一定的行为方式行事。"[3] 法治思维的根本就在于限制权力的任意行使，限制政府权力的不当扩张。

法治的一个重要使命就是保障市场和政府两个配置系统各尽所能，切实简政放权，在不涉及公共物品、公共利益的领域，充分保障市场的自由。应该树立、践行法治思维，重新激活行政组织法的作用，摆脱行政组织法过于简略、迟滞于现实的现状，让行政权力配置真正做到有法可依、有法必依，避免过于依靠法规、规章填补法律空白。虽然法规、规章的形式灵活性较强，但法律给法规、政策的留白空间越大，权力的寻租空间也就越大，越容易滋生腐败等各种乱象，要限制监管权力，让监管权力在合理的范围运行。简政放权、建设"服务型"政府离不开法治思维的树立和践行。

具体到市场监管领域，监管权的设立必须符合特定的市场条件并经严格的程序审议。滥设监管权不仅无助于市场秩序的建立，反倒扭曲市场机制、破坏游戏

---

〔1〕　参见［英］卡尔·波兰尼：《大转型：我们时代的政治与经济起源》，冯钢、刘阳译，浙江人民出版社 2007 年版，第 136、114、164 页。

〔2〕　参见后向东：《权力限制哲学：权力限制模式及其作用机制研究》，中国法制出版社 2018 年版，第 39~50 页。

〔3〕　［美］E. 博登海默：《法理学：法律哲学与法律方法》，邓正来译，中国政法大学出版社 1999 年版，第 372 页。

规则。监管机关的执法活动必须在法律的框架内运行。全体监管执法人员必须树立法治思维和有限政府的观念，确保权力在法治的框架下活动，减少过多的不必要的监管。此外，还要对监管权力进行监督和制约，避免监管权本身无人监督的情况，防止监管权力一家独大进而滋生腐败。要真正做到监管不越位、不错位、不缺位，扫清市场经济发展的制度性障碍，进一步释放我国经济蕴藏着的巨大潜力，充分激发市场活力和创造力。

（3）分权与限权的相互制约。互联网平台是一种非常特殊的主体，基于身份的特殊性，立法将一部分权力下放给平台，但同时，下放的权力可能被滥用。所以需要技术性地解决如何分权并合理限权的问题。

"单纯通道"理论，认为网络平台的性质与传统邮政公司与电话通信并无区别，只是单纯传送消息的技术通道。[1] 然而在信息时代下，网络平台凭借技术优势和平台规则正在重塑互联网秩序，不再停留于"单纯通道"的消极角色，具备了影响网络行为的动机与能力。[2] 针对网络平台的公共属性和其实际的管理权力，立足于平等民事主体之间的民法救济手段显然已经不能完全保障处于弱势地位的消费者的合法权益，此时公法规制手段的引入就为实现网络交易的公平秩序提供了新的思路。

鉴于网络平台由私人设立并运营，传统观点认为网络服务提供者属于传统市场经营者，属于民商法范畴中的私主体，只享有权利而非权力，这种建立在政治国家与市民社会二分的基础上的区分已越来越不适应互联网时代的新变化。总结权力概念的共性可以发现，是否存在事实上的支配力与影响力是识别权力的实质标准。权力不必然指向公权力，私主体同样可以行使权力，即私权力。"私"意味着权力的主体仍是私主体，"权力"则表明其已经拥有了"哪怕遇到反对也能贯彻自己意志的机会"。[3]

网络服务提供者除了属于传统民商法私主体范畴，也是商业性的通信基础设施、商务环境和网络秩序的建设者，实际上兼具平台服务提供者及网络秩序管理

---

〔1〕 See Gavin Sutter, "Don't Shoot the Messenger? The UK and Online Intermediary Liability", *International Review of Law, Computers and Technology*, Vol. 17, No. 1., 2003, pp. 73-84.

〔2〕 参见解志勇、修青华：《互联网治理视域中的平台责任研究》，载《国家行政学院学报》2017年第5期。

〔3〕 刘权：《网络平台的公共性及其实现——以电商平台的法律规制为视角》，载《法学研究》2020年第2期。

者的双重身份。[1] 法院在司法实践中也认可了平台作为"管理者"制定和实施平台规则，并对违反平台规则的行为进行处罚的合法性。在"沈阳诉杭州网易雷火科技公司案"中，法院指出被告不仅是网络的"服务者"，还是"管理者和维护者"，"对不遵守网络秩序和不履行义务的网民有相应的处罚权利，才能真正使网络服务者维持良好的网络秩序"，所以被告有权单方采取封号措施。[2] 虽然平台并非公权力组织，但基于维护网络秩序的公共职能以及地位和实力的优势，其与消费者之间形成实际上的管理与被管理的关系。带有管理性质的平台权力不属于典型的私权力。因此，不应当将平台视为单纯的私主体，其基于管理需要制定的格式条款也不应当被视为单纯的商事行为。

所以，互联网平台所拥有的权利和权力复合体属性，决定了国家监管权力的下放，只能以法律授权为基础，不能由监管主体任意授权。

（三）建立光谱式监管体系

光谱式监管体系的建立是在公共性互联网企业监管领域落实共治共管观念的直接举措，是对中央"加快形成党委领导、政府负责、社会协同、公众参与、法治保障的社会管理体制"要求的坚决贯彻。

1. 基本含义

光谱式监管体系强调发挥社会治理层次的多元合作，其主要体现于参与主体和监管措施两个方面。就光谱式监管体系的参与主体而言，包括政府、企业、民间组织、技术社群、学术界、国际组织和其他利益相关方，它们根据各自的作用共同参与互联网的治理。就光谱式监管体系的监管措施而言，提倡改整治为利导，去刚性为柔性，换强制为疏解，废监管为服务，运用服务工具以及激励性手段，在治理中展现非对抗性。

具体来说，光谱式监管体系的参与主体和监管职能主要包括以下几类：

（1）国家政府部门：国家网信部门、国务院电信主管部门、公安部门、国家标准化行政主管部门、负责关键信息基础设施安全保护工作的部门、各级人民政府及其有关部门、其他有关机关、中央军事委员会。这些机构在各自的范围内实施监管，特殊情况下，实施联合监管。

---

〔1〕 参见高富平主编：《网络对社会的挑战与立法政策选择：电子商务立法研究报告》，法律出版社2004年版，第12~15页。

〔2〕 参见《浙江省杭州市中级人民法院（2017）浙01民终6401号民事判决书》。

（2）网络运营者（所有者、管理者、网络服务提供者）、关键基础设施的运营者、电子信息发送服务提供者、应用软件下载服务提供者：履行网络安全保护义务，接受政府和社会的监督，承担社会责任。

（3）行业组织：按照章程，加强行业自律，制定网络安全行为规范，指导会员加强网络安全保护，提高网络安全保护水平，促进行业健康发展。

（4）企业、研究机构、高等学校：参与国家标准、行业标准制定；参与网络安全技术创新项目。

（5）网络安全服务机构：开展网络安全认证、监测和风险评估等安全服务；网络安全信息共享。

（6）教育培训机构（企业、高等学校、职业学校）：开展网络安全相关教育与培训，采取多种方式培养网络安全人才，促进网络安全人才交流。

（7）大众传播者：网络安全宣传教育任何个人和组织、用户、从业人员、关键岗位的人员、安全管理机构、安全管理负责人、直接负责的主管人员、其他责任人员、举报人，利用大众媒介进行正当的监督。

光谱式监管体系的具体监管措施是落实共治共管观念的重中之重。

2. 光谱式监管措施的构建

光谱式监管措施，就是量体裁衣、对症下药，针对不同危害程度的行为采用不同程度拘束力的监管措施，保护公共性互联网企业创新的积极性，引导互联网经济健康稳定发展。

我国互联网经济的主要特点是发展速度快，活跃程度高，新产业、新模式、新手段不断涌现，公共性互联网企业作为互联网经济的轴心，走在互联网创新的前沿，许多行为往往涉及立法空白之处，这些行为的合法与否、外部性正负常常难以确定，即便有造成社会危害结果之虞，危害性大小也值得商榷。如果仅仅采用传统强制性规制措施对公共性互联网企业的经营活动进行规制难免有矫枉过正之嫌，既有损公共性互联网企业创新的积极性，又不利于互联网经济的繁荣发展。光谱式监管措施的构建正是为适应互联网经济发展的新形势而采取的举措。光谱式的监管措施的构建，要求贯彻好监管的事前、事中、事后结合原则，覆盖公共性互联网企业行为的方方面面。

（1）柔性管理措施。光谱式监管柔性管理措施主要包括备案制度，许可证制度，报告制度，关注制度，约谈制度，产品安全监测、预警制度，提供综合或专项评估等措施。

第一，备案制度。备案制度是被监管对象主动向监管部门提供相关信息，以供监管部门及时了解其最新情况，方便监管。从各个行业准入的备案，到被监管对象相关信息变动的备案，备案是每一家互联网企业必经的程序。与传统监管领域相比，网络市场具有经营主体虚拟性、交易无地域性、违法行为高技术性等特点，实行备案制度，有利于规范网络安全，维护网站经营者的合法权益，保障网民的合法利益。如根据国务院《互联网信息服务管理办法》和工业和信息化部《非经营性互联网信息服务备案管理办法》规定，国家对非经营性互联网信息服务实行备案制度。未取得许可或者未履行备案手续的，不得从事互联网信息服务，否则就属于违法行为。实名制备案是所有的互联网企业必须遵守的义务，也是后续监管的前提。

第二，许可证制度。许可证制度，是指行政机关根据公民、法人或者其他组织的申请，经依法审查，准予其在特定领域从事特定活动的制度。构建完善的许可证制度是保障互联网产业稳健运行和整个互联网体系安全的重要前提。

对于提供教育、医疗、金融、信息查询等涉及公共利益和国家安全的特殊服务的公共性互联网企业，应当适用许可证制度。例如，根据2024年5月1日正式施行的《非银行支付机构监督管理条例》，非银行支付机构提供支付服务，应当取得支付业务许可证，才能进行相关业务运营。另根据《电信条例》，国家对电信业务经营按照电信业务分类，实行许可制度。经营电信业务，必须取得国务院信息产业主管部门或者省、直辖市、自治区电信管理机构颁发的电信业务经营许可证。

第三，报告制度。报告属于被监管对象依据法律法规向监管部门主动披露信息的第二种手段，目前在互联网企业的设立、存续运营和终止三个阶段都适用。报告义务与产品服务提供者的安全保障义务相关联，主要在产品、服务出现安全缺陷、漏洞风险等突发性事件发生时需经营者履行。报告义务的履行有两个要素：一是及时履行，二是报告内容的清楚、明确。公共性互联网企业涉及的用户范围广，且关乎国家网络安全。由于网络技术不可避免会存在漏洞、缺陷，表现为易被更高的技术破解、感染病毒等，公共性互联网企业及时、清楚地履行报告义务，对监管部门及时、准确地启动应急机制、采取补救措施、统筹全局是至为重要的一环。因此，公共性互联网企业有必要在应急措施中加强对报告义务的重视。如《网络安全法》第22条第1款规定："网络产品、服务应当符合相关国家标准的强制性要求。网络产品、服务的提供者不得设置恶意程序；发现其网络产品、服务存在安全缺陷、漏洞等风险时，应当立即采取补救措施，按照规定及时告知用户并向有关主管部门报告。"《网络安全法》第47条规定："网络运营者应当加强对其用户发布的信息的管理，发现法律、行政法规禁止发布或者传输的信息的，应当立即停止传输该信息，采取消除等处置措施，防止信息扩散，保存有关记录，并向有关主管部门报告。"

第四，关注制度。关注制度是监管部门向被监管对象出具书面关注函，表明监管部门对被监管对象某一方面或某种行为表示关注的态度，属于柔性监管措施。

关注函有以下几个特点：首先，关注函是监管部门监管态度的表达——重点关注被监管对象的疑似违规行为；其次，它明确了被监管对象的疑似违规违法点；再次，关注函可以要求被监管对象谨慎处理某类业务、提供相应的说明与履行信息披露义务等；最后，若被关注对象未按要求披露信息、改变违规行为，会引发后续的强制监管手段。

公共性互联网企业的运营，关乎平台内经营者及其广大用户的利益。而关注函作为一种柔性手段，给企业以说明和整改的机会，对公共性互联网企业本身的发展和用户利益的保护都是较好的监管措施。

第五，约谈制度。公共性互联网企业为广大公众提供了丰富、便捷的服务，但由于部分企业追求商业利益等，有时会在竞争过程中出现损害良好竞争秩序的情形。由于互联网外部效应较为明显，此时公众利益和国家安全极易受到损害。但这种无序竞争并未上升到违法的层级，监管主体若采用警告、罚款等手段不仅于法无据，而且有处罚过当之虞，此时需要一种柔性手段对企业加以引导，防止市场失灵的现象继续扩大，并回归到有序竞争上来。

具体到对公共性互联网企业规制角度而言，约谈是指监管主体采取谈话、听取意见、提供信息等手段，对公共性互联网企业提出建议、指导、劝告、要求等，以对所涉事项中的问题予以规范纠正或加以预防的行为。约谈契合了社会治理由"反应型"向"预防型"转变的时代任务，内化了服务行政的理念。监管主体和相对人在约谈行为中避免了对立和冲突，不仅有利于实现行政监管目标，提高行政效率，而且可以最大程度上获得相对人的认可和配合，从而减少监管成本。

作为监管手段，约谈的拘束力较弱，仅仅起到督促整改的作用，因此其适用范围较广。根据《互联网新闻信息服务单位约谈工作规定》（业界简称为"约谈十条"），当发生严重违法违规情形时，国家互联网信息办公室、地方互联网信息办公室可以约见其相关负责人，约谈过程应当符合法定程序。结束约谈之后中央网络安全和信息化委员会办公室可以进行监督检查与综合评估，未按要求整改，或经综合评估未达到整改要求的，将依照《互联网信息服务管理办法》《互联网新闻信息服务管理规定》的有关规定给予警告、罚款、责令停业整顿、吊销许可证等处罚。

要注意到，约谈本身拘束性较弱，监管主体不会借此恐吓相对人，并且相对人有不接受约谈的权利。否则约谈将异化为行政命令，失去了其作为柔性规制手段的特点。

第六，产品安全监测、预警制度。产品安全监测与检查是监管部门把控互联网经营者所推出的产品与服务的质量、维护消费者权益的监督检查制度。《网络安全法》第51条规定："国家建立网络安全监测预警和信息通报制度。国家网信部门应当统筹协调有关部门加强网络安全信息收集、分析和通报工作，按照规定统一发布网络安全监测预警信息。"

第七，综合或专项评估。评估一般是指对公共性互联网企业本身的网络安全性和可能存在的风险进行评估。可以由企业自己进行评估，也可以由中央网络安全和信息化委员会办公室委托网络安全服务机构对其进行检测评估。《网络安全法》规定，关键信息基础设施的运营者应当自行或者委托网络安全服务机构对其网络的安全性和可能存在的风险每年至少进行一次检测评估，并将检测评估情况和改进措施报送相关负责关键信息基础设施安全保护工作的部门。

上述法律中对关键信息基础设施的评估要求可以扩大到对公共性互联网企业的业务中，只是不必要求一年一次，而是根据运营情况的需要进行定期或者不定期的评估，以确保企业稳健运行。当然，评估也可以是监管主体进行下一步监管行为的前置程序，如在约谈之后，如果被约谈人经综合评估未达到整改要求，将依据情节给予警告、罚款、责令停业整顿、吊销许可证等处罚。

（2）刚性管理措施。柔性措施至少具有两个缺点：一是欠缺强制性，二是规制生效周期较长。这种缺陷导致了其无法解决互联网产业突发性的危险，有时也无力吓阻公共性互联网企业的不当行为。此时就需要引入刚性措施加以补充。

刚性措施主要包括投资限制、暂停新产品或服务上线运行、停止产品或服务运行、传统行政责任、刑事责任等措施。

第一，投资限制的主要形式是市场准入负面清单，核心内容是根据不同行业领域性质，分类明确相应准入规则。对于充分竞争领域，实施宽进严管，大幅减少准入限制；对于涉及国家安全、国民经济命脉和重大生产力布局、战略性资源开发、重大公共利益的领域，可以设定准入限制，但必须依法依规进行；对于新业态新领域，尊重行业发展规律特点，前瞻性部署相应准入体系，更好促进新质生产力发展。市场准入负面清单制度的实施具有重要意义，它是发挥市场在资源配置中的决定性作用的重要基础，有利于落实市场主体自主权和激发市场活力，形成各类市场主体依法平等使用生产要素、公开公平公正参与竞争的市场环境和统一开放、竞争有序的现代市场体系；也是更好发挥政府作用的内在要求；还是构建开放型经济新体制的必要措施，有利于加快建立与国际通行规则接轨的现代市场体系。

第二，暂停新产品或服务上线运行。对于公共性互联网企业推出的新产品或服务，如果监管机构发现其不具备上线运行资格（包括但不限于违反相关法律法规或道德规范、尚未备案、尚未得到许可或者在检查过程中被判断为不合格），或者若允许其上线运行则存在较大争议与潜在性危害，监管部门可以对其采用暂停上线运行的措施。在经过相关整改和规范之后，通过监管部门的检查与批准，可以重新上线。

第三，停止产品或服务运行。对于失去合法性基础（包括但不限于违反相关法律法规或道德规范、侵犯消费者合法权益、尚未备案、尚未得到许可或者在监测检查过程中被判断为不合格）的网络产品或者服务，为了保证消费者的合法权益、促进互联网稳定健康发展，监管部门可以对其采用下架、停止运行的监管措施，防止违法违规产品或服务的负外部性进一步扩散。当公共性互联网企业提供的产品或服务侵犯其他互联网运营者合法权益并对用户权益造成或者可能造成不利影响的，监管机构也可以作出立即停止的决定。在"3Q大战"中，工业和信息化部第一次使用了这一手段。监管部门在停止运行决定发出时，可以决定该产品或服务永久性或暂时性停止运行。如果决定暂时性停止运行，在该产品或服务经整改符合规范后，通过监管部门允许，在恰当时间点可以继续上线运行。如

《规范互联网信息服务市场秩序若干规定》第一次将该种手段纳入规范中，其第15 条第 2 款规定"电信管理机构在依据本规定作出处理决定前，可以要求互联网信息服务提供者暂停有关行为，互联网信息服务提供者应当执行"。《网络安全法》第 50 条规定，国家网信部门和有关部门依法履行网络信息安全监督管理职责，发现法律、行政法规禁止发布或者传输的信息的，应当要求网络运营者停止传输，采取消除等处置措施，保存有关记录；对来源于我国境外的上述信息，应当通知有关机构采取技术措施和其他必要措施阻断传播。

第四，传统的行政、刑事责任。互联网经济催生了新型监管措施，但传统行政责任和刑事责任仍适用于互联网企业的监管，包括财产罚和人身罚。在此不赘述。

第四章

适应国家治理能力现代化需要的市场监管程序性权力配置研究

一、程序性权力配置的必要性与原则

党的十九大报告指出，要想实现全面深化改革、推进国家治理体系和治理能力现代化的总目标，就必须强化权力运行的制约和监督体系，科学配置权力，形成科学的权力结构和运行机制。一方面，有关部门需要进一步加强实体法律制度的建设推进与贯彻落实；另一方面，科学的权力配置体系更离不开程序的合理设置与有效引导。只有以程序先行，不断提升程序性权力配置的科学性、有效性、公平性、灵活性，才能进一步明确我国市场监管权力配置的程序性要求，形成合理的权力分配方式与运行体制，不断加强与完善权力的制约与监督机制，进而形成一套与我国现行经济发展状况以及市场运行模式都相适应的配套程序机制，提升市场监管的科学性与有效性，努力实现政府监管职能的最优化。因此，在确定我国市场监管权力配置的目标后，应当进一步对程序性权力配置的"合目的性"与"合理性"进行分析，并尝试提出判断程序性权力配置合理性的标准，以科学的体制设计引导市场监管工作的推行、以程序性权力配置保障实体权力的有序实施。

（一）程序性权力配置的必要性

有学者提出，权力在纵向和横向上的结构设计直接影响甚至决定着不同类型的权力在实际运行中相互制约功能的发挥程度。科学的权力配置应当着重解决的是权力的结构配置问题，即通过权力结构的制度化设计有效地发挥权力的相互制约功能。[1] 实际上，程序性权力配置不仅对于实现实体权力功能具有重要意义，而且还是我国市场监管工作实践需求的直接体现，其对于实现监管赋权和限权的平衡，以及市场监管目标的达成都具有重要作用。

1. 市场监管路径的转变要求更新相应的权力配置体系，应当以程序先行引导实体转变

程序是立法价值与监管理念的具象化产物，有利于国家立法目的的实现。合理正当的程序对于建立适应国家治理体系和治理能力现代化需要的市场监管体系具有重要意义。一方面，程序体现着市场监管的理念与权力配置的观念，是立法目的与实践需求在制度层面的衔接桥梁；另一方面，程序作为保障实体性权力实现的必要设计，市场监管秩序的确立必须要借助配套的程序来加以完成。

从我国市场监管权力配置的历史演变出发，不难发现程序性权力配置对于不同时期政府市场监管目标的实现都具有重要意义。中华人民共和国成立初期，我国市场经济体制尚未建立，生产资料与资源要素紧缺，市场供给严重不足。为了满足市场需求、稳定经济管理秩序，国家采取计划经济体制，由政府严格管控经济运行态势，制定相应的产品生产与分销计划。中央政府作出整体规划与宏观决策后，再由相应的行业主管部门制定具体的实施细则。此时的市场监管权力高度集中于中央政府，国家程序性权力配置呈现出自上至下渐弱的态势。

随着改革开放的进行，我国逐渐放弃原有的计划经济集权式监管，开始进行市场监管体制改革，市场监管权力配置也出现了较大变化。原有的工业主管部门逐渐减少、撤并，转而由国家局、直属事业单位、特设监督管理机构等一批新设立的监管机构履行监管职责，市场监管模式由原来的行业部门主管转变为专业独立监管，不同的监管部门被赋予不同的监管职责，根据其专业知识以及主管领域的不同对市场经济活动展开管理。[2]

此后，我国又对市场监管机构的职能作出了进一步调整，市场监管权力的程序性配置格局也再次发生转变，将市场监管职能集中于新组建的国家市场监督管理总局。这种综合式监管整合了原工商、质监、食药监等部门的监督与执法权，

---

〔1〕　参见周义程、胡雯：《权力制约的权力配置维度：从思想的成长到原则的设计》，载《行政论坛》2021 年第 2 期。

〔2〕　参见刘亚平、苏娇妮：《中国市场监管改革 70 年的变迁经验与演进逻辑》，载《中国行政管理》2019 年第 5 期。

改善了多重监管模式下市场监管执法不力、执法重复和碎片化的问题，逐渐形成了"宽准入、严监管"的统一大市场监管模式。

随着"十三五"市场监管规划的圆满结束，我国实现了由分段分领域监管向统一综合监管模式的转变，形成了综合监管、行业监管和社会协同监管相互促进的统一大市场监管模式，初步探索出一条以"大监管"理念为基础的合作型监管治理新范式。[1] 全新的监管理念与监管模式对我国的市场监管工作提出了新要求，新时代下我国市场监管工作面临着全新的挑战与难题，程序性监管权力亟待被更新完善，以适应新型监管模式的需要。

一方面，我国的市场监管理念发生了巨大转变，由原有的多重准入型监管转向"宽准入、严监管"的管理模式。这要求监管部门进一步放宽市场准入要求，由着重事前监管转向强化事中、事后监管，在加强执法力度的同时给予市场主体更多的经营自主权，促进市场竞争与创新发展。作为衔接立法理念与实体制度的枢纽，程序性权力配置应当体现上述监管理念的转变，在"大监管"理念的指导下进行细节化设计并更新体系，以更好地促进立法目的与立法价值的实现、保障实体性权力配置的有效推进。另一方面，我国现行监管模式强调政府、市场以及社会等多元主体之间的统筹协调、互相配合，以促进监管合力的形成与市场监管目标的实现。这就需要进一步明确新时代下我国市场监管权力的市场配置与政府配置问题，实现多元监管主体之间的权责明确、动力均衡成为我国当下市场监管程序性权力配置的逻辑主线，这也对程序性权力配置提出了更高的要求。由此可见，无论是市场监管理念的更新还是监管模式的转变，都要求我国市场监管体制加快改革速度、进一步落实实体制度建设与推进，这就需要程序性权力配置先行予以适时更新与转变，以适应新时代下市场监管体制改革的需要。

2. 合理配置程序性监管权力，有利于实现科学赋权与有效限权的双向平衡

当前，我国的市场监管权力配置存在有效性不足的问题，具体表现之一即政府监管过度与监管不足并存。这就需要进一步强化对于政府赋权与限权的双向平衡，在保证监管权力供给充足的同时，强化权力运行的制约与监督机制，以防止政府权力的无限扩张，损害市场主体的正常经营自由。参照以帕森斯和默顿等社会学家为代表的结构功能主义学派的观点，结构时常会对功能发挥决定性的作

---

〔1〕 参见国务院《"十四五"市场监管现代化规划》（国发〔2021〕30 号）。

用，而功能也会反过来倒逼结构的调整和优化。[1] 通过合理配置程序性权力，有利于实现我国市场监管科学赋权与有效限权的双向平衡，进而促进实体制度的调整与优化。

第一，合理配置程序性监管权力有利于实现对于政府的科学赋权，保障监管权力的程序性供给需求。程序作为服务于实体制度开展的先行设计，可以从源头上解决监管权力配置的供给不足问题。一方面，统一大市场的监管理念要求我们进一步厘清政府、市场与社会三者之间的关系，使其各尽其责，协同助力我国市场监管目标的实现。市场经营者作为负责产品生产制造的第一责任人，应当加强行业自律，在追求经济利益的前提下承担相应的社会责任；以公民、媒体以及非政府组织等为代表的相关社会团体应当更加积极主动地承担共治的职责，加强社会监督与公众追责，以辅助行政执法的有效开展；但毋庸置疑的是，市场由于外部性等固有缺陷的存在，难免会出现市场失灵的现象，因此政府在市场监管中仍具有无可替代的重要作用。虽然我国现行的监管理念由先前的专业部门主管转为统筹综合监管，但这并不意味着执法力度的减弱与监管权力的社会化转移。与之相反，我国现行的监管模式正是为了改善多重监管下的监管重复以及执法力度不足的问题，因此应当进一步强调政府的有效监管，对其进行科学赋权，以更好地发挥其监管职责，实现政府监管职能的最优化。通过程序性权力配置强化政府的综合执法功能，将原有的部门监管权力进行集中整合，以发挥行政力量对于市场的科学指导、有效干预，由严格准入监管转为强化事中事后监管，在赋予市场更多经营自由的同时，严格把控产品、药品以及食品的质量安全问题，加强市场秩序管理，更好地维护人民的合法权益。另一方面，程序性市场监管权力自身所具有的价值也为政府进行市场监管提供了法律依据与制度保障，解决其行使权力的后顾之忧。程序自身具有正义性与合理性。程序正义是指程序自身所具有独特的道德内容。罗尔斯认为在纯粹的程序正义的场合，一切结果都取决于程序要件的满足，只要存在正义的规则并被严格遵守，那么其总是会导致正当的结果。[2] 而程序的合理性是指程序是可以设计的，按照正义和效率进行设计的程序会使制

---

〔1〕 参见周义程、胡雯：《权力制约的权力配置维度：从思想的成长到原则的设计》，载《行政论坛》2021年第2期。

〔2〕 参见季卫东：《法律程序的意义——对中国法制建设的另一种思考》，载《中国社会科学》1993年第1期。

度的变更具有合法化依据。上述价值赋予了政府官员根据法定规则与程序行使监管权的自由，只要保证程序性权力配置的科学合理，在制度层面明确不同层级监管者的相应职责范围与具体实施权限，其便可以依据规则进行相应的判断、行使自身的执法权。这有利于消除监管者行使权力被不当追责的忧虑，实现科学有效的监管赋权。

第二，程序性权力的合理配置有利于防止监管的恣意性与武断性，强化权力运行的制约与监督机制。通过明确从中央到地方不同层级以及地方不同部门之间监管者相应的权责范围与工作要求，最大限度地避免其工作的主观目的性，防止恣意、武断、偏私等监管权力滥用的情形，以保证市场监管的科学高效、公平公正。程序性权力配置有利于纠正监管机关的"目的性偏移"。卢梭认为，权力行使的危险来自利益的层次性及层级错位。根据该理论，可以将监管机关工作人员的意志分为三个层次：一是个人固有的意志，代表个人的私益；二是监管机关全体工作人员的共同意志，代表该团体的共同利益；三是人民的意志或主权的意志，这一意志无论对被看作是全体的国家而言，还是对被看作是全体的一部分的政府而言，都是公共的意志，代表绝对的公共利益。权力的存在，本应只服务于第3种意志，即社会公共利益，但权力的运行必须依靠公务人员方可实现。在监管机关工作人员这一个体身上，私人利益、全体公职人员的集团利益（或称为部门利益）、社会公共利益共同存在，尽管他们被要求将公共利益放在首位，担任"忠实公共人"，但他们同时也是"理性经济人"，这就导致他们会更倾向于将权力优先用于私益。如此一来，权力本身应当具有的"目的性"就发生了偏移。倘若权力的行使不受程序限制，就会自然地放大公域与私域的利益矛盾，大大降低公职人员公权私用的成本，最终导致公职人员丧失公共精神，带来公共权力异化、私权与公权错位的不利后果。例如，在多数转型国家中，权力滥用都出现于公职人员的腐败，也就是"个体性"目的性偏移。我国由于地方政府竞争的存在，[1] 还可能存在地方政府权力行使的"团体性"目的性偏移，这种现象可能会进一步影响监管权力行使的"合目的性"，阻碍"统一开放、竞争有序"的国内大市场的形成。通过对权力运行的程序性配置，可以有效限制监管机关工作人员的主观随意性，统一不同监管机关行使权力的尺度，减少"监管洼地"或

---

[1] 参见周业安、冯兴元、赵坚毅：《地方政府竞争与市场秩序的重构》，载《中国社会科学》2004年第1期。

"监管高地"给全国市场造成的"隐性壁垒",让监管权力在阳光下运行。

综上,合理配置程序性监管权力有利于实现科学赋权与有效限权的双向平衡。一方面,通过程序性设置加强监管权力的有效供给,有利于解决监管不足与监管缺位的问题。科学的程序设计能使每位监管者都充分发挥自身的角色作用,提升监管的效率与工作的积极性。在对自己的监管行为负责的同时,由于程序性正义和程序性合理的存在,一般情形下监管者严格按照程序所作出的决策具有正当性和合理性,不应当再受到追究。另一方面,通过程序性设置强化权力运行的制约与监督机制,防止政府的手无限延伸。通过对权力的差异化分工,满足监管组织结构与功能分工的需要,形成相互监督与制约的权力架构体系,实现所授权力与行使机构组合功能的最优化。[1]

3. 合理配置程序性监管权力是实现实体法律关系的必要手段与方法

程序性权力配置是市场监管体制确立的前提和基础,有利于市场监管实体制度的展开。建设适应时代发展需求的市场监管体系需要对监管权力进行合理配置,这就需要实体与程序的相互配合、相互促进、相互制约,以更好地落实权力运行的有效性与合理性。一方面,对于保证权力运行的公正和效率而言,法律制度的完善、权力责任分配的适当,侧重于在宏观和实体的角度为监管权力的配置提供理论依据与建设方向;另一方面,当真正落脚于具体的实施层面,良法善治的实现必须依靠科学合理的程序配置,实体权力的贯彻落实必须依靠与之相匹配的程序设计。程序规定是实体规定发挥作用的"最后一公里",其重在疏通和规制权力之手的"神经末梢",是权力运行和权力约束的重要抓手。

第一,合理配置程序性监管权力有利于提高监管效率。互联网和信息技术的发展,将当代社会联结为日趋紧密的整体,监管对象的整体化和监管机关的科层分工制之间的矛盾愈发激烈。这不仅加剧了多部门监管带来的"九龙治水"、"互相推诿"等困境,还导致很多监管活动在没有其他部门的配合下,根本无法独立开展。例如,在卫生行政部门的食品安全风险评估和食品安全标准制定过程中,倘若没有农业部门、市场监管部门等部门的积极配合和信息提供,相关工作就难以推进。因此,在监管权力运行的过程中,通过程序设置的方式,明确不同部门在不同程序运行环节的权力、义务、责任,可以为多部门协调监管、监管部

---

〔1〕参见周义程、胡雯:《权力制约的权力配置维度:从思想的成长到原则的设计》,载《行政论坛》2021年第2期。

门间的沟通合作带来更为明确的操作依据，减少乃至避免信息沟通不畅、"扯皮"拖延等情况的发生，提高监管效率。

第二，合理配置程序性监管权力有利于优化监管。监管型国家是继自由放任主义型国家、积极型国家和指令型国家之后，学者对全球各个国家当前发展方向和趋势的最新研究定位。这是指国家在社会经济发展过程中，主要承担管理和监督的职责，国家是各种规范和标准的制定者和监督执行者，而不再直接参与市场经济活动。优化监管的方向主要是从单向度、集中式的传统监管模式向交互性、分布式的数据驱动型监管转变。既有的依赖监管机构"命令—控制"和监管对象强制信息披露的自上而下的监管模式，将逐渐被基于数据共享、实时合规的更加平等的多方参与型监管所取代。监管部门、金融机构乃至金融消费者都是平等的参与主体，监管模式由监管方单一治理转为利益相关方共同治理，监管扁平化结构取代层级制结构，从而使得市场监管过程更加多元、开放、透明。[1] 如此变革，必然伴随着监管程序的根本性变动。在传统的自上而下的监管模式中，监管主体的实体性权力配置是决定监管效果的基础，缺乏足够的监管震慑力，将直接导致监管权流于形式。但在扁平化、平等化的多方参与型监管模式中，刚性的"命令—控制"式的权力配置并非监管效果的唯一来源，信息、数据的实时披露和多方平等主体基于数据的理性判断和决策是监管发生作用的重要依托。此时，程序性权力配置的重要性就更为凸显，程序的公开性、透明性、有序性是保障"数据共享、实时合规"的重要途径，亦是多方主体参与监管时的秩序保障。

有学者提出，中央和地方的实体权力配置改革需要是程序改革强有力的催化因素，同时法律关系的复杂化也要求法制相应地提高其精密度，促使权力机关与职能机关的进一步分化和功能自治领域的扩大。由此可以得出，实体法律关系的变更推动程序性权力配置的改革，同时程序性权力配置也进一步影响着监管制度的精密性与科学性，两者互相促进、互相制约，成为市场监管体制改革的共同基石。因此，程序性权力配置对于实体制度的发展具有重要意义，应当进一步明确判断其合理性的适用原则与适用标准，以完善我国市场监管体制的程序性权力配置框架。[2]

---

〔1〕 参见廖凡：《论金融科技的包容审慎监管》，载《中外法学》2019 年第 3 期。

〔2〕 参见季卫东：《法律程序的意义——对中国法制建设的另一种思考》，载《中国社会科学》1993 年第 1 期。

（二）程序性权力配置的基本原则

在明确程序性权力配置对于我国市场监管体制改革的重要意义后，应当进一步寻找其适用的基本原则与具体标准，以更好地推进程序性权力配置的展开。市场监管工作的程序性权力配置需要遵循一定的原则，不仅应当体现市场监管权力本身的目的性，而且应当彰显程序本身所具有的独立价值。

1. 功能适当原则

国家治理能力直接体现为国家治理社会的权能和效率，正如麦迪逊在《联邦论》中所言：“为保障公民权利，政府必须有权有效”。[1] 相应地，创新和完善市场监管方式同样需要关注市场监管手段的科学性与有效性，提升市场综合监管的权能与效率，这就需要政府运用功能适当原则来进行程序性权力配置，以适应推进市场监管现代化的需要。

功能适当原则是德国在战后发展出的进行国家权力配置、对机关进行调整和改革、处理国家机关之间关系的重要原则，其最早出现于 1984 年由德国宪法法院进行裁判的“核导弹部署”一案。德国宪法法院在该案中提出：“作为一个原则的权力在组织和功能上的分立，有助于政治权力和责任的分配以及对掌权者的监督；但其目的也在于，让国家能作出尽可能正确的决策，也就是由具有最优前提条件的机关按照它们的组织、组成、功能和程序做出决策，这也是为了谋求国家权力的适度和节制。”司法裁判的动向进一步影响到了学界的理论革新。黑塞革新了权力分工理论，提出了“任务—功能—机构”的逻辑链条；欧森布尔进一步认为，“国家任务最优化”是核心考量。发展至今，功能适当原则主要包括以下两方面的含义：一方面，政府在进行权力配置时，应当根据机关结构来决定职权归属。即当出现某项新的待分配任务时，应当选择在组织结构、程序设置以及人员安排上最具优势且最可能做出正确决定的机关，也就是由“功能最适当的机关”来承担该项工作。另一方面，在选定相应的机关并划定其职责范围后，应当根据职权需要不断调整该机关的结构与人员分配情况。通过对该机关内部结构的重新调整与组织重构，使其能够最大化地发挥效用、满足国家功能最优化实现

---

〔1〕参见［美］亚历山大·汉密尔顿、詹姆斯·麦迪逊、约翰·杰伊：《联邦论》，尹宣译，凤凰出版传媒集团、译林出版社 2010 年版，第 3 页。

的需要。[1] 相较于西方国家一直以来倡导的传统分权理论，功能适当原则并不刻意追求权力的分化与制约，反对将国家治理模式与权力运行机制予以固定化、模式化。其宗旨并非牵制权力运行、保障绝对的正义与公平，进而实现自由与正义的目标，而是通过追求国家决策的正确性与理性化推动国家治理功能的最优化实现。功能适当原则在吸收分权理论的优点的同时，采取更加灵活多变的治理模式与机构设置，进而兼顾公平与效率的要求，满足国家治理能力的现代化需要。

随着社会主义市场经济的发展，政府对市场的监管能力成为国家治理能力的重要组成部分。功能适当原则作为国家权力配置的重要原则之一，也应当被适用于市场监管领域，帮助政府进行更为科学合理的程序性权力配置。上文已述，我国在改革开放后逐步展开市场监管机制改革，并进行了相应的国家机构调整，将原有的多机关独立监管模式改为综合统筹式监管，由国家市场监督管理总局统一行使监管职能，将原来分散于各部门的监管权予以集中。该过程就是功能适当原则的体现，国家根据市场经济的发展需求调整机关设置，选择了与监管职能最为匹配的机关来承担监管职责，国家市场监督管理总局即为当下的"功能最适当机关"。但与此同时，在后续的监管工作中仍应当进一步落实该原则的相关宗旨，根据监管需要不断调整该机关内部的组织结构、人员安排及管理规定，以使其更加适应监管工作的要求。尤其是随着互联网信息技术的发展，新技术、新业态、新商业模式等层出不穷的同时也给现代市场监管带来了很多挑战，应当进一步调整该机构的职能设置，以完善市场监管的程序性权力配置，实现市场监管的预期目标。

2. 监管效能原则

监管效能是指监管所呈现出的效率与效果。与单纯追求监管效率不同，监管目标的确立、手段的选择以及实现的程度都是监管效能所要考量的标准。相较于监管效率，监管效能更侧重于实际的监管效果，要求强化监管的质量，改善监管质量的保证方法。[2] 质言之，不仅要以正确的方式实施监管，而且要以正确的

---

[1] 参见张翔：《国家权力配置的功能适当原则——以德国法为中心》，载《比较法研究》2018年第3期。

[2] 参见渠滢：《我国政府监管转型中监管效能提升的路径探析》，载《行政法学研究》2018年第6期。

方式做正确的事。[1]

效能原则是《宪法》对于国家机关工作的要求。根据《宪法》第 27 条第 1 款的规定，所有国家机关都应当不断提高工作质量和工作效率，而效能原则恰好是"效率"与"质量"的结合。[2] 国家市场监督管理总局作为国家机关，理应依照《宪法》的规定科学合理配置权力运行程序，不断提高监管效能。此外，效能原则也是我国宏观经济政策改革的重要方向。《"十四五"市场监管现代化规划》明确提出了要"坚持改革创新、提升效能"的监管原则，要求政府遵循市场监管规律，顺应市场发展趋势，创新丰富监管工具，优化监管资源配置，强化科技支撑，不断增强监管效能。《法治政府建设实施纲要（2021—2025 年）》也明确提出要推进政府机构职能优化协同高效。无论是从作为国家基本法的《宪法》出发，还是基于我国现行市场监管工作的实践要求与改革方向，在进行市场监管程序性权力配置时都应当注意程序设置的效能性目标，不能一味强调追求效率和控权，而应当努力在控权、效率和效能之间实现平衡。具体而言，监管效能原则对于我国市场监管工作的程序性权力配置提出了如下要求：

首先，应当明确监管权力运行的启动程序。前文已述，在市场经济这一社会基础上，政府对市场的干预应当是第二性的、补充性的、宏观性的。也就是说，政府的职责不应当是对市场具体事务的参与或直接干预，而是只在市场机制失灵时加以介入。否则，市场信号可能会因外力干预而失真，影响市场经济的正常运转。同时，倘若市场机制已然失灵，而监管权力却没有适时启动，也会导致经济运行出现阻滞。因此，为监管权力的启动设置合理的程序路径，根据市场失灵的不同情况对权力启动门槛进行类型化设置，引入启动监督主体，可以让监管权的启动更符合市场的实际需要，切中现实问题和痛点。

其次，应当引入监管手段的"成本—效益"分析程序，保证监管手段的选取符合比例原则。监管效能的本质就在于使监管效益高于监管成本，并努力实现该效益的最大化。而要实现效益的最大化，就应当符合比例原则的要求。现代社会中，政府职能的广泛扩张导致其日常监管所涉及的内容繁多且复杂，大量无效的监管举措造成了较为普遍的资源浪费现象。此外，政府监管的目标往往具有多

---

[1]　参见［美］彼得·F. 杜拉克：《有效的管理者》，吴军译，求实出版社 1985 年版，第 178～179 页。

[2]　参见沈岿：《论行政法上的效能原则》，载《清华法学》2019 年第 4 期。

元性，甚至目标之间还会存在冲突现象。因此，要想提高监管效能就必须坚持和贯彻比例原则，确保监管举措的"合目的性""最小侵害性"和"均衡性"。而具体实现的方法，可以借鉴经济学中的"成本—效益"分析方法，建立常态化的监管效益量化评估机制，并将机制运行的结果和效益作为确定监管措施下一步改革方向的依据。

再次，应当规范事中事后监管程序。好的监管不仅要药到病除，更重要的是实现精准化、科学化监管，并且具备一定的可预期性以及市场教育意义。监管政策的制定和发布、执法的过程和依据往往会给市场主体带来一定的经营预期，稳定的监管政策和执法状况可以为经营者提供安全的经营环境，能够逐渐培养起经营者自主合规的心态。因此，程序设置应当尽可能保证监管的透明公开，不仅可以保障利害相关人的知情权和社会监督，还可以较好地实现市场监管的教育功能。与此同时，程序设置应尽可能确保监管的常态化，"运动式执法"的确可以产生震慑效果，但也可能滋生市场主体的侥幸心理，违背了法的稳定性要求。因此，在事中事后监管过程中，应当通过常态化、透明化的程序设置来确保市场监管的稳定持续推进，取得良好的社会效果。

最后，程序设置应当合理配置"刚性"和"柔性"，适度留白，为监管创新和个性化处理留出空间。传统监管以"刚性"举措为核心，通过许可、命令、强制、处罚等方式实现对市场主体的干预。"刚性"手段威慑力强，但相对僵化，不能完全适应快速变化的市场环境，无法根据市场主体的实际情况做出适应性调整。市场监管的核心目的是维护市场秩序，保证市场机制的正常运转，关键在于还权于市场，不能简单地以处罚为目的。特别是在一些新兴行业和领域，由于既往经验不足，市场主体往往缺乏违法预期，应当首先考虑通过"柔性"手段对市场主体进行教育和协商，激励其自发合规运营。在进行程序性权力配置时，对于行政指导、行政协议、反垄断执法过程中的承诺制度等"柔性措施"，可以予以适度留白，保证执法人员一定范围的自由裁量空间，以充分发挥"柔性"措施所具有的简便、灵活的特点，实现促进、引导与预防的效果，达到执法效果与社会效果的统一，[1] 充分发挥监管效能。

3. 正当程序原则

一般认为，正当程序原则源于英国的"自然正义"观念，并在美国的"正

---

[1] 参见蒋建湘、李沫：《治理理念下的柔性监管论》，载《法学》2013 年第 10 期。

当法律程序"中得以发展充实。20世纪以来，许多国家纷纷进行行政程序立法，将公权力的运行控制在正当程序的轨道上，即便是"重实体而轻程序"的大陆法系国家也不例外。[1]

在程序本位主义者看来，程序具有独立于实体的内在价值，而不仅仅是达成某种实体结果的工具。他们认为结果正义并非法律的唯一价值，达成某一特定法律上效果的过程的正义性更具有评价意义。[2] 例如，罗尔斯在研究正义的本质时，就把程序正义作为独立的部分进行分类讨论，即不完善、完善和纯粹的程序正义，他把纯粹的程序正义归纳为"没有对结果正当性进行评判的标准，只有对形成结果的过程或程序的评判标准，只要过程符合正当性和合理性的独立标准，那么其结果就应当被认为是正当的"。[3] 现代社会中，社会关系的快速变化带来了公权力的扩张，而在监管执法的过程中，往往也存在多种利益的博弈和均衡。期望完全通过"实体结果正义"实现对监管权力的控制往往力有不逮，对结果正义的评判标准也难以精确控制在价值博弈的利益均衡点。因此，通过规范监管权力的程序化运行，使监管执法的过程符合正当性和合理性的要求，可以更好地适应快速变化的社会现实的需要，同时也为各方利益博弈提供合理的程序性平台。因此，在程序性权力配置中，需要遵循正当程序原则。

一般认为，正当程序原则包括中立性、参与性和公开性三项具体要求，而这三项要求又具体表现为避免偏私、行政参与和行政公开这三项内容。[4]

避免偏私原则保障程序的中立性，根据该原则，监管机关工作人员应当同被监管主体没有利益上的牵连，同时没有个人偏见，以公正的态度行使监管权力，制度上具体表现为执法回避。此外，在案件处理的过程中，监管人员也不应当单方接触被监管主体，避免产生利益输送或先入为主的观念，影响最终结果的公正。同时，监管者本身的绩效考核不应单一地同处罚数量相挂钩。一旦将监管者的绩效考评同处罚数量关联起来，就破坏了监管机关相对于市场的独立性和公正性，监管机关就可能倾向于严格解释监管规范以增加绩效，给市场运行增加不合

---

〔1〕　参见杨炳超：《论美国宪法的正当程序原则——兼论我国对该原则的借鉴》，载《法学论坛》2004年第6期。

〔2〕　参见江必新：《行政程序正当性的司法审查》，载《中国社会科学》2012年第7期。

〔3〕　参见［美］约翰·罗尔斯：《正义论》，何怀宏、何包钢、廖申白译，中国社会科学出版社1988年版，第80～86页。

〔4〕　参见周佑勇：《行政法的正当程序原则》，载《中国社会科学》2004年第4期。

理负担。当前，我国已经建立起了较为完善的回避制度和裁执分离制度，但在"禁止单方接触"和"绩效考核标准"等方面，还存在改进空间。

行政参与原则强调利害关系人对公权力决策运行过程的参与。这种参与应当是互动性的、具有实质意义的，参与人应当能够表达自己的意见，并对最终结果的形成发挥作用，而不是简单的"到会出席"。该原则保障的是多方利益和价值均衡的可能性，因此多方主体的意见应当被"公正听取"，而不是"敷衍对待"。在现代监管理念中，处罚不应是最终目的，更为重要的是取得违法主体对市场规则的内心认同，并采取措施主动规避。行政参与的过程刚好可以满足这一点，当各方主体参与到程序过程中来时，他们可以了解监管者和被监管者的内心活动和意志形成过程，通过沟通实现彼此信任和意思表示一致，消除被监管主体对监管机关的猜疑和抵触，使得执法结果更容易被监管对象所接受。[1] 因此，在监管权的程序性配置过程中，应当坚持多方参与的理念，通过合理的程序设置，保障各方意见表达和沟通的可能。

行政公开原则强调对权力运行过程的公开。"正义不仅应当实现，还应当以看得见的方式实现"，通过公开权力运行的过程，让民众和其他经营者亲眼见到监管的实际过程，不仅可以引入公众对权力运行的监督，还可以加强市场教育意义，警醒相关经营者自主整改、自发合规。[2] 因此，在配置监管权力的程序时，应当充分利用互联网等现代信息技术，扩大主动公开的范围，争取做到实时公开、实时共享。

二、合理配置程序性权力的要求

（一）基本要求

对于保证市场监管程序性权力运行的效率而言，赋权制度的完善、责任分配的适当，侧重于在宏观的角度揭示法治化的必要性，而真正落脚于具体的实施层面，良法善治的实现必须仰仗科学合理的程序。这种合理性具体体现在三个层面：

1. 程序合理的基石：成本—效益分析

设计程序最重要的目的在于使理想的制度安排成为现实。立法将复杂的监管

---

〔1〕 参见蒋红珍：《正当程序原则司法适用的正当性：回归规范立场》，载《中国法学》2019年第3期。

〔2〕 参见许春晖：《正当程序：滥用程序权的判断标准》，载《法学评论》2019年第2期。

现实化归为抽象的权责，而运行程序需要逆向地将权责内容具体落实在监管工作中。这一联系现实的过程需要控制成本，提高效益，以最少的付出换取最大化的制度效果。权力运行的程序如果脱离成本—效益原则，它就脱离了服务于制度目标的本质，其本身将阻碍监管权力的运行。

具体而言，程序要服务于规制目标，服务于流程所涉及的法益，要从以下四个方面落实成本—效益原则：

第一，要注重规制手段和规制环节的选取，剔除不必要或重复的环节，实现程序性权力运行的扁平化。同时要抓住市场监管程序的中心环节，以最小的成本实现最充分的监管效果。为了规范和优化市场监管工作机制，应当深化落实"放管服"的战略部署，改变我国"重审批、轻监管、弱服务"的积习，创新加强事中和事后监管，突出问题导向，精准施策施力。例如，在金融市场中实行注册制的重要作用即在于精简程序，去除不必要的事前审批，突出更重要的金融市场行为事中和事后监管。再比如，湖北仙桃市将房地产项目的审批程序从以往的核准制更改为备案制，"申报—受理—审核—办结—送达"到"申报—审核—备案"[1] 的流程简化不仅在很大程度上减少了项目的立项时间、节约了审核与评估的成本，也是对"成本—效益"理念的良好回应。

第二，要注重实现程序性权力运行的信息化，在各个环节共享监管信息，从而降低程序运行之间的冗度和摩擦，促进权力主体之间的联动。在整体政府的构建过程中，各部门之间共享信息被视为重要的协调过程。为此，一方面要拓宽信息收集渠道，全面整合各个部门已有的监管信息，同时鼓励、促进更多的部门与中央实现信息联网；另一方面要提高信息共享的精准性和迅捷性，各部门应不断加强信息化建设，信息平台要不断提升服务质量，为信息的交换和共享缩短时间、排除障碍，但同时也应审慎确定信息披露的范围，精准传递对方所需的监管信息，减少不必要的送达成本。例如，金融市场纷繁复杂的金融产品，若要充分实现穿透式和跟踪式监管，各个金融领域的监管者势必要注重权力运行的信息化，促进交易信息的共享互通，方能实现对监管标的的精准把控。

第三，要注重依循法益优先度的轻重缓急分层级地、渐进式地实现法益目标，给予程序性权力运行以合理的缓冲地带。例如，食品安全领域的约谈制度，

---

〔1〕 廖亮、高国林：《湖北仙桃：精简审批程序，提高市场主体"体感温度"》，载《中国经济导报》，http：//www.ceh.com.cn/fgwxx/2020/10/1312686.shtml，最后访问日期：2022 年 3 月 30 日。

就契合了回应式规制的治理理念，突破了传统命令控制型规制手段，通过监管部门与食品企业之间的沟通与协商，以最能体现法律目标和维护社会公共利益的方式来灵活适用规则，提升相对人权力遵从度的同时，也为监管部门留下了自由变通的空间和余量。[1] 反垄断领域的承诺制度也是回应式规制的典型应用之一，监管部门通常会根据市场主体的承诺内容和具体表现，逐步升级或减轻规制的强度，通过分层次的行政介入，鼓励市场主体实现自我监督、自行整改，以此来降低监管成本、提升监管效能。

第四，要注重结合技术发展的情况更新监管技术，实现权力运行技术化。程序上的精进本就受制于监管技术的发展，监管技术的提高又来源于市场的逆向激励。例如，以比特币为发端的区块链技术，不仅可以广泛应用于金融投资领域，还可以为监管者所用，转化为程序性权力运行的工具，实现信息汲取的程序创新。再如大数据、云计算、人工智能等基础性新兴技术服务，也能够为市场的监管带来颠覆性的变革。具备4V（Volume, Velocity, Variety, Veracity）属性的大数据能够充分扩充政务信息和监管信息的体量，提高信息传输与送达的迅捷性；政务云等服务有利于提升监管信息的存储容量，推动全国乃至全球市场监管信息资源的整合贯通和共享互用；人工智能则可以自行拟建市场监管模型，根据历史线索进行预测性和相关性分析，主动收集、发现和判别违法线索。[2]

2. 程序合理化的形式要求

第一，程序要内容明确，范围广泛。程序本就为权力的具体运行而生，若脱离了可操作性，将被社会化的流程所取代，在流程中侵蚀公共利益。因此有必要在权力运行的各个环节全方位地覆盖具体明确的程序，不仅要涵盖权力的启动、执行、终结等完整流程，对权力的主体、操作步骤、时效等要素也要作出具体的安排。例如，食品安全的监管过程主要涉及耕种养殖、加工制作、交换流通和餐饮消费等四环节。故首先是确定监管主体，统一监管还是分段监管，各监管部门应当负责哪些内容，都要予以明确规定；其次，在监管执行过程中，也应做好部门与部门间的有效衔接，防止出现监管重叠和监管盲区，构建一个无缝一体的监

---

[1] 参见王虎：《风险社会中的行政约谈制度：因应、反思与完善》，载《法商研究》2018年第1期。

[2] 参见王湘军、庞尚尚：《新技术赋能市场监管智能化：图景、障碍与进路》，载《行政论坛》2021年第3期。

管流程；再次，应在每个细分的监管范畴中明确具体的操作步骤，减少权力行使过程中的不确定性和遇错风险；最后，还应注意权力的时效问题，避免新旧监管权之间的重合与冲突。

第二，程序要公开透明，可稽核可回溯。一方面，程序本身表征着程序性权力的仪式性，如果不能公开稽查，那么立法层面的权力边界将失去实践中的控制，权力主体自身可以绕过监督自行设计程序，这与法治观念不符。另一方面，程序公开的宗旨在于让民众看到正义实现的过程。因此，任何权力的行使，都应当将权源依据、权力行使过程和最终结果展示和呈现给利益相关者乃至社会公众。从立法立权、执法用权到守法制权，期间的各个环节都需要透明化、公开化，并据以证据意义的记录，这是对公民合法知情权的有力保证，也有利于后续的争议解决和行政处理。具体而言，有权部门可以通过官网发布、刊载、媒体报道、公榜等方式公开信息，保证公众能独立、不受限制地了解与获悉相关内容，并为公众提供评估反馈、批评建议的合理渠道，切实提高政府行政的透明度和公信力。[1]

第三，程序要保持中立，不偏不倚。制定程序和决定程序运行结果的主体应当处于一个中立、客观、超然的地位，不得对参与的任何一方主体予以偏私或歧视，这是对一个正当、合理化程序的基本要求。[2] 程序中立原则虽然得到了社会的广泛认同，但在现实中却并不总能得到良好贯彻。程序制定者的个人偏私以及来自程序之外利益集团的控制，往往会影响程序的公正价值。因此，有必要依法适用回避制度，避免程序制定者陷入金钱、财产、亲缘等不正当的利益勾连，促使其回归中立地位。在此基础上，也应关注职权分离制度的适用，要求不同部门根据职权范围各司其职，或者降低同一批人员对不同职权范围工作的参与率，尽量减少职能混合带来的恣意和成见。[3]

3. 程序合理化的实质要求

除了实质内容上的成本效益衡量，合理的程序内容也要体现包容、审慎和效率原则：

---

〔1〕　参见金承东：《公开的价值及行政机关自身的使命——〈透明与行政公开令〉及其启示》，载《行政法学研究》2018 年第 1 期。

〔2〕　参见周佑勇：《行政法的正当程序原则》，载《中国社会科学》2004 年第 4 期。

〔3〕　参见程洁：《行政程序法中的程序中立原则》，载《行政法学研究》1999 年第 3 期。

第一，程序的内容要注重体现包容原则。包容原则要求在程序制定过程中应切实提高利益相关者的参与性和讨论度，尽量鼓励多方主体参与协商、表达意见、交换思想。在此过程中，应当谨防形式主义，参与不是简单的"出席"或"到场"，其宗旨在于让每一位到场者都能够充分表达自己的意志与需求。权力受体不应一直囿于传统的被动地位，而应与权力主体积极互动、充分沟通，使得双方在了解和知悉彼此观念的过程中求同存异、思想互融。如此设计，好处有三：一是可以在民主集中的基础上扩充决策信息，提供决策智慧，提高决策结果的科学性和合理性；二是可以在程序中引入更丰富多元的利益背景，通过监管流程中的利益博弈和协调，寻求最大公约数，达到多元利益的最佳平衡状态；三是有利于增进不同主体对整个程序的建设感和认同感，夯实程序信任基础的同时，也有利于提高权力遵从度，更通畅地实现法益目标。

第二，程序的内容要注重体现审慎原则。审慎体现在对于程序性权力运行风险的分化，既要在事前审查，排查风险因素，形成预警机制，又要在事中及时进行跟踪回应，根据情事变更灵活调整对策，同时还要建立完善事后补救机制、慎重适用退出机制，防止不利后果的扩大。以互联网金融行业的监管程序为例，首先应从源头出发，依法依规设置金融企业的市场准入门槛，辅之以负面准入清单制度，尽量规避潜在风险；其次，要注重事中的过程性防范，引导金融企业自身合规化运行，促进行业协会实现自律规制，并结合市场规律和企业的过程性反馈实施差异化、动态性的监管政策；最后，应慎重考虑退出机制的适用，给予企业自我纠错、自我整改的机会。如果企业在考验期内取得了良好的补救或整改效果，可以考虑适当减轻或免除处罚。只有对那些频繁出现重大经营问题的经营者，在穷尽大部分规制手段之后，才应考虑适用退出机制的必要性和可行性。[1]

第三，程序的内容要注重体现效率原则。在"成本—效益"这一基础性原则的指导下，监管程序的内容设置也应当充分关注效率，这就需要为监管活动的全过程创建简明扼要、具体可行的一系列标准和规则。一方面，应对一些共性、一般性的活动做出统一规定，尽可能避免程序上的繁复、错乱和冗余，减少不必要的人力、物力、财力消耗。另一方面，由于自由市场的复杂性和多变性，过于一致的规定恐有僵化之嫌，故也应设立部分可变性规定并赋予监管主体一定的自

---

[1] 参见汪厚冬：《互联网金融的包容审慎监管研究》，载《金融与经济》2021年第7期。

由裁量权，增强监管的自由度和灵活性，弥补成文法的局限性和固有缺陷。必要时，还应设立程序时效制度，为整个行政过程以及主要程序的持续时间分别设定最长时限，防止监管部门之间相互推诿、个别部门办事拖拉等效率低下情形发生。[1] 此外，所有的规则都应该是清楚明确、具象化、可操作的。过于抽象或模糊的规定只会为程序的运行设置人为障碍，只有建立起一整套可执行、能落地的程序规则，才能更好地保证和提升市场监管程序性权力运行的整体效率。

（二）具体要求

原则的作用在于为程序性权力配置的过程提供指导思路。功能适当原则强调市场监管权力的宏观归属和合理配置，监管效能原则强调监管权力的程序配置应当重视实效，正当程序原则强调程序性权力配置应当符合程序正义的基本要求，三者相互支撑，共同构成了我国市场监管程序性权力配置的指导架构。按照上述原则的要求，同时结合我国市场监管工作的具体实际，进一步得出合理配置程序性监管权力的具体要求，主要体现在以下三个方面：

1. 精简规制程序，实现权力运行扁平化

随着第三次科技革命和福利国家理念的兴起，公共事务的边界日益模糊，社会愈发紧密地联结成为一个整体，利益冲突更加多元化，环境污染、突发性公共事件等治理难题层出不穷，政府的职能得到空前扩张。政府职能扩张的同时，其组织形式的固化与权力配置的僵化也引发了新的问题，出现了政府职能与组织形式的目的性撕裂。一方面，科层制作为传统的政府组织形式，在政府建立之初往往具有积极作用。层层设置的金字塔式构造有利于细化政府内部的组织分工、明确各部门相应的职权范围与责任分配，进而控制与保障公权力的有序运行。但另一方面，这种权力配置结构在运行过程中也逐渐暴露出其固有的缺陷，科层制的体制僵化、反应迟钝、权力内耗等问题导致了公共服务与市场监管的撕裂与重合，进而造成公共资源的浪费，难以实现国家治理体系和治理能力的现代化目标。[2]

科层制的最大问题在于应对环境变化的动态能力不足，对既存部门进行职能调整时往往会遇到一定阻力。在面临新问题与新情况时，科层制往往倾向于通过

---

〔1〕 参见王锡锌：《行政程序法价值的定位——兼论行政过程效率与公正的平衡》，载《政法论坛》1995 年第 3 期。

〔2〕 参见竺乾威：《从新公共管理到整体性治理》，载《中国行政管理》2008 年第 10 期。

增加层级或者新设部门的方式进行权力配置调整，这就导致政府组织结构的日益复杂化，政府治理的碎片化现象更为严重，我国承担行政管理职能的事业单位数量不断增加就是明证。[1] 过于繁杂的组织体系会引发权力的冲突和程序的重复，进而导致权力运行受阻、内部联动低效率。与此同时，层级的增加使得政府信息传递的渠道被进一步拉长，信息传递与处理的效率明显下降，难以及时应对市场监管中瞬息万变的突发情况。因此，减少市场监管的队伍层级、精简队伍数量，剔除不必要或重复的监管环节，推进权力运行的过程"扁平化"就显得尤为重要。

扁平化的核心是减少层级、精简程序，提高政府机关内部的信息传递速度和决策执行效率。我国传统行政权力的纵向配置原则是采取央地分权的基本思路，依据公共事务的基本属性来划分央地事权，进而通过明晰中央与地方各自及共同的职权范围来构建相应的权力配置体系，实质上仍体现为科层制的监管体系架构。[2] 推进权力运行扁平化与程序设置精简化，要求在坚持央地分权的基本权力配置原则下，加强市场监管权力的统一配置，逐步构建起中央、地方垂直一体化的市场监管体系，坚持属地管理和分级管理相结合，根据监管事项风险范围、专业要求合理配置监管资源。[3] 进一步取消与减少不必要的监管程序设置，精简市场准入门槛，把更多行政资源从事前审批转移到事中事后监管上来，强调监管与执法的部门协作，提升监管的效率与部门联动的协调性。[4]

具体而言，在监管权力的层级配置上，首先，应当让拥有最终决策权的管理层尽可能地接近市场监管一线，降低监管体制的"纵向高度"。其次，在组织结构方面，应当以权力类型和工作流程为导向重塑监管机关内部结构，进一步拓展"横向宽度"。通过广域覆盖、决策灵活、反应及时的组织程序设计，提高监管机关对市场状况的广谱反应和快速应对的能力。再次，应当加强对基层一线监管人员的有效赋权。《"十三五"规划》提出应当"按照市场监管执法重心下移的

---

〔1〕 参见方流芳：《从法律视角看中国事业单位改革——事业单位"法人化"批判》，载《比较法研究》2007 年第 3 期。

〔2〕 参见王克稳：《论市场监管事权的纵向分配》，载《苏州大学学报（哲学社会科学版）》2021第 6 期。

〔3〕 参见国务院《"十四五"市场监管现代化规划》（国发〔2021〕30 号）。

〔4〕 参见骆梅英、黄柳建：《市场监管综合行政执法改革中的权限配置》，载《苏州大学学报（哲学社会科学版）》2021 年第 6 期。

要求，推动人财物等资源向基层倾斜，加强基层执法能力建设"。一线监管人员与市场联系更为紧密，相比高层决策人员更具有市场信息优势与实践优势。通过赋予基层监管人员一定的决策权和裁量空间，丰富其业务权限，有利于充分调动其工作的积极性和创新的主动性。最后，应当建立结果导向的效能评价机制，赋权必有责，违法必追责。在实现对于基层的科学赋权的同时，增强对其权力运行的监督管理与有效约束，确保监管权得以正确行使。在确立结果导向的评价标准时，还应当注重监管实效与程序正义，不仅关注处罚结果，还应当考虑相应的社会效果与后续影响，防止监管工作的形式主义，避免监管体系的僵化。

概括而言，扁平化的目的是提高市场监管对于市场变化的动态适应能力，具体方法表现为机关内部的组织重塑与分权化。[1] 例如，证券市场的注册制度改革，压缩了企业上市的审批层次。在简政放权的过程中，大量原先由国务院审批的项目被下放，也具有同样的作用。与之相配套的，是执法机关事中事后的监管权的增强，大部制改革后的市场监督管理局就是明证。扁平化运行要求我们不能一味地强调权力的分化与制约，而应当进一步完善我国市场监管的动态权力配置体系，促进不同监管主体之间的职权协调性，强化综合管理部门与行业监管部门之间的联动、各职能部门内外部的工作联动以及各职能部门内部的上下级联动，坚持依照功能适当原则与监管效能原则进行权力配置，提升监管的灵活性与科学高效，防止体制的僵化与监管的不效率。

2. 构建整体政府，实现权力运行信息化

扁平化是纠正科层制动态能力欠缺的重要举措，而构建整体政府和实现整体性监管则是克服科层制下部门冲突、竞争夺权、政出多头等问题的重要改革方向。

如前文所述，公共事务边界的模糊化和内容的复杂化，使得当某类新问题出现时，往往需要多个部门协同治理，但不同分工的部门在一定程度上存在治理目标的错位。例如，环保部门对企业的监管侧重于控制企业生产的环境负外部性，而市场监管部门的监管则侧重于市场秩序的维护。目标的不同可能导致部门治理的竞争，当需要多个部门协同治理时，很有可能会出现不同部门各自为政的现象，带来管理碎片化的问题。同时，也很容易导致企业难以把握所有部门的种种

---

〔1〕参见王晓玲、陈艳、杨波：《互联网时代组织结构的选择：扁平化与分权化——基于动态能力的分析视角》，载《中国软科学》2020年第S1期。

要求，陷入"上面千条线，下面一根针"的窘迫境地。此外，科层制下还可能导致监管资源的浪费，一些程序设置和职权配置本身并不存在明显差异，但却因为部门的划分，而不得不在部门内部重复设置。基于对上述问题的反思，整体政府和整体性治理的理论应运而生。[1]

整体政府和整体性治理对传统的公权力组织模式来说，无异于一场"哥白尼式的革命"。在传统的治理模式中，公权力的组织是以公共目标为中心的，围绕设立公权力的目标进行机构的分工和设立。在整体政府和整体性治理的模式中，公权力应当围绕对象而展开机构设置。[2] 例如，在2018年国家机构调整前，市场监管领域存在多个主管部门，工商部门负责市场主体的准入，质监部门负责产品质量的监督管理，食药监部门负责食品药品的准入和监管，部门的设立更多是围绕公共治理的需要；在2018年国家机构调整后，市场监管领域的部门统一整合为市场监督管理局，统一监管市场主体的各项行为，市场主体完成合规要求不需要对接多个部门，只需要遵循市场监管部门的规定即可。如此，可以大大减轻企业的合规成本，增强其合规经营的意愿。

以对象为中心的监管权力配置，要求监管权的行使要"一个拳头对外"。而要将原先多个部门的职能整合在一起，统一行使，就必须完善信息通路，在各个环节实现监管信息的高效共享，降低程序运行之间的冗度和摩擦，促进权力之间的联动。可以说，信息化是构建整体政府，实现整体性监管的核心举措。市场监管需要与时俱进、开拓创新，探索市场监管新机制，需要充分利用科技手段实现市场监管资源的科学和有效配置。

权力运行的信息化包括外部信息化和内部信息化。外部信息化是指权力运行的出口应当实现信息化，具体表现为政府入口网站的统一。通过整合不同层级、不同机构甚至不同地域的网站，为公众的信息查询提供统一路径。相较于外部信息化而言，内部信息化在监管权力的程序性配置中显得更为重要。内部信息化是政府内部的各部门数据共享，在进行数据整理的过程中，存在两种思路：一是制定从中央到地方各个部门的统一的数据标准，并链接各部门数据库，以实现数据共享；二是建立统一的中央数据库，每个部门和机构统一使用，而无需构建独立

---

〔1〕 参见王敬波：《面向整体政府的改革与行政主体理论的重塑》，载《中国社会科学》2020年第7期。

〔2〕 参见竺乾威：《从新公共管理到整体性治理》，载《中国行政管理》2008年第10期。

数据库。无论采用哪种方法，其核心目的都在于尽可能地接近监管对象。通过大数据平台实现部门间的数据共享，可以有效提升监管效率和能力。例如，美国自2012 年开始推动全球金融市场 LEI（Legal Entity Identifier）系统的建设，该系统收集全球金融信息，将金融市场内部的全部法人实体囊括在内，打破了传统金融部门各个行业之间的界限，使得跨部门的风险管理在技术上得以实现。[1] 我国目前已经开始了数据平台和政府信息化的建设，但在数据的实时共享、互联互通等方面还需要进一步深化，在程序性权力配置的过程中，尤其应当注意监管权力运行的信息化记录和数据共享，拓宽监管的广度和深度。

3. 区分法益层次，实现权力运行柔性化

市场监管权力的运行应当坚持包容审慎的基本原则，坚持具体问题具体分析，提高权力运行的适当性与合理性。当前，推进国家治理体系和治理能力现代化仍然是我国体制改革的重点。将"治理"与"管理"进行比较，虽然两者都具有维护社会正常运行秩序的基本目的，但在以下方面明显存在差异：首先，在主体层面，管理的主体是政府或法律法规授权的组织，而治理的主体则不限于公权力机构，社会团体、非政府组织等不享有公权力的主体也可以参与到社会治理的过程中，实现社会共治。其次，在过程层面，管理是自上而下的命令和强制，具有典型的"高权"属性，而治理则更强调上下互动，通过协商、引导、合作的方式达成目标。最后，在实现手段层面，管理依靠国家强制力保证管理的效果，而治理则依靠治理对象的意思自治和自我约束。可以认为，治理并非简单的静态规则，而是一个协调过程，是包括公共部门和私人部门在内各方主体的持续性互动。[2]

推动监管权力的柔性化发展不仅符合治理理念的基本要求，也是我国市场监管权力配置的新发展方向。传统市场监管的强制性和程序的严格性难以适应社会快速发展变化的需要，面对在食品、药品以及环境等方面出现的各类复杂化问题，各国纷纷在实践过程中对传统监管理论进行了改革和创新。美国适用非正式程序的管制活动比重已经达到整体数量的 90%；在德日等大陆法系国家，在没有

---

〔1〕　参见李洪亮：《创新事中事后监管机制　构建大数据监管新格局》，载《中国市场监管研究》2017 年第 2 期。

〔2〕　See Commission on Global Governance, *Our Global Neighborhood*, Oxford University Press, 1995, p. 23, 28.

实体法授权时利用"非正式行政活动"完成管制目标的方式也日益得到重视。[1]

我国是互联网大国，互联网本身的创新性决定了公共性互联网企业的某些经营行为难免会涉及立法空白之处，某些经营行为可能远远未达到违法违规的程度，因此对于这些低危害性的经济行为直接采用强制性监管措施往往失当，此时运用柔性管理措施可以恰到好处地起到引导和规范的作用。因此，有必要明确区分法益的层次，并依循该次序的轻重缓急分层级地、渐进式地实现监管目标，给予权力运行合理的缓冲地带，这种缓冲地带恰好是柔性措施发挥作用的空间。

有学者将柔性监管的措施归纳为激励型监管、协商型监管、行政指导和自我监管4种类型。[2] 除自我监管以外，前3种监管形态都有市场监管权力的存在。因此，在程序性权力配置的过程中，应当着重考虑前3种措施的具体特征，进行合理的程序配置。

激励型监管，是指监管者依据经济诱因的方式和手段，间接引导市场主体为或不为一定行为，从而实现监管目标的方式。[3] 传统监管手段利用许可、处罚、命令、禁止等手段对市场进行监管，较少考虑被监管主体行为的内在动因，使得监管者和被监管者居于矛盾和冲突之中，影响监管效能的发挥。通过为经营者设置信用值评估，为更高信用值的企业提供一定的税收优惠或政策倾斜，可以激励经营者自主提升合规本领，主动配合监管者完成工作。如此一来，在市场监管过程中就可以达成监管者和被监管者的合力，充分提高监管效能。例如，上海自贸试验区就通过增值税优惠、税款分期缴纳、保税展示交易平台等途径激励企业自发配合市场监管。不难看出，在激励型监管中，激励措施往往需要多个政府部门的共同配合，因此在配置此类措施的监管程序时，应当注意多部门协调的相关程序设置，确保协调到位、高效沟通。

协商型监管，是指监管者、被监管者、利益相关的第三方主体等通过协商的方式，制定出愿意共同遵守的监管政策和目标，并通过契约来规定各方权利义务并保障实现的监管方式。[4] 协商监管的方式引入各方主体共同参与，改变了监管者所处的"高位"，实现了监管者与被监管者的平等协商。在协商的过程中，

---

〔1〕 参见朱新力主编：《行政法学》，高等教育出版社2004年版，第210页。

〔2〕 参见蒋建湘、李沫：《治理理念下的柔性监管论》，载《法学》2013年第10期。

〔3〕 参见李沫：《激励型监管的行政法思考》，载《政治与法律》2009年第10期。

〔4〕 参见李沫：《协商性监管的挑战与应对》，载《社会主义研究》2012年第6期。

双方可以在理解对方意图的基础上，提出符合双方利益的创造性方案，灵活性强，也更容易获得被监管者的主动遵守。这种协商型的模式，在现实中已有较为广泛的实践，也有了一定的规范依据可循，最主要表现为行政协议。行政协议是公私合作的典范，我国实践中也有了许多行政协议的成功范例，但也存在协商过程中单方性和强制性过强的问题，最高院出台《最高人民法院关于审理行政协议案件若干问题的规定》对此类问题进行了规范。在此类监管措施的程序性配置中，应当注意控制监管机关的随意性、单方性和强制性，通过程序的约束确保监管者与被监管者实现"平等"沟通，尊重被监管者及利益相关方的意思自治，保证协议达成的真实有效性；同时，对于协商的内容和意思形成的程序则不应做过多限制，以免限制监管者意思表达的灵活性，降低协商沟通的效率。

行政指导，是通过发布政策文件、纲要、指南或者通过直接向相对人提供建议、劝告、咨询等方式，引导行政相对人做出某种行为或不做出某种行为的措施。[1] 指导本身不具有强制性，但是可以促进监管者与被监管者的沟通，起到一定的预防作用。尤其是在新兴互联网领域，相关规则的空白使得企业难以把握监管态度，监管机关也需要在了解市场运行实际情况的基础上评估行为可能产生的不利影响。此时，行政指导就能成为恰当的措施。通过发关注函表达对相关问题的重视，通过约谈提前介入，了解行业运行的实际情况，给企业说明情况并加以整改的机会，对于促进互联网行业的健康发展和用户利益的保护都更具长远性。考虑到该制度本身不具有约束性和强制性，其本身的柔性也拒斥过分程序化的刚性要求。因此，在程序性权力配置时，应当注意给行政指导措施进行程序松绑，充分发挥其柔性优势。但同时也应当注意，行政指导信息的发布本身可能会给企业的股价、市场信心、企业形象造成影响，对行政指导措施公开后的外部性考量程序，应当纳入到程序配置的考量范畴中来。

除了上述 3 种柔性措施的大类划分外，在市场监管领域中，诸如食品安全领域的约谈制度，反垄断领域的承诺制度，均是柔性规制、回应性规制的体现。应根据不同的法益目标、市场主体的表现、行为的危害性程度逐步加强规制的力度，通过分层次的监管，鼓励市场主体自行整改，以此降低监管成本。

---

〔1〕　参见姜明安：《新世纪行政法发展的走向》，载《中国法学》2002 年第 1 期。

三、市场监管程序性权力配置存在的问题及原因

（一）程序性权力配置存在的问题

市场监管权力需要在程序通道中发挥作用。如果说权力配置反映的是立法层面的赋权问题，那么权力运行则是执法层面的行权问题。监管程序作为法律权力输入和法律后果输出之间的媒介，是整个市场监管体系的脉络。市场监管中程序设计的合理化程度是权力能否正确、有效运行的关键因素。因此，市场监管权力配置的重要性不仅体现在实体性权力的配置上，还体现在程序性权力的配置上。

在我国市场经济体制改革中，程序性权力的配置一直都是改革的重要部分。国务院机构改革后，国家市场监督管理总局得以组建，程序性权力相应地被重新整合，监管权力的运行方式也随之得到了更新。但由于改革仍处于起步阶段，市场监管的程序运行有待磨合，结合我国目前的市场监管现状，权力运行层面还存在着许多负面因素。不够科学的程序性权力配置会造成权力运行的低效率，使得实体权力堵塞于权力运行通道，从而无法达成市场监管的目标。相应地，市场经济的秩序便无法保障，以至于对我国现代化经济体制建设产生不良影响。

1. 监管重叠

监管重叠的问题产生于权力配置上的不合理，导致同一领域或行业多头监管、监管权分割现象突出，监管权碎片化与分散化问题严重。这些问题映射到程序层面，表现为各程序机制的迟滞僵硬，权力运行矛盾突出。

我国目前的市场监管权力主要集中于多部门合并后的国家市场监督管理总局，行政权力在市场监管中占据主导地位。然而，国家市场监督管理总局所掌握之"权力束"，无论是在横向的展开，还是在纵向的延伸上，总是显得范围模糊，界限不明，监管权力并未形成有机的整合。横向来看，规制市场主体的权力并不被行政机构所垄断，而是在行政机构的主导下同时散落于外部。司法机关的审判权可以作为行政力量的补充，有学者认为，还存在着社会性市场监管权主体的监管权。[1] 这形成了行政权力内外双轨，甚至多轨的市场监管权力路径。然而，各个轨道之间并不完全平行，而是相互交织。同一事项的市场监管以及追责可以通过不同的路径实施，但各路径的分工、各种程序的适用标准，就目前的状况来看，尚未明晰。监管权在运行中容易发生交叉、重叠，导致市场监管权力运

---

〔1〕 参见许明月、单新国：《社会性市场监管权主体监管权的法律规制》，载《甘肃政法学院学报》2018 年第 4 期。

行中的不效率。在行政和司法这两条权力运行路径中，行政路径与司法路径之间的衔接与协调机制缺失，双方监管重叠，对某一问题进行平行处理的情况时有发生，甚至会出现对同一案件的行政执法认定与司法认定结论不一致的情形，从而对公权力主体的权威与公信力造成不良影响，对法的预测功能和指引功能的发挥产生阻碍，乃至对整个社会的法治信仰与法治精神造成损害。纵向来看，程序性权力从中央到地方的延伸上也存在配置的失衡，中央与地方的监管部门缺少沟通的程序渠道，也缺乏可实际操作的衔接程序，地方性的市场问题可能上升到国家层面，国家层面的问题也可能限缩于地方市场，两者的监管权的外延不清、界限不明，对具体事项的监管也未形成如司法权一般的纵向移动机制。如此，市场监管权力在纵向层面也可能产生监管重叠的问题。

监管重叠虽然并不一定直接损害社会公共利益，但其最大的问题在于程序性权力配置的冗余。权力配置过多的重合极易影响权力配置的效率，造成执行困难，[1] 从而大量浪费执法资源和产生额外的执法成本，从长期的视角来看，还会对市场经济的平稳运行造成隐患。

2. 监管真空

前文已经提到，我国市场监管的权力运行在横向表现为以行政权力为主导的双轨或多轨模式。各程序轨道的权力交错，界限不清不仅会导致监管重叠的问题，也会引发监管真空的出现。

从程序的启动来看，司法程序的启动依赖于权利受到侵害的市场主体所提起的私益诉讼，司法权力的介入具有被动性，权力的运行受到第三方主观意愿的限制。与此相对，行政权力的介入具有主动性，可以主动、自发对市场进行监管，形式上可以较好地与司法程序达成互补。然而，目前我国的行政监管程序有别于司法程序或者准司法程序，其透明度还需要进一步提高，对维护被监管对象合法权益的程序保障不足。在程序启动上，由于是由市场监管部门主动发起，第三方主体（如违法行为的被侵害人）在权力运行中的地位不明，且在许多情形下，行政监管程序仅存在监管主体与监管对象两方主体，第三方主体并不参与其中。在此模式下，容易催生行政监管机构权力行使的消极与怠惰，一些市场违法行为因此逃过规制而继续危害市场。而司法权力被动特征使其无法对监管漏洞进行有

---

〔1〕　参见贺荣兰：《政府市场监管权的法律配置及其优化》，载《甘肃社会科学》2019 年第 6 期。

效的补充覆盖，于是权力的运行中便产生了监管的真空地带。

在行政监管权力的内部，虽然市场监管的主体在机构改革中进行了合并，但原机构享有的各权力并未在新机构中得到有机整合与有效再配置。从机构设置上，单一机构，即国家市场监督管理总局享有综合性市场监管权，在其内部机构的设置中，既按照监管领域进行了划分，如产品质量安全监督管理司、广告监督管理司，又按照职权内容进行了划分，如法规司、执法稽查局，各类权力杂糅，使得监管机关内部在监管权力运行的过程中的分工也处于不稳定状态，各部门之间权力的行使上容易相互推诿，导致程序虚置、空置，降低监管的有效性，产生监管空白。

监管真空不同于监管重叠，监管真空的产生会变相降低市场主体的违法成本，刺激其采用不法手段获取利益，从而对社会公益造成直接性的损害。监管真空容易导致市场主体的机会主义行为，为市场主体避法违法行为提供可乘之机，食品安全问题、产品质量问题、排除限制竞争与不正当竞争问题、金融违法违规问题等层出不穷。在我国目前市场监管权力配置尚不完善的情况下，在权力运行过程中加强各权力主体之间的协调与配合，创新不同监管权力之间的衔接与联动机制，是解决当前权力交叉错位、监管重叠与监管罅隙的内在要求与必然选择。

3. 联动不效率

监管机构的整合使市场监管机关的"权力束"发生扩展，对各权力主体之间的相互配合和联动提出了更高要求。当今市场经济不断推陈出新，新兴的市场组织、商业模式不断出现，市场行为已经变得十分复杂，市场的划分相比过去也更加困难。这意味着市场监管的权力运行应当考虑更多方面的因素，要求监管机构内部各部门以及跨监管部门的高效联动，执法能力需要提高，工作方法需要改变和创新。

近年来，我国的市场监管部门已经在内部联动的创新上做出尝试，其中，"双随机、一公开"的工作方法被认为是改革的代表性成果。"双随机"，即建立健全市场主体名录库和执法检查人员名录库，通过摇号等方式，在监管过程中随机抽取检查对象，随机选派执法检查人员，推广电子化手段，对"双随机"抽查做到全程留痕，实现责任可追溯。"双随机、一公开"改革是为解决当下我国市场监管"监管俘获"、"过度扰民"、信息不公开、效能低下等"监管失灵"问题，这为监管改革从理念和技术的创新层面提供了新的手段。[1] 然而，"双随机、一公开"改革能否达到其设计效果，尚未可知，但从权力配置的视角来看，这一工作方法仍存在着一定的问题。首先就监管权力的协调配合而言，随机选派执法检查人员，如何保障所选派人员的专业性与中立性？如何实质性地促进同一领域或行业的不同监管主体在监管过程中的无缝衔接，在避免因重复监管带来的执法扰民、增加市场主体不必要的合规成本的同时，防范监管漏洞与真空？

在外部联动上，最大的矛盾点在于产业促进部门与市场监管部门的关系上，产业促进与市场监管是国家权力干预市场的两个方面。产业促进倾向于赋予市场主体更多权力，市场监管则更倾向于赋予市场主体更多义务，两权力的运行方向是相对的，极易发生碰撞。因此，两者之间的联动与配合便显得十分必要。我国目前在这一方面的程序设计上处于相对空白状态，这使得两权力在实践中只得被动寻求避让，产业促进以及市场监管的效率均会降低。在强监管的市场条件下，产业政策让位于行政权力，难以发挥对市场的刺激作用，只得在特殊领域寻求土壤，影响力有限。而在弱监管的市场条件中，尤其在近年来我国不断强调市场对资源配置的决定性作用，以及互联网经济不断创新发展的背景下，市场监管权力的运行，特别是在竞争政策上，让位于产业政策，甚至被产业政策挤压了适用空间。产业促进占据主导地位，在一些被鼓励发展的领域，市场监管权力的介入显得犹豫、迟滞，甚至进行消极避让。在特定的市场风险形成一定的规模后，监管权力才又大规模进入该领域，但此时社会公益已经遭受到不同程度的损害。两者本应在有效联动的基础上共同优化市场环境，但在实践中却似乎表现为此消彼长的矛盾关系，值得思索。而且，市场监管外部联动的不效率还会在市场经济中形成一种权力运行的类周期运动，市场监管政策在严厉与宽松之间波动，市场经营者难以把握"风向"，不利于形成稳定的市场竞争环境，导致一般的市场主体，尤其是中小企业，在不稳定的市场环境中付出额外成本，最终损害市场的整体利益。

4. 监管程序的泛化

我国市场监管由行政权力所主导，但在执法层面缺乏有效约束的情况下，行政监管权力在运行过程中可能会表现出随意性问题。这导致了市场监管程序的泛

---

〔1〕 参见刘智勇：《市场监管的新格局与新视野》，首都经济贸易大学出版社 2018 年版，第 108 页。

化，一些执法手段缺少法律授权，执法的合法性、合理性受到挑战。监管程序的泛化体现在市场监管中的诸多方面，其中较为突出的是约谈手段的频繁使用以及失信惩戒的不当运用。

约谈是我国市场监管机构常用的执法手段之一。然而，在我国市场监管领域的法律规范层面，明确纳入约谈程序的其实并不多。以《药品管理法》和《食品安全法》中有关监管部门约谈的规定为例，除行政机关内部监督所进行的约谈，真正涉及监管部门对市场主体约谈的规定仅有两条，即《药品管理法》第99条[1]以及《食品安全法》第114条[2]。然而，实践中对约谈手段的采用却远远超出这一范围。不仅如此，这两条规定在内容上也显得十分单薄，约谈本身并未形成一项独立、成熟的监管程序制度。一方面，约谈被采用时，经营者与监管主体之间的权利义务关系仍十分模糊；另一方面，约谈的启动程序、终结程序、约谈的介入对于经营者法律责任认定的影响等因素，仍处于法律的控制之外。在此前提下，约谈被监管部门大规模使用，体现了我国在市场监管程序性权力配置中的不足。约谈已经成为了一个监管程序泛化的窗口，监管机关在其中进退自如，成为了市场秩序中的不稳定因素。

实践中，约谈这种监管方式为很多监管机构所青睐，更多是基于监管效率的考虑。其一是约谈往往可以产生较好的执法效果；其二是可以以较低的执法成本排除市场中的隐患，既可以将危险扼杀于摇篮之中，又几乎不会因执法错误而被追责。但是，约谈在自身缺少法律依据的前提下，其效力就只能发生于法律框架之外。实践中，市场主体受约谈的制约，往往是受到了行政权力的威慑所造成的结果。这种威慑力源于监管机关的行政地位，而非源于具体的市场监管权力的约束。市场主体总是会对行政权力的威慑具有天然的服从倾向，潜在的问题是，即使监管机关的约谈存在错误，经营者也会基于权力的威慑作出妥协，付出额外的成本。约谈并不是不会产生执法错误，而是错误往往不会表现于外部，同时也缺

---

[1]《药品管理法》第99条第3款规定："对有证据证明可能存在安全隐患的，药品监督管理部门根据监督检查情况，应当采取告诫、约谈、限期整改以及暂停生产、销售、使用、进口等措施，并及时公布检查处理结果。"

[2]《食品安全法》第114条规定："食品生产经营过程中存在食品安全隐患，未及时采取措施消除的，县级以上人民政府食品安全监督管理部门可以对食品生产经营者的法定代表人或者主要负责人进行责任约谈。食品生产经营者应当立即采取措施，进行整改，消除隐患。责任约谈情况和整改情况应当纳入食品生产经营者食品安全信用档案。"

乏纠错的机制配置以及救济手段。频频使用约谈方式介入市场，无疑也会给市场主体增加负担与困扰。

此外，失信惩戒手段的不当运用也是监管程序泛化问题的重要表征。近年来，我国大力推进社会信用制度建设，失信惩戒已经成为了社会治理中的常态化手段。信用概念作为经济术语本身应用于金融领域，仅存在于市场的一个特殊领域。由于制度创新，失信惩戒制度的适用范围逐步扩张，远远超出了广义信贷关系的范围，导致学界尝试赋予这个制度中包含的"信"以"人际信任关系"的新含义，这样，失信惩戒制度中的"信"已与民法中的诚信和经济学中的信用渐行渐远。[1] 语义上的扩大解释使得失信惩戒背后的权力性质悄然转变。失信惩戒逐渐成为市场监管的常态化手段，其公共属性陡增，实际上已经脱离经济属性，融入了市场监管的程序性权力之中。

然而，失信惩戒具有了监管权力之实，但却未具备监管权力之形。从法律依据来看，失信惩戒制度散见于地方性法规、国务院指导意见等效力位阶不高的规范性文件中，权力的运行仍未具备完备的法律根基，具体程序的启动程序、处理标准等也处于模糊状态。以《上海市社会信用条例》为例，依据其规定，因市场行为被列入严重失信主体名单的条件为"严重破坏市场公平竞争秩序和社会正常秩序的行为"。[2] 这一标准虽指明了方向，但具体含义仍有待解释：失信惩戒行为是否应当以违反市场监管法规为要件？"严重"的判断标准为何？破坏市场公平竞争秩序的评价标准是什么？诸如此类的问题表明，社会惩戒在程序运行上仍有很多必要的细化空间。

从结果来看，失信惩戒的后果是单一的，即将惩罚对象列入失信名单，使其失去一定的权利和受到一定的限制。依据法律保留原则，对公民权利的限制需要法律授权，而市场监管权力在这一方面的授权工作目前尚未完成。此外，其间的权力配置还存在着平衡性的问题。失信惩戒的后果是单一的，但受到失信惩戒的原因是多样化的。行为的情节、危害性的不同不会在处理结果上产生差异，程序

〔1〕 参见徐国栋：《"失信联合惩戒机制"中"信"的含义之澄清》，载《中国法律评论》2021 年第 1 期。

〔2〕《上海市社会信用条例》第 25 第 2 款规定："信息主体有以下行为之一的，应当将其列入严重失信主体名单：（一）严重损害自然人身体健康和生命安全的行为；（二）严重破坏市场公平竞争秩序和社会正常秩序的行为；（三）有履行能力但拒不履行、逃避执行法定义务，情节严重的行为；（四）拒不履行国防义务，危害国防利益，破坏国防设施的行为。"

的输入和输出之间存在着显著的不平衡。从失信惩戒的实际效果来看，其虽然不直接处分惩戒对象的人身自由或者财产，但限制仍是较为严重的，尤其是在对象作为市场主体情况下，对其正常生产经营都会产生打击。鉴于该手段较为严厉的效果，从比例原则的角度考虑，对该领域的权力配置应当保持谨慎。

（二）程序性权力配置相关问题的原因分析

1. 权力配置的程序性设置存在缺陷

良法是善治之前提，科学立法是严格执法且执法有效的必要条件，科学的权力配置理念与权力配置模式是实现市场监管权力稳健有效运行的前提和基础。当前我国市场监管中存在诸多监管失灵的问题，很大程度上是因为在对监管权力进行程序性配置时就存在问题，从而为权力运行阶段的监管失灵埋下隐患。

第一，我国市场监管程序性权力配置的立法体系仍不健全，缺乏相应的配套法律法规或制度规范。当下我国对于市场监管的权力配置研究多参照宪法或行政法规定，往往依据权力受限、权力法定以及权力效能等传统宪法原则进行权力配置，缺乏针对我国本土市场环境及行政管理体制量身打造的权力配置法律体系。各部市场监管法律更多关注的是市场主体的实体性权利义务，而在市场监管权力的介入与配置程序上规定得十分简略。立法的不充分使得我国市场监管权力配置缺乏必要的法律依据与程序指导，市场监管的程序运行产生了内外界限模糊的问题。应当进一步完善组织法的基础配置功能以及配套法律法规建设，推动市场监管法制化建设，提升法律配置的精准性。

第二，我国市场监管的权力配置体系本身存在一定的缺陷与不足。自我国市场监管实行综合式行政执法改革以来，我国的市场监管和执法机制不断完善，实现了由分段、分领域监管向统一、综合监管的转变，统一市场监管格局初步形成。但就市场监管的程序性权力配置而言，无论是横向配置还是纵向配置上都存在一定的问题。就横向维度而言，我国将原有的多部门监管职能予以合并，设立国家市场监督管理总局作为统一综合监管部门。这一改变虽然实现了由分散式监管到整体性监管的飞跃，但是整合后的机构在权力的再配置方面仍然存在问题，监管机构的内部运行仍然存在碎片化问题，国家市场监督管理总局内部各部门之间的权责分工尚不清晰，市场监管权在各部门间的界限仍然较为模糊。此外，除却市场监管部门自身的内部协调问题，我国当前的监管机制下，行政监管权和司法审判权等权力缺乏联动，市场监管权力无法相互疏导。如何实现行政权与司法权等权力的合理配置与互相配合也成为新时代我国综合式监管所面临的重要议题。就纵向维度而言，由于我国实行科层制的监管机制，中央与地方实行分权。如何进一步处理好中央与地方市场监管部门之间的权力分配，因时制宜、因地制宜地对属地管理原则予以调整，更好地发挥上下层级部门各自的专业性与积极性，处理好综合执法与专业执法的关系，都是我国市场监管纵向权力配置维度所面临的挑战与难题。

综上所述，我国目前的市场监管权力配置存在程序设置上的缺陷，主要体现为配套法律法规的缺失以及监管权力内部纵向与横向维度上的配置难题。程序作为实体的必要保障，科学合理的程序设计有利于保障实体制度的有序运行。要想进一步推进市场监管体制改革，提升监管的质量与效率，必须注重从市场监管权力配置的程序性设置入手，进一步加强监管法治化建设与权力配置研究，处理好中央与地方之间的权力配置以及市场监管机关内部各部门之间的权力运行与协调机制，加强行政执法权与司法权的有效联动和互相配合，实现机关内部的协调一致、部门与部门之间的协同共治，共同推进市场监管体制的改革创新。

2. 权力配置的资源供给不足

科学立法是有效执法的前提，但前者只是后者的必要不充分条件。要想实现市场监管权力的最终有效运行，不仅需要科学的权力配置程序为其提供制度上的前提性保障，还需要保证权力运行过程中的主客观条件齐备，即必须保证市场监管权力的资源供给，才能推进监管程序的有效落实。

第一，监管权力运行的客观要件是执法资源的充分及有效利用。执法资源的充分呈现在广度和深度两个维度：一方面，在广度问题上，我国强调"大监管"理念和整体政府的观念，要求实现部门监管、行业监管与社会监管的有效联动，统筹行业管理和综合监管、事前事中事后监管，统筹发挥市场、政府、社会等各方作用，切实提高市场综合监管能力。[1] 无论是市场监管工作还是相应的执法工作都应当获得其他主体的配合与帮助，通过监管机关内部、机关与机关之间的互相配合与合理联动，利用有效的资源实现高效执法。另一方面，在深度问题上，监管过程应当加强专业化，并将执法成本控制在合理范围内。我国目前的执法资源在广度和深度上都不够理想。在市场监管程序中，对于违法行为的调查和

---

[1]　参见国务院《"十四五"市场监管现代化规划》（国发〔2021〕30号）。

处理多依赖行政监管机关自身的作为和判断，未能在执法中有效调动和利用其他主体的力量，监管过程中可利用资源总量较小，客观资源供给与利用不足。此外，监管部门行政化的工作体制在某种程度上难以与市场经济的灵活性相结合，潜在地增加了执法成本，进而造成执法资源的浪费。

第二，监管权力运行的主观要件体现为专业化的监管团队和高水准的执法能力。在监管外部形势严峻的同时，我国监管体制内部却面临着人员不足、专业度欠缺、监管硬件资源相对匮乏等问题。我国的市场监管机构改革整合了原先散落于多部门的监管权力，这为监管执法队伍的专业化以及执法能力的加强提供了有利条件。但改革后的市场监管队伍的专业化水平和监管能力仍然需要进一步加强，特别是新时代背景下日益复杂的市场环境对监管人员多学科、复合化的知识和能力储备提出了更高要求。

权力运行在主客观条件上的限制成为了我国市场监管权力运行中的制约因素。

3. 权力配置与运行的制约监督机制不健全

第一，我国市场监管权的配置过程缺乏必要的制约与监督机制。市场监管权的配置本身也是一种权力，需要加以有效管控与合理约束，以避免权力配置的无序性与肆意性。我国当前市场监管程序性权力配置存在不足，主要原因之一即为权力的配置过程缺乏有效的制约与监督机制。尤其是对于部门规章、地方政府规章甚至是地方性法规中有关市场监管权力配置的规范缺乏必要有效的审查机制，也是导致市场监管权力配置容易为部门利益、地方政府利益所左右的重要因素。市场监管作为补充性的调节手段，其旨在矫正市场失灵，恢复正常的市场竞争秩序。但任何不加约束的权力都具有被滥用的风险，不仅不会缓解市场危机，反而会进一步加剧市场失灵的现象，并且诱发政府失灵的问题，导致"团体性目的偏移"的发生。防止权力肆意扩张的根本方法即为建构权力配置的监督制约体系。在程序性监管权力配置方面，主要体现为权力运行中的程序义务。我国在推进国务院机构改革的过程中，将分散的市场监管权力予以集中，但在赋权的同时并未建立起配套的权力制约机制。权力配置的不均衡在程序路径上进行传导，便会产生监管的错位、越位和监管缺失等问题，进而导致对监管秩序的反向侵蚀。

第二，我国市场监管权的运行过程也缺乏必要的制约与监督机制。权力应当被关进制度的笼子里，这不仅要求监管机关不得滥用权力，而且要求监管机关必须依照法定程序正确地行使权力。因此，需要对权力的运行过程予以有效监督和制约，避免权力运行受执法者的主观因素干扰，保证监管行为的科学性、合理性、有效性。我国目前权力运行的制约机制仍不够健全，主要表现为法律责任制度的不健全与追责程序的不完善。法律责任是市场监管的最后落脚点，缺少责任的约束，法律义务的配置便毫无意义。法律责任配置主要包括两方面的内容，一是市场主体违反实体义务所应承担的法律责任，二是监管主体违反程序义务所应承担的法律责任。我国目前的市场监管法对第一种责任的配置已经趋于完备，但在第二种责任的配置上则显得十分简略。不仅如此，在责任的承担方面，实践中我国几乎将监管不力或滥用监管权的责任全部归咎于公务人员个人，缺乏对于监管机构的责任追究设置。这既不利于督促行政机关认真履行其职责，更不利于受害者的多重救济保障。[1] 权力的运行是一个完整的程序链条，但我国现行监管责任配置只涉及了程序的末端，而无法对整个权力的运行系统起到制约作用。此外，要想使责任制度得以真正落实，还必须配备以具体明确的追责程序。我国现行的监管体制对于市场主体与监管主体的责任追究都缺乏透明度，仍需加强程序的公开性与公正性。追责程序的启动过于倚赖监管机关的主动性，缺乏外部的程序制约，这就容易产生权力异化和寻租的风险，而在对监管机关追责的程序中，问题则更为突出。纵观整个市场监管法律制度，关于监管主体责任追究程序的规定几近空白。市场主体在遭受了不公正执法后，往往只能通过发起行政诉讼的方式来实现救济，无法对监管机关起到警示与惩戒作用。监管机关责任的追究程序完全由行政上级通过内部途径发起，未能形成有效的权力制约之责任与追责体系。

　　综上，我国市场监管权力配置与运行的制约监督机制尚不健全，应当尽快出台针对市场监管权力配置的配套法律法规，提升立法的精准性与科学性。同时，进一步落实法律责任制度，在实现科学赋权的同时落实有效限权，建立起与赋权机制相适应的监管权力约束机制，强化对于监管机关的责任追究，保障追责程序的公开透明，真正做到有权必有责、有责要担当、失责必追究，推进市场监管程序性权力配置的科学合理，防止监管权力的滥用。

---

〔1〕　参见薛克鹏：《经济法基本范畴研究》，北京大学出版社 2013 年版，第 300 页。

四、市场监管程序性权力配置合理化的实践需求

(一) 市场主体的需求

市场主体在经营活动中，为了成为一个合法的经营者，必定存在着能够清楚明了哪些商品和服务是经营者可以完全自主决定的，哪些商品和服务是必须由政府干预确定的，哪些又是可以在政府的指导范围内经营者享有一定程度的自主权限的期望。简言之，市场主体对厘清政府与市场的关系，明晰政府的监管边界有强烈的需求。

目前，我国的市场监管制度并非完全着眼于市场现状，而是很大程度上取决于政府的意愿。具体来说，我国市场监督管理政策的出台以及决策的形成往往主要取决于政府对市场监管的认知程度，未能对市场良性发展及有序竞争秩序进行及时有效回应。

以证券市场为例，这与其在我国证券市场创立之初是作为帮助国有企业解决改制困境的经济体制改革配套措施的试验田身份有着相当大的关系。从证券市场的发展脉络及历史沿革来看，初期的证券市场是在"实验—调整—再调整"的模式下发展的。在这种为国有企业服务的监管目标下，传统计划经济中对于资源的控制和分配的监管理念深刻地影响着监管主体的决策。由此，证券监管凸显为以准入许可为主体的审批式监管，却没能将监管交易行为的重要性上升到应有的位置。

数字时代的发展带来了许多全新领域，市场的这一变化不可不察。数字时代带来的众多全新结构需要市场监管程序性权力的配套设计。在数字时代的开端，国家高度重视数字经济的发展，主要采取包容审慎的鼓励态度，而在近年来又对部分事项强力禁止，治理强度上波动较大，缺乏可预期性，当前亟需就数字经济确立一个公共秩序。[1] 秩序的建立就需要在市场监管的规则上审慎制定，并在监管运作上积极出击。

以元宇宙为例，元宇宙作为一种全新的社会形式，其目标是为用户提供一个开放的、不受束缚的、沉浸式的环境，让用户通过感官突破传统的时间和空间障碍，并可通过技术支持增强用户的存在感、真实感和交互感。[2] 元宇宙创造了

---

〔1〕 参见张钦昱：《元宇宙的规则之治》，载《东方法学》2022 年第 2 期。

〔2〕 See Sarah van der Land, et al., "Modeling the Metaverse: A Theoretical Model of Effective Team Collaboration in 3D Virtual Environments", *Journal of Virtual Worlds Research*, Vol. 4, No. 3., 2011, p. 4.

一个全新的社会，存在非传统社会的价值观，此种价值观可能损害他人财产权，并影响用户在现实世界中的真实行为[1]。元宇宙中财产确权问题也值得注意，基于元宇宙的社会特征，虚拟财产作为用户所有财产，似乎可以在元宇宙中自由流通，而当前以现实的公司为基础对元宇宙的划分使得虚拟财产转移受到限制，这能否看成对元宇宙财产权利体系的侵犯；元宇宙就人的注意力产生了全新的竞争场所，其对注意力的争夺行为究竟应当看作虚拟社会的生存必需还是能够同传统社会相联系并入一套反竞争逻辑之中，种种问题亟待市场监管的适应性应对。[2]

在这样一种模式下，市场主体的主观意志与市场本身的相对自由发展脉络，与现有市场监管体制之间显然容易出现较大的需求沟壑。在理想条件下，市场主体对于政府监管的整体需求应当完全顺应市场本身发展规律，以达到充分有序竞争的效果，然而现实中过高取决于政府主观意志的监管模式一则无法对于市场需求做出有效应答，二则会使市场主体长期处于对市场经济发展的预测把控与对捉摸不定的政府监管决策的预测之间的艰难踱步之中，在一定程度上丧失了市场主体对于监管政策的信赖度，也削弱了现代法治所要求的法的可预测性与稳定性，不尽符合依法行政的法治理念。具体来讲，市场主体在其合法经营活动中为防止不必要的法律风险，存在着明晰何种商品和服务由市场主体在一定范围内充分发挥其经营自主权确定，何种由政府干预、政府如何干预、在多大范围内干预、执法程序和内容如何、违法后果如何等的需求。故而，明晰政府权力的边界，对现有的以政府主观意志为主导的权力配置进行改革，回归政府决策对市场的需求响应，是符合市场主体需求的科学举措。

（二）政府的需求

改革开放之前在国家高度集中的政治经济体制之下，一切经济行为都由国家包办，国家的经济权力被过度强化，乃至出现与客观经济运行规律不符的现象，最终导致中华人民共和国成立之初至 20 世纪 70 年代我国经济效率低下、发展落后的局面。改革开放后，我国大力推进国有企业改革，鼓励私有制经济发展，日益尊重市场自我调节在经济发展中的作用。党的十八届三中全会通过的《中共中

---

〔1〕　See Nick Yee, Jeremy Bailenson, "The Proteus Effect: The Effect of Transformed Self-Representation on Behavior", *Human Communication Research*, Vol. 33, No. 3, 2007, p. 271.

〔2〕　参见张钦昱:《元宇宙的规则之治》，载《东方法学》2022 年第 2 期。

央关于全面深化改革若干重大问题的决定》提出，要"使市场在资源配置中起决定性作用"。党的二十届三中全会通过的《中共中央关于进一步全面深化改革 推进中国式现代化的决定》则进一步强调，"充分发挥市场在资源配置中的决定性作用""更好发挥政府作用"，以"构建高水平社会主义市场经济体制"，最终"加快构建新发展格局，推动高质量发展"。由此可见，政府与市场的关系如何协调，始终是贯穿于我国社会主义市场经济体制改革过程的核心问题和主线之一，也是科学回答新时代如何坚持和发展社会主义的重要内容。当前，中国特色社会主义进入到新发展阶段，面对纷繁复杂的国际国内形势，面对新一轮科技革命和产业变革，面对人民群众新期待，如何进一步全面深化改革，进一步优化政府与市场的协调关系至关重要。合理化配置市场监管程序性权力，是进一步优化政府与市场协调关系、促进市场监管能力现代化的重要方面，也是新时代市场监管机关进一步法治化建设以保障经济高质量发展的内生需求。

从政府内部来看，在依法行政的意识和理念逐渐强化后，市场监管部门的工作人员也期望着能够明晰政府和市场的边界。因为如果没有明晰的监管边界，不同的利益主体从自身的经济利益出发，选择以不同的标准评判政府的监管行为，导致政府无论怎么做，都有质疑的声音，严重影响政府的公信力和形象。从这个角度上说，明晰政府的监管边界是依法行政、践行行政行为合法性原则的必然要求，也是对维持行政行为公定力及监管机关公信力等强烈现实需求的必要回应。

目前政府权力边界不清主要表现为政府行为的"越位"与"缺位"现象，即政府参与了本应由市场自发协调处理的事项，与政府未参与本应处理的市场监管事项或未充分履职现象同时存在。由于我国市场经济体制尚不健全，市场监管机关权责一体、政商合一现象并非鲜见，往往会出现"裁判踢球"的行为。政府的行为一旦超过边界，反而会阻碍资源的最优配置，而政府行为缺位，则会导致监管失灵，市场运行问题难以得到妥善解决，公共利益受损。另外由于政府存在自利性，在相关立法尚未完善，政府与市场的权责界限尚未划清的背景下，更容易出现政府过度干预行业投融资及开发等项目，而在那些于自身无利可图却事关社会公共利益的事项中缺席的现象。

因此，政府行为只能约束于弥补市场失灵的职能定位之上，并由此合理界定并明晰政府行为边界，切实完善政府职能。这不仅要求从法律上明确政府的职责范围，以立法方式约束政府行为半径，还要求政企分离、规范行政审批制度、完善监督机制等对政府行为半径进行合理控制。明晰政府与市场的边界，切实推进依法行政，明确政府的职能定位，从全能型政府向有为型政府转变，不仅是构建现代法治政府的客观需要，也是降低相关市场主体的政策解读成本，提高政府工作效率及政府公信力的需要。

（三）司法实践的需求

在我国的法治框架构建下，司法实践至少从两个方面对市场监管程序性权力配置需求给予反馈。一方面，私人诉讼与行政监管都是调整民事法律关系的途径，例如，私人可以提起反不正当竞争之诉，国家市场监督管理总局也会对企业的不正当竞争行为加以调整；另一方面，司法具有权威性作用，作为保护相关当事人利益的最后一道保障，司法审判对行政执法过程进行监督，行政相对人或其他利益主体可以通过行政诉讼提出诉求、维护权益。

1. 市场监管与司法审判同为调整市场经济的强制手段

市场监管是介入市场经济调整的一种强制手段，为防止其对于市场秩序的过度侵害以及权力自然扩张对于私人利益的侵害，通常以"法治"为准绳加以规范。[1] 以反不正当竞争行为为例，市场监督管理局对于不正当竞争行为的认定可能影响个案司法判决的结果；同时，法院作出的个案判决也为市场监督管理局的裁决工作提供参考依据。

从微观角度观察个案，行政权力的程序性配置可能直接成为司法诉讼问题，影响行政诉讼受案范围。《反垄断法》开始实施后，我国进行了相应的机构改革，将国家发展和改革委员会、商务部以及原国家工商行政管理总局的反垄断执法职能"三合一"于国家市场监督管理总局，3 个部门的执法标准需要统一。同时，国家市场监督管理总局的食品、药品监督等职能，也需要被妥善处理，以避免不同的职能部门相互干扰。在 3 家机构合并之前，原国家工商行政管理总局以个案授权模式对各地工商行政管理局进行授权，而国家发展和改革委员会采取的则是概括授权，改革后的反垄断执法权也应找到合适的授权方式。目前看来，以概括授权的方式更便于保证地方机构的执法积极性，而从法院的实践经验来看，合理配置权力体系有利于法院厘清受案范围。当市场监管机构囊括了更多的监管功能，无论是上下级监管机构还是机构内部都需要对执法事项进行交流沟通，此

---

〔1〕 参见李建伟：《有效市场下的政府监管、司法干预与公司自治：关系架构与制度选择》，载《中国政法大学学报》2015 年第 3 期。

类行政内部行为,往往又伴随着相关批复文件产生,容易导致行政诉讼受案范围上的争议。[1]《最高人民法院关于适用〈中华人民共和国行政诉讼法〉的解释》第1条第2款第5项规定,"行政机关作出的不产生外部法律效力的行为"不属于行政诉讼受案范围。如何对上述行为进行认定,审判实务上有不同认识,实践中亦有不少内部行政行为外化后被纳入行政诉讼受案范围的案件。倘若监管机关内部程序性权力配置不合理,或是欠缺明确的规范文件,即容易产生此类纠纷,迫使人民法院对于个案从是否存在行政相对人、是否形成行政法律关系、是否直接对当事人的权利义务产生实际影响等方面进行个案判断,造成司法资源的浪费。

除程序上的问题之外,行政与司法在实体上亦有分歧。从《反垄断法》的垄断协议是否需要分析效果要件上,即体现出了司法与行政上的剧烈分歧。在当前实践中,行政机关认为就《反垄断法》第17、18条明确列举的行为不需要分析第20条的效果,而法院则认为所有的涉嫌垄断协议都需要进行效果分析。在这一点上学者的观点亦不相同:有学者认为所有的垄断协议都应进行效果分析,第17、18条的禁止仅具有管辖权意义,不是实体法上的禁止,豁免是反垄断法分析的基本步骤;[2]有学者则认为原则上应当禁止,第20条仅是豁免抗辩的条款。[3]这一问题在实践中存在已久但一直存在分歧,执法司法推理方式的不一致将会损害国家公信力,并在事实上造成行政权和司法权的对抗,使得市场监管力度和方式的适当性受到质疑,因而有必要在微观角度上厘清具体问题上的监管逻辑,确保不同机构之间的协调配合。

从宏观角度看,市场监管和司法判决作为两种国家强制手段,需以相互配合、良性互动的状态共存,才有助于保证对经济市场与私人关系介入的程度、立场的一致性,以维护相对公平的市场秩序。市场监管权力的合程序运行,将会直接影响当事人权利义务,成为司法判决的关键。以金融审判为例,"证券从业人员违法炒股"行为具有证据隐蔽分散、时间跨度长、难以认定违法行为主体等特点,司法审查实践需要参考行政机关的判断进行司法判决。如果想做出认定违法行为成立的推定,则需要行政机关已经最大限度地合理收集了相关间接证据,这

---

[1] 参见《上海市浦东新区人民法院(2019)沪0115行初73号行政裁定书》。

[2] 参见许光耀:《〈反垄断法〉中垄断协议诸条款之评析》,载《法学杂志》2008年第1期。

[3] 参见王晓晔:《转售价格维持的反垄断规制适用"合理原则"之批判》,载《法商研究》2021年第1期。

些证据之间能够相互印证且足以证明违法事实成立具有高度可能性,这对行政机关的执法程序规范提出较高的要求。

2. 人民法院以"行政审判报告"向监管机构反馈需求

2019 年最高人民法院工作报告提到,法院系统发布行政审判白皮书以服务保障"放管服"改革。近年来,人民法院负责行政审判工作之余,不仅针对个案和行政机关进行协商反馈,更有多地法院发布"行政审判白皮书",揭露总结年度行政诉讼审判过程中发现的问题。各级各地法院的"行政审判白皮书"直观提出了对于市场监管程序性权力配置合理化的需求。

从法院完善多元纠纷化解机制,从源头上预防和化解行政争议的愿景出发,2021 年 4 月 15 日,湖南高院发布的 2020 年行政审判白皮书建议湖南全省各级行政机关进一步强化依法行政意识,规范行政权力运行。[1] 依法配置权力和职能,明确各监管部门的职责定位和工作任务,是从源头减少行政诉讼产生的关键。

各地"行政审判白皮书"同样对行政程序违法问题颇为重视,上海市高级人民法院 2020 年 5 月 29 日发布的《2019 年度上海行政审判白皮书》提及"行政执法领域程序违法"问题,强调加强基层单位执法规范意识。[2] 再有,北京四中院《2019 年度行政案件司法审查报告》白皮书[3]显示,2019 年北京市各行政机关在行政执法中存在调查取证意识和能力有待增强、对履行职责认识存在偏差、执法规范化有待加强等问题。据 2021 年重庆市高级人民法院颁布的《2020 年行政审判白皮书》[4] 统计,2020 年重庆市行政机关一审行政案件败诉案件共计 1027 件,因违反法定程序导致败诉 293 件,占所有败诉案件的 28.5%,是第二大败诉原因,仅次于"证据不足、事实不清"。从司法实践的数据统计结果来看,程序违法问题是优化市场监管道路上的一颗绊脚石。唯有合理配置、权责分明,才能使规范执法成为可能,因而,程序性权力的合理配置可以有效规避行政

---

〔1〕　参见《湖南高院发布 2020 年行政案件白皮书》,载 http://rmfyb.chinacourt.org/paper/html/2021-04/25/content_ 203863.htm? div=-1,最后访问日期:2024 年 3 月 18 日。

〔2〕　参见《上海高院发布 2019 年度行政审判报告白皮书及典型案例》,载 http://www.hshfy.sh.cn/shfy/web/xxnr.jsp? pa=aaWQ9MjAxNzIxNjUmeGg9MSZsbWRtPWxtMTcxxz,最后访问日期:2024 年 3 月 18 日。

〔3〕　参见《四中院通报 2019 年度行政案件司法审查报告及十大典型案例情况》,载 http://bjgy.chinacourt.gov.cn/article/detail/2020/06/id/5324810.shtml,最后访问日期:2024 年 3 月 18 日。

〔4〕　参见重庆高级人民法院《2020 年行政审判白皮书》,载 http://cqfy.chinacourt.gov.cn/article/detail/2021/04/id/6014741.shtml,最后访问日期:2024 年 3 月 18 日。

执法过程中的程序违法问题。

完善复议监督制度是多途径化解行政争议、减少诉讼、节约司法资源的另一个努力方向。多地法院的行政审判报告中提出把行政复议作为解决纠纷主渠道的观点。应当从行政复议制度的规范化着手，按照相关法律法规和条例的规定，完善立案、审理、听证、调解、决定公开等各个环节，建立标准清晰、流程明了的体系化行政复议制度；还应当完善行政复议制度与行政审判之间的衔接配合机制，逐步建立以行政复议为主的纠纷解决体系。

行政诉讼调节的是行政法律关系，公民、法人和其他组织往往处于弱势的地位，行政审判制度对于公民、法人和其他组织具有重要的保障作用。但是，并非所有的行政争议都适合纳入司法程序解决，根据司法实践的反馈，监管部门需要以合理调整作出回应，以达成更和谐的府院互动关系。

（四）政府行为的边界明晰已成趋势

政府行为边界明晰意指在市场监管过程中，政府权力受到限制而不会无序侵犯市场自由竞争的私领域，在简政放权的过程中，还权于社会，只在特定监管领域发挥作用。[1] 随着监管范围的扩大，执法部门的职责分配、决策流程亟待进一步细化明确；同时，合理的程序性权力配置对于天然有扩张倾向的权力有监督作用，防止其超越监管行为边界。

在党的十四大确立了我国市场经济的地位之后，我国政府与市场的关系真正开始转变。从减少政府对企业经营自主权的不当干预，过渡到建设服务型政府，推行简政放权、放管结合、优化服务的政治体制改革，我国的政府职能改革已走过四十余年的历程，政府作为市场监管者和调节者的身份逐渐明晰。党的十九大以后深化党和国家机构改革，再次强调转变政府职能，破除制约，使市场在资源配置中起决定性作用，完善政府经济调节、市场监管等职能，[2] 2018 年 2 月，党的十九届三中全会通过了《中共中央关于深化党和国家机构改革的决定》和《深化党和国家机构改革方案》。近年来政府工作报告中连续提到深化"放管服"改革，致力于建设人民满意的服务型政府。

政府行为边界的逐渐明晰意味着政府将逐步承担起"监管者"身份，政府的监管能力需要经受人民满意度的考验。市场监督管理针对的是商品交易市场，

---

〔1〕 参见陈金钊、杨铜铜：《界定"法治方式"的依据》，载《法学》2017 年第 5 期。

〔2〕 参见《中共中央关于深化党和国家机构改革的决定》。

因而职权涵盖范围非常广。在市场监管法的部门体系中，既包含以竞争法为主的一般市场监管法，也包括各个行业监管法。在竞争性领域，价格机制发挥作用，形成一个比较有效的市场，政府需要规制不正当竞争和排除竞争的行为。随着国家经济事务的日益增多，政府监管的范围逐步扩大，职责类别也逐步增多，想要市场监管制度能够有效约束个体和企业行为，监管权力合理化配置是其顺畅运行的关键。愈发复杂的市场需要愈发灵活的监管，程序正当、过程公开、责任明确等程序性要求有助于维持行政决策的科学性，有效避免监管能力与监管对象不适配的问题。

同时，规范、透明的程序性权力配置是防止腐败和维护公正的重要路径。为避免不受节制的权力寻租和权力贪腐，需要以信息公开机制度、听证制度等程序保证权责透明。自各级市场监督管理局设立以来，行政相关人的主体意识、权利意识逐步提高，2019 年度反垄断行政处罚案件中当事人申请行政听证的比例大幅上升，对反垄断执法的程序正当提出更高要求。北京四中院 2019 年度审理行政案件公开数据显示，2019 年该院进入审理程序的一审行政案件中，虽然因房屋征收拆迁腾退、公有住宅租赁管理等民生案件仍是一审行政诉讼的主要类型，但要求履行职责类案件、房屋征收与补偿类案件、行政协议类案件数量有所下降；与之相对应的，政府信息公开类案件和行政复议类案件数量大幅上升，案件数量分别同比增长185%、174%，村务公开监督引发的案件数量也有所增多。[1] 上述数据可以体现，行政相对人对于听证程序的诉求有所增加，信息公开案件数量也显著上升，无不彰显着程序合理、遵守规范在当今治理环境下的重要性。为提高当地政府行政决策公信力和执行力，建议监管部门在决策前广泛征求群众、专家的意见，严格落实决策过程中的法定程序，保证决策效率，加强行政机关内部的合法性审查，决策后及时公开，保持透明公正。

五、解决市场监管程序性权力配置问题的方法

（一）加强对市场监管程序性权力的监督

我国近年来深入推进商事制度改革，市场规模扩大，经济活力进一步得到释放，市场主体数量呈"井喷式增长"。截至 2018 年 3 月 16 日，我国各类市场主

---

〔1〕　详情参见《四中院通报 2019 年度行政案件司法审查报告及十大典型案例情况》，载 http：// bjgy. bjcourt. gov. cn/article/detail/2020/06/id/5324810. shtml，最后访问日期：2024 年 8 月 2 日。

体总量超过了 1 亿户，其中企业超过 3100 万户。[1] 数量如此可观的市场主体给市场监管带来了新的挑战，市场监管的权力配置和制度创新显得至关重要。

1. 从市场监管结构的角度加强对市场监管的程序性权力的监督

长期以来，政府在经济调节和管控中承担着主要角色，进而我国的市场监管一直延续以政府为主导的历史进程。对政府行使市场监管权的功能和作用进行精准定位，理顺政府和市场的关系并形成行之有效的市场监管的结构模式，在不同时期都是必须关注并探讨的重大理论与实践难题。

要加强对市场监管权力的监督，首先需要明确当前市场监管的结构。有学者将当前的政府定义为一种"差序异构"的状态，即一方面政府各部门之间关系有远近之分，另一方面同一对部门的关系在不同行政层级中的相对地位亦有差异。[2] 基层官员的行为策略存在从邀功到避责的转变，[3] 具有资源协调能力的部门会充分运用协调能力让本部门的工作人员更少承担非法定职能，此时政府其他部门的边界就被人为移转，在乡村更是容易出现基于人情社会和利益来源的单调性而产生对于法律规则实施的对抗，此时政府监管的边界将更加难以固守。从整体的避责现象来看，关键在于处理好政府部门间的协调问题，行政法律法规只是规范了政府部门的职能划分，如《消费者权益保护法》《产品质量法》中不乏对经营者的罚则，但具体调查处理上，首先需要市场监管部门内部各组成机构的协调配合，但在社会公共利益、产业政策、国家安全等众多因素的影响下，也必然需要其他部门提供调查配合和信息支持，此时必须对政府具体施政做好协调，妥善分配责任和协调机制，实现行政一体化，才能从源头上实现职权边界划定的作用。

正如孟德斯鸠所言，"要防止滥用权力，就必须以权力制约权力"，权力的监管者也需要作为受体对应相关监督主体。有经济学家曾提出"政府俘获"（state capture）理论：企业通过向公职人员提供非法的个人所得来制订有利于自

---

〔1〕《我国各类市场主体总量突破 1 亿户》，载 https：//news. sina. cn/gn/2018 - 03 - 17/detail - ifysirft8175044. d. html，最后访问日期：2021 年 4 月 4 日。

〔2〕参见胡颖廉：《差序异构：政府职能边界模糊的新解释——以市场监管部门为例》，载《新视野》2022 年第 1 期。

〔3〕参见倪星、王锐：《从邀功到避责：基层政府官员行为变化研究》，载《政治学研究》2017 年第 2 期。

身的国家法律、政策与规章的企图。转型国家的一个最突出特点就是政府俘获。[1] 此概念的提出意在描述政府进行市场监管的动机可能在于促进那些当前的被监管者的经济利益，本质上是一种政府失灵现象。因为"全能型政府"在对市场监管的推进过程中有机会滥用监管职权追逐部门利益，比如在实施行政审批事项中对没有达到法定标准但施以了贿赂的企业予以"放行"，结果是从"服务政府"滑向"攫取政府"，所以行政程序性权力配置的监督势在必行。从优化权力配置的角度出发，在选择对政府的市场监管程序性权力的监督方式上应该遵循就近便利原则和专业原则。

国家在经济治理中应该"辩证施治"，充分发挥市场机制的重要作用，将市场能够解决的职能还给市场，使市场和政府各尽所能。[2] 因而除了政府之外，更贴近市场的社会性市场监管主体逐渐进入人们的视野，它们甚至有些就是市场主体本身，映射出自律监管的理念。[3] 比如，我国《反垄断法》规定了行业协会的自律监管权，但在司法实践中行业协会实施反竞争行为屡见不鲜，典型如"山西直供电价格垄断案"[4]，23 家企业达成协议非法垄断直供电价格，始作俑者是该省的行业协会。由此可见，即使是市场力量自发催生的监管主体也很难始终秉持中立立场进行监管，其实施自利和不当扩权行为反而更加隐蔽和便利，需要合适的监督主体来对社会性市场监管权进行规制，使其进行权力调整和再配置，其中承担核心监督职能的就是政府。

2. 市场变革要求加强对市场监管的程序性权力的监督

首先，由于商事便利化改革措施的大力推行，市场准入放宽，企业入市的时间比从前有所缩短，大批企业被"放行"后随之而来的是被监管对象数量愈来愈多，但是相应的监管人力和设施的配备却不完善。办事窗口的工作量剧增，工作人员长期处于"超负荷状态"，即使有辅助性的互联网技术的应用也无法完全

---

〔1〕　参见李建伟：《有效市场下的政府监管、司法干预与公司自治：关系架构与制度选择》，载《中国政法大学学报》2015 年第 3 期。

〔2〕　参见张守文：《政府与市场关系的法律调整》，载《中国法学》2014 年第 5 期。

〔3〕　具体来说，社会性市场监管主体是市场主体自愿组成的，依照法律或者行政机关的授权，按照章程的规定，对会员企业或者与消费者权益有关的企业的市场经营活动进行监管的非营利性社会组织，主要包括各类行业协会、证券交易所、期货交易所、消费者组织等。

〔4〕　《首例直供电价格垄断案结案山西 23 家电企受罚 7338 万》，载 http://finance.sina.com.cn/chanjing/cyxw/2017-08-03/doc-ifyiswpt5087710.shtml，最后访问日期：2021 年 4 月 4 日。

应对新设主体的审批需求，进而在办理某些审批项目时容易流于形式，出现从"审批难"直接过渡到"走过场"的现象。另外，当前在实务中也存在着审查标准同质化的问题，当前对于错综复杂的登记事项我国主要采取形式审查的模式，[1] 符合法定条件时再予实质审查。但在实际操作层面，这两种审查方式的界限并不分明，一旦任务量一增加，难免造成审查标准的混同，埋下"市场隐患"。

其次，我国市场监管目前的主要理念为包容审慎监管，[2] 新技术、新业态层出不穷，带来了《电子商务法》等一系列法律法规的出台。新的产业大多与互联网技术结合，具有即时性、隐蔽性等特征，监管难度加大，典型的如现今的"大数据杀熟"现象，"大数据杀熟"机制的运作机理体现出一种算法应用规则，电商平台和多元化 APP 服务商利用大数据追踪技术为消费者精准推送商品信息，通过低成本运营方式获得高回报，"千人千面"的量身定制服务最初旨在了解用户的消费偏好，通过满足消费者的个性化需求以实现双赢局面，但在"落地"过程中算法行为不断异化，成为"套路"用户的不良手段，数据被挖掘以最大化商业价值。对"大数据杀熟"进行定性，目前占据主流的观点认为其应当是价格歧视的表现形式之一，也符合经济学上的定义即所谓的"完美模型"一级价格歧视，指出"大数据杀熟"使用算法为用户精准"画像"，对不同消费者采取价格差别待遇符合价格歧视的构成要件。纵观我国的经济法立法体系，传统的价格欺诈行为主要依靠《价格法》进行规制，而"大数据杀熟"作为市场主体自我赋权的新领域，具备更明显的弹力和张力，使得自由竞争与行业监管的边界交融，对大数据价格欺诈行为的规制难度加大。"大数据杀熟"的识别成本较高，具有隐蔽性，由于违规平台不会公开对用户信息的收集和运算方式，这类案件面临的一大难题在于监管难。有些商家甚至为了规避风险，仅在特定时间对特定用户采取"杀熟"，绝大部分时间仍然属于正常经营行为，监管部门权力的范围在这类行为中往往难以达到平衡，由此需要其他力量共治和监督。

---

〔1〕《行政许可法》第 34 条规定："行政机关应当对申请人提交的申请材料进行审查。申请人提交的申请材料齐全、符合法定形式，行政机关能够当场作出决定的，应当当场作出书面的行政许可决定。根据法定条件和程序，需要对申请材料的实质内容进行核实的，行政机关应当指派两名以上工作人员进行核查。"

〔2〕 如 2021 年 3 月 15 日国家市场监督管理总局公布《网络交易监督管理办法》，其第 4 条规定："网络交易监督管理坚持鼓励创新、包容审慎、严守底线、线上线下一体化监管的原则。"

最后，监管套利问题仍未根除，在目前的监管体制下，存在监管权的配置不合理、不透明的现象，部分领域监管部门争相监管，而复杂敏感案件又"无人问津"。更为严重的是，监管机构之间的信息联动性差，各自为政不利于监管工作的开展，因而部门之间的监督和协调就尤为重要。与此同时，现存的监管政策有一部分由于制定时间较早或者过于严苛而难以适用，需要辅以政策制定的监督来更新内容，比如，中国人民银行对第三方支付的监管可能过于严格和谨慎，对行业设置了诸多的限制，如接入网联、备付金集中存管、虚拟账户限额等。严格的行业限制将不利于中小第三方支付机构的成长，无法让它们与行业巨头同台竞技。[1]

（二）建立和完善市场监管程序机制

传统的监管机制在应对当下的互联网市场乱象等经济新业态、显得力有不逮，其特点主要体现为本质上是一种"命令+控制"的监管样态，监管主体单向对市场主体实施监管，并且多为静态的点式监管，容易诱导"监管陷阱"。此外，以前的监管主要采取"人海战术"，因为监管对象的有限性，利用人对人的方式即能够处理绝大部分问题，故并不强调技术的功能。但在计算机技术发达的今天，技术的应用在某些行业甚至占据了垄断地位，互联网不法行为"花样频出"，此时需要变更和调整市场监管的程序范式，构建更加科学的市场监管程序机制。

1. 完善市场准入机制

完善市场准入机制，需要从基本逻辑上明确市场准入机制设置的作用。市场准入机制承担保障国民经济发展、国家经济安全、资本有序流动等政策目标，在市场准入的具体设计上亦应遵循此种逻辑进行行业接入。准入的监管应当以控制安全风险为第一目标，这要求对准入限制的规定应当尽量摆脱文字的模糊性和语义的模糊性。在立法目的设计上，应做好法的适应性与法的权威性的平衡，法的适应性的技术操作应当让位于语义指向的精确性，不应进行刻意的模糊以求设立对未来时代发展予以适应的提前量，这也同时要求准入机制的设置工作是一个需要跟随时代发展进行积极扩充的工作。

2022 年 3 月，国家发展和改革委员会、商务部印发的《市场准入负面清单

---

[1]　参见蓝寿荣、杨柳青：《论第三方支付业务的监管难题及其转型——依据 2017 年中国人民银行对第三方支付机构 106 份行政处罚决定书进行的分析》，载《私法》2019 年第 2 期。

（2022 年版）》（此处简称"清单2022"）列有禁止准入类事项 6 项，许可准入类事项 111 项，共计 117 项，相比《市场准入负面清单（2020 年版）》减少 6 项。这次修订意义重大，进一步完善了"全国一张清单"管理模式。各类按要求编制的全国层面准入类清单目录，以及产业、投资、环境、国土空间规划等涉及市场准入的市场领域，全部纳入负面清单管理，推动全国层面准入制度加强整合衔接，强化系统集成。严禁在清单之外违规设立准入许可、违规增设准入条件、自行制定市场准入性质的负面清单，或者在实施特许经营、指定经营、检测认证等过程中违规设置准入障碍。

"清单 2022"也进一步完善了准入措施调整程序：细化禁止进入、许可准入等具体要求。市场准入管理措施新增或调整前，行业主管部门要先行开展政策评估，再依照法定程序提请修法修规；可能造成经济运行重大突发风险时，可以采取临时性准入措施，但必须报党中央、国务院同意，以强化准入政策设定和调整的严肃性，避免个别部门或地方随意叫停某些领域市场准入的情况，稳定市场预期。在两类事项上的主要变化包括：

（1）禁止类的清单，由 2020 年版的 5 项变为 6 项，增加了"禁止违规开展新闻传媒相关业务"。该业务涉及 6 个方面：非公有资本不得从事新闻采编播发业务；非公有资本不得投资设立和经营新闻机构；非公有资本不得经营新闻机构的版面、频率、频道、栏目、公众账号等；非公有资本不得从事涉及政治、经济、军事、外交，重大社会、文化、科技、卫生、教育、体育以及其他关系政治方向、舆论导向和价值取向等活动、事件的实况直播业务；非公有资本不得引进境外主体发布的新闻；非公有资本不得举办新闻舆论领域论坛峰会和评奖评选活动。

（2）许可类的清单，删除 8 项，补充 1 项。具体内容为："（九）信息传输、软件和信息技术服务业"中，删除了"未获得许可，不得租用境外卫星资源或设立国际通信出入口局"；"（十）金融业"中，删除了"未获得许可，不得发行股票或进行特定上市公司并购重组"；"（十二）租赁和商务服务业"中，删除了"未获得许可，不得从事涉外统计调查业务"，并将"未获得许可，不得从事会计、专业代理等商业服务"变更为"未获得许可，不得从事法律服务或特定咨询、调查、知识产权服务"；"（十四）水利、环境和公共设施管理业"中，删除了"未获得许可或资质认定，不得进行限定领域内雷电防护装置施工，不得从事雷电防护装置检测工作"；"（十六）教育"中，删除了"未获得许可，不得设立、分立、合并、变更、终止学校、幼儿园"，变更为"未获得许可，不得设立特定教育机构"，同时删除了"未获得许可，不得开展保安培训业务"；"（十七）卫生和社会工作"中，删除了"未获得许可或资质条件，不得从事医疗放射性产品相关业务"；"（二十）《互联网市场准入禁止许可目录》中的许可类事项"中，删除了"未获得许可，不得从事互联网金融信息服务"。

总体而言，"清单2022"进一步优化了清单内容，推动市场准入门槛不断放宽。同时，明确要求各地严格落实"全国一张清单"管理，坚决维护市场准入负面清单制度的统一性、严肃性和权威性。

2. 完善市场退出机制

与市场准入机制同等重要的还有市场退出机制。一直以来，政府对企业退出市场总是带有"负面情绪"，但实际上这是市场经济的正常更迭，有利于资源要素的优化配置，更进一步释放市场活力。监管机关不应当对企业的退市强加干预，而应做好所谓的"后勤保障"工作，但监管权的放松并不等同于其可以不作为，实务中多次出现监管机构因为疏忽纰漏需要承担责任的情形。此时社会自发性力量成为监督监管者的主导力量，同时对企业良性退出市场起到推动作用，有助于转变监管思路。

市场退出机制在我国目前主要有两类：一是根据《企业破产法》通过企业破产清算途径退出市场，二是《公司法》对成立后6个月内未开业和连续6个月以上自行停业的企业进行的非破产强制退出机制。但理论关注与实践重点存在偏差，在实践中，企业因资不抵债适用破产制度退出市场只占到其中较小的一部分，相当一部分企业在负债高于资产的情况下未能实现有效的市场退出。

当前应深刻认识到企业退出的市场逻辑，针对非破产强制退出路径进行详细设计。当前非破产退出主要涉及三类企业：一是长期没有进行经营，也没有注销登记的"僵尸企业"；二是长期未能按时公示企业年度报告，且其实际经营地址与营业执照不相符的所谓"失联企业"；三是被吊销营业执照、被责令关闭但未能组织清算、办理注销的企业。[1] 非破产强制退出的问题在于，无论是行政机关吊销营业执照，还是其他任何解散原因，按照当前法律法规规定，除公司因合

---

〔1〕 参见王伟：《非正常经营企业强制性市场退出机制研究——优化营商环境背景下的行政规制路径》，载《行政法学研究》2020年第5期。

并或者分立需要解散外，公司应当在解散事由出现之日起 15 日内成立清算组进行清算。公司清算组应当自公司清算结束之日起 30 日内向原公司登记机关申请注销登记。上述三类企业通过非破产退出方式退出市场也必然囊括于该范围之内，需要通过清算方能退出。但问题在于：一是清算本身即是一项成本很高的退出动作，需要在清算过程完成所有债权债务关系的明确，因而企业实施意愿不强；二是对清算过程和时限没有强制规定，既无监督机制亦无惩戒机制，公司清算完成后的注销是依申请的行政行为，行政机关不会主动出手，这将进一步推高公司不愿退场的意图；三是即使清算本身能够严格执行，其繁复的程序也于市场运行效率有损。

就非破产强制退出的机制设计上，需要从几个维度上展开：适用主体、程序设计、相关主体保护、同破产退出机制的配合。正如上文所言，当前需要通过此项方式完成市场退出的主体主要包括连续自行停业的主体、长期未进行年报申请的主体和违反法律的主体，即非正常经营企业。在制度设计上，应当强调识别非破产强制退出的核心逻辑，只有严重影响经济运行效率的前述主体，才能适用强制退出制度，对因开业时困难重重、中途遭遇变故或者陷入经营困境的公司，赋予其喘息的机会，不仅不会损害国家安全和社会公共利益，而且能够引导公司重组、引资、调整发展思路。[1] 此外，在主观逻辑上亦需要对主体行为进行识别，应将主观恶意"跑路"的公司与"诚实而不幸"的公司区别对待，强制退出直接关系公司财产权，适用时应当谨慎。[2] 在程序设计上，或可考察我国香港的强制除名制度、澳门的强制清算制度，域外韩国的拟制清算制度等，重点在于通过在一定条件下对清算过程的原则认定并迅速接入注销过程而对当前清算长期不决问题予以破局。但在程序设计上必须同时保护投资人和债权人利益，两种利益实际上对立统一，关键在于撕破法人面纱与债权人对投资人滥用有限责任的边界确定。此外考虑到强制清算、拟制清算等对债权人保护不足，必须设定必要的回转程序给予债权人事后救济。

非破产强制退出将成为退出机制中制度构建的主战场，但不可随意扩大适用

---

[1] 参见张钦昱：《公司重整中出资人权益的保护——以出资人委员会为视角》，载《政治与法律》2018 年第 11 期。

[2] 参见张钦昱：《公司市场退出法律制度的嬗变逻辑与进化路径》，载《政治与法律》2021 年第 2 期。

范围，诚如上文所言，只应适用于非正常经营企业，同破产退出机制相互配合。

3. 建立风险防范机制

众所周知，监管机构在面临棘手的案件时首先需要明晰的就是何时介入监管，权力范围过大则容易被滥用，而且面对新案件监管机关不可避免具有惰性，这是与新型被监管行为的风险性呈正相关的。若监管过于提前，则一方面造成监管设施的不合理利用，另一方面"先发制人"也不利于企业的创新积极性。再从市场主体角度考察，目前大多数企业想要实现可持续发展一般会利用互联网技术"做文章"，更有甚者会通过技术钻法律法规的"空子"，因为技术和算法是不透明的，监管者很难捕捉技术活动的轨迹，对某些复杂的技术进路规律也还没摸透。而且技术往往还包含着背后的政治博弈，它不能时刻保持中立。因此，为了防范技术风险和监管风险，应当要求监管机关提升监管水平，配备相应的人才队伍包括专家监督团队对技术运作机制进行审查，譬如，某种算法是否符合现行法律法规的要求等；企业也应当履行适度的信息披露义务，对某些涉及保护消费者权利的问题进行充分的解释说明，杜绝类似"E租宝非法集资""P2P跑路"等恶性现象，这是处理问题的根本性方式。

就实体内容而言，在风险防范机制的设计上，首先需要抓住关键行业和关键要素。银行作为资本的中转站，是金融系统性风险控制的关键枢纽，在风险防范控制上不可不察。对银行需要从政策性银行和商业银行的不同特性分别出发进行制度设计。政策性银行存在政策风险、政府信用风险、法律缺位风险、企业内控风险、道德风险等。在外政策性银行与政策深度捆绑导致银行自身商业逻辑的劣后，国家宏观调控力度的加大增加了政策性银行的信贷风险，在内内部控制存在问题，道德风险突出，易产生超额信贷、外部借款企业的非生产性寻租等问题。[1] 在商业银行中，存在国有银行与股份制商业银行各自聚集并连接的状态，国有银行表现出风险溢出路径大于风险溢入路径，商业银行则相反，不同类型商业银行间的非对称性和连接的事实状态将会导致系统性风险，此时即需要监管部门立刻介入，以切断不同银行之间的影响，并在日常强化对于资本充足率、杠杆率、流动性、各类损失准备的监管，使监管具有前瞻性。[2]

〔1〕　参见陈相甫：《新时期政策性银行风险防范对策研究》，载《地方财政研究》2022年第1期。

〔2〕　参见刘超、钱存：《商业银行间风险相依结构、传染网络与溢出效应》，载《运筹与管理》2022年第2期。

在关键要素上，应重点考量技术尤其是互联网的发展带来的影响，其中最为显著的即是算法。如在反垄断法领域，算法共谋问题在算法的不断发展下愈发复杂，扎拉奇和斯图克教授将算法共谋根据不同功能分为信使类、轴辐类、预测型和电子眼 4 种类型[1]。其中预测型算法由企业自己设计，其可自动抓取市场信息和竞争者的价格信息，并根据此类信息做出判断；电子眼算法则更进一步，具有自主学习能力和自主决策能力，其完全摆脱经营者的判断而实现价格共谋。对垄断的监管，过去的难点在于寻找经营者合意的证据，意在为明确的协议寻求替代证据，[2] 现在的难点在于如何确立观察合意存在与否的路径。或许需要通过算法识别、法律认定和责任续造多个维度进行分析，就算法合谋市场仿真计划[3]、算法合规等办法进行成本和效益的考量。[4]

4. 建立一体化协调监管机制

真正落实市场监管机制不能只依靠一方主体的力量，需进行审慎的顶层设计，由监管机关、市场主体、立法机关和其他力量协同规划。当前各主体之间缺乏交流机制与互动平台，并且各方在判定问题的标准上有很大出入，上下游环节难以高效对接。监管机关在和其他机关进行联动的过程中应当建立属于自己的数据库，不断更新数据信息并进行部门之间的合理传递，以统一执法手段和执法标准。从制度优势与理想角度观察，"监管大数据有助于缓解执法资源匮乏等多重原因导致的规制不足现象，监管机构借助信息数据可以实现更优的执法效果，从而降低传统规制模式下较高的行政成本，并舒缓其过度正式化的弊端"。[5] 建立监管数据库的目的，不止在于信息的收集，更重要的是信息的共享，并在监管信息共享的基础上加强对信息的分析与利用，最终服务于监管效能的提升。

建立一体化协调监管机制应依靠新的数字技术，区块链技术的去中心化、分

〔1〕 参见［英］阿里尔·扎拉奇、［美］莫里斯·E. 斯图克：《算法的陷阱：超级平台、算法垄断与场景欺骗》，余潇译，中信出版社 2018 年版，第 52 页。

〔2〕 参见［美］理查德·A. 波斯纳：《反托拉斯法》，孙秋宁译，中国政法大学出版社 2003 年版，第 92 页。

〔3〕 See Joesph E. Harrington, "Developing Competition Law for Collusion by Autonomous Artificial Agents", *Journal of Competition Law & Economics*, Vol. 14, No. 3., 2018, pp. 331–356.

〔4〕 参见杨文明：《算法时代的垄断协议规制：挑战与应对》，载《比较法研究》2022 年第 1 期。

〔5〕 卢超：《事中事后监管改革：理论、实践及反思》，载《中外法学》2020 年第 3 期。

布式记账和智能合约技术就可以在监管运行上对整体模式进行重塑。[1] 区块链技术可以破除政府监管的条块壁垒，实现信息的跨部门共享，并借由区块链的去中心化特点实现从"集权—分权"的循环向政府共同协作监管的新模式发展。[2] 随着细分行业的不断出现，数据的"孤岛现象"愈发严重，信息的互联互通作用被抑制，区块链的分布式技术可以将不同行业的信息进行共享整合，同时释放政府作为数据收集中心的信息，从而使各主体得以协调互动，优化协调监管关系。

除却行政机关之间的内部协同之外，还要实现行政与司法的外部协调。当前司法权存在能动司法的特点，即避免机械适用法律条文，强调将政治效果、法律效果和社会效果有机结合起来。[3] 司法具有了一定的灵活性，其实际上可更好地与行政权的行使配合，在不同的市场中，应根据市场特点进行行政监管与司法的差异化配置。如在金融市场中，在金融创新背景下，司法机关应审慎考虑法律适用和判例对金融行为的引导作用，行政机关可在监管时就标准化文本给出参考标准，在整体上降低金融风险，以此实现行政与司法的协调。[4]

在政府内部和府院之间建立一套行之有效的一体化协调监管框架有利于引导企业合规经营，激励监管机制不断完善，形成市场监管新格局。

（三）重塑专业的市场监管机构

在我国社会和经济转型的背景之下，重塑独立、中立、专业的监管机构是合理配置市场监管程序性权力、提升市场监管效率以及建设现代化市场监管体系的重要突破口。市场监管机构的改革应以政府监管力量的整合为主导，同时调动多个部门和社会多方主体的参与，从而解决碎片化和不协调的机构设置所带来的市场监管失灵现象，主要从以下三方面展开：通过监管机构的纵向整合，解决市场监管权配置不明确、不协调的问题；通过监管机构的横向整合，形成综合协同的市场监管机制；通过多元社会监管体系的构建与监管方式的创新，对传统一元监

　　〔1〕　参见陈志峰、钱如锦：《我国区块链金融监管机制探究——以构建"中国式沙箱监管"机制为制度进路》，载《上海金融》2018年第1期。

　　〔2〕　参见吴培钦：《区块链技术推动市场监管"链式"治理研究》，载《价格理论与实践》2021年第5期。

　　〔3〕　参见苏力：《关于能动司法与大调解》，载《中国法学》2010年第1期。

　　〔4〕　参见宋辉：《金融司法的金融监管功能及其权力界限》，载《大连理工大学学报（社会科学版）》2022年第2期。

管模式进行补充和突破。

首先，加强市场监管机构在纵向上的整合，以解决市场监管权配置不明确、不协调的问题。其一，应明确各层级监管机构的监管职责和权力范围，针对不同层级监管机构的特点，科学合理地优化中央监管机构和地方监管机构之间的权力配置。国务院和省级监管机构应发挥其作为高层级政府在市场监管中的决策地位，将监管规则的制定和组织实施作为工作重心；市级监管机构应承担执行者的任务，将上级制定的监管规则予以落实，并创建统一的市场监管平台和管理协调机制；区、县、乡级监管机构资源和能力相对有限，应当落实上级分配的具体监管工作，提供精细的监管与服务，并在实践中不断优化和创新工作机制。[1] 其二，应细化对基层监管机构的设计和布局，以保证监管机构运行的有效性和协同性。由于我国行政区划管理中地方政府庞大、管理透明度低，高层级的监管机构难以渗透地方从而对其直接进行监管。因此，在地方监管机构的改革中应细化对基层监管机构的设置，例如，可采用基于市级政府的矩阵组织和网络化的组织机构模式，[2] 以充分调动各种资源从而推进市场监管工作的进行。其三，加强对基层监管机构的政策倾斜和资源支持。作为市场监管的前线，许多基层监管机构任务繁重却缺乏人力与物力方面的保障。因此，在监管机构的纵向建设上，应加大对基层监管机构的资源支持，并加强基层监管队伍建设，促进各层级之间的交流沟通与人才流动。其四，在监管机构的纵向设置上，还应完善各监管机构内部的管理体系。市场监管的效能建立在监管机构的职能优化与内部设置之上，因此除了明确各机构的监管职责，一方面，还应加强各监管机构内部部门设置的科学性和合理性，从而避免监管职权的重复交叉，同时提升市场监管的效果；另一方面，还应注意简化层级，实现各监管机构内部的扁平化管理，即通过减少监管机构的内部层级来缩短其内部的行权流程并降低信息传递的时间成本，最终提升监管机构的监管效率。此外，应将决策权、监督权、执行权在各级监管机构内部形成更加细化和差异化的配置，以保持各监管部门的相对独立性，实现职能分离、相互制衡的监管体系。

其次，加强市场监管机构在横向上的整合，形成综合监管机构和行业监管机

---

〔1〕 参见贺荣兰：《政府市场监管权的法律配置及其优化》，载《甘肃社会科学》2019 年第 6 期。

〔2〕 参见蓝志勇、吴件、方国阳：《2018 年以来地方市场监管机构改革之探——以云南省 Y 市为例》，载《江苏行政学院学报》2020 年第 2 期。

构的综合协同监管机制。其一，完善对综合监管机构的设置。应对监管职能重复或相近的机构进行归并，组建职权较为集中的综合性市场监管机构，并扩大综合市场监管机构的职能，使得监管权能够被较为集中地行使。其二，完善不同领域内专业监管机构的设置。由于许多领域具有较强专业性，对于相应的领域应当通过专业监管机构进行更具针对性的市场监管。而国家在整合各监管部门、组建综合监管机构时，通常也弱化了在特定领域中的专业监管力量，因此需要加强对市场监管专业性的重视。一方面，科学设置专业性较强领域内的市场监管机构，并加强对食品药品安全、生产安全、工程质量等重点领域的监管；另一方面，完善对监管人才的培养、培训和考核机制，注重吸纳专业性监管人才，创建具有专业知识和技能的监管团队。其三，加强综合监管机构和行业监管机构之间的综合协调，在不同监管机构或部门之间形成有效的权力衔接和协调机制。市场监管的有效性在于监管机构有各自明确的职责范围，同时相互之间又能良好地协调配合。随着社会问题的逐渐复杂化，监管机构之间的职责交叉成为常见现象，许多情形下难以依靠单独的监管机构来解决问题。因此，应充分发挥综合监管机构和行业监管机构各自的优势，推动综合监管机构和行业监管机构协调发力，通过二者的联动配合形成更好的监管效果。在组织形式上，可以成立高层级的市场监管协调机构。[1] 如此既能明确综合监管机构与各行业监管机构之间的关系与主体责任，又能实现对各机构的组织协调以充分发挥各行业监管机构的专业优势。在法律机制上，可通过行政程序立法，将各监管机构之间的协作配合固定为法定义务，从而加强各监管机构之间的沟通和配合，防止产生各自为政的现象。其四，在监管机构的横向整合上，也要注重保持各监管机构的相对独立，使之既不在整合中因权力过度集中而滋生腐败，也不在监管中被利益相关者的意志左右，从而保持市场监管的中立性和公平性。一方面，应完善监管机构内部监督制约机制，规范监管机构的执法职责和执法行为；另一方面，完善对监管机构的激励措施，避免采用过于严苛的追责机制，创造良性的监管与执法环境，促进监管人员主动履行监管职责，防止相互推诿、钓鱼执法或权力寻租等现象的出现。

最后，还应构建多元的社会监管体系，并通过监管机构的改革推动监管方式的创新，从而对传统一元监管模式进行补充和突破。市场监管兼具经济性目的和

---

[1] 参见金国坤：《组织法视角下的市场监管体制改革研究》，载《行政法学研究》2017 年第 1 期。

社会性目的，而仅仅依靠政府这一单一监管主体并不足以实现这两个目标。因此，需要通过构建多元化的市场监管体系并加强监管手段创新以弥补现有监管机构和监管体系的不足之处，同时也能对政府监管形成督促与强化。政府监管部门应整合多方主体力量，并充分发挥政府的引导和协调作用，以实现市场监管、主体自治、社会监督、行业自律的社会共治机制。[1] 其一，应充分发挥行业协会的监管功能，一方面，鼓励其建立行业经营准则并参与行业监管规则的制定，以规范行业成员的行为；另一方面，加强行业协会与政府监管部门间的沟通和衔接，使市场监管符合行业活动规律、反映行业呼声，从而激发市场活力，助力行业高质发展。其二，鼓励和支持第三方服务机构和市场中介组织的发展，发挥市场专业化服务组织的监管作用。加强认证机构和检验检测机构的整合和改革，促进检测和认证工作的市场化发展。其三，促进公司治理模式的完善，从而促进企业自我监管意识和水平的提升，并引导市场主体自觉遵守市场规则、承担社会责任。其四，政府监管部门应主导推进信用承诺机制和信息披露机制的建立，鼓励市场主体主动向社会披露影响公众利益的重大事件并作出信用承诺，从而扩大社会监督途径。推行信用分级分类监管，对低风险、信用好的主体适当降低抽检次数，以降低对其正常经营秩序的影响；适当提高对高风险失信主体的抽查比例和频次，以提升监管的灵活性和针对性并加大对其的惩戒力度。

---

〔1〕 参见宋林霖、陈志超：《深化地方市场监管机构改革的目标与路径》，载《行政管理改革》2019年第9期。

第五章

适应国家治理能力现代化需要的市场监管权力的制约机制研究

一、市场监管权力约束机制的目标

现代各国在构筑权力行使的公共模式的同时，也在为防止权力的滥用确立有效的监督机制。在西方分权学说和权力制衡的理论与实践中，"以权制权"是最为被广泛采纳的方法。"从事物的性质来说，要防止滥用权力，就必须以权力制约权力。"[1] 马克思也曾赞扬黑森宪法规定的对行政的司法监督。[2] 但是，某些国家或该国家在特定历史时期行之有效的权力监督制度，只能为他国构建同类制度提供借鉴价值，不能不加分辨地实行"拿来主义"。我国应立足于本国实际，以马克思主义为指导，构建具有中国特色的市场监管权力监督制约体系。

（一）防范权力的滥用

赋权制度的完善从总体上看有两个层面的含义，一为立法，二为良法。实践证明，市场监管的程序性权力若要在现代社会充分发挥效用，仅仅靠权力系统内部的律动只会徒然熵增，磨损效率，因此需要外部的力量来降低无序性，通过法治的外力恢复效能。在形式上，市场监管程序性权力需要立法全覆盖，使权力来源合法化；在实质上，作为权力依据的法律必须是科学民主的法律，它能为权力指引方向、优化结构、规范方法。具体而言，应从以下三个层面出发，保证监管

---

〔1〕　［法］孟德斯鸠：《论法的精神》，张雁深译，商务印书馆1997年版，第156页。

〔2〕　"没有哪一部宪法对执行机关的权限作过这样严格的限制，在更大程度上使政府从属于立法机关，并且给司法机关以如此广泛的监督权。"参见卡·马克思：《德国的动荡局势》，载《马克思恩格斯全集》（第十三卷），人民出版社1962年版，第596~600页。

程序性权力运行的效率。

1. 理顺利益次序，回归功能本位

提高程序效率的首要前提是理顺目的和工具的关系，在厘清目的层次的基础上，设计靶向明确的工具，以市场监管的需要形塑具备特定功能的程序性权力，这个过程包含两个步骤：

第一，在目的层面理顺利益次序。法律是各方利益的综合体，它通过事前的利益博弈，锁定特定的公共利益或私人利益并将其利益次序固定，由此形成层次分明、优位有序的法益结构，最终在立法层面实现价值通约。具体来看，市场监管的目的是复杂的，背后涌动着纷繁的利益，受监管的市场主体和开展监管程序的权力主体之间产生了交互博弈的充分可能。在不同情境下，以经济性利益为重还是以社会性利益为重，以团体权益为主还是突出个人权益，如果立法对这些问题缺乏回应，利益次序不明，实践中就会陷入监管失灵的困境。以房地产行业为例，由于各地政府出让土地使用权的收入主要纳入地方财政范畴，政府与房地产开发商互为利益关联方，故实践中极易出现"土地财政"现象。[1] 但监管部门却难以在政府收入和住房保障的利益纠葛中果断抉择，程序性权力无的放矢，自然难以发挥其作用。监管部门和市场主体的有限理性迫使法治必须承担吞吐法律利益的使命，这项使命的完成需要凌驾于权力之上的利益超然、统辖全局的"苍鹰之眼"，只有这种长远并全面的利益视角方能保证象征市场秩序和效率的公共利益在权力部门利益和市场主体利益的交互博弈中得到充分保障。具体来说，可适当借鉴民法中"权利优于利益、公共利益优于个体财产利益、人格利益优于财产利益"[2] 的利益次序，以此为基准来指导市场监管中程序性权力的系统化配置。

第二，在工具层面回归市场监管程序性权力的功能本位。理顺利益次序之后，需要法治产出能够实现并维持特定法益的程序性权力工具，以期在不同市场的监管环境中发挥特定功能。脱法的程序性权力缺乏法治应有的功能设计，则将导致法律被单纯地理解为赋权或限权的"过场话"，目的与工具属性倒置，权力自身服务于权力，在外权力运行的程序肆意扩张，对权利倾轧蚕食，在内不同程序性权力之间冲突激化，造成效益损耗，规制失当。最终，程序性权力的予夺将

---

[1] 参见陈小东：《我国房地产市场秩序的法律规制与重构》，载《商业研究》2011 年第 3 期。

[2] 王利明：《民法上的利益位阶及其考量》，载《法学家》2014 年第 1 期。

取代程序性权力的配置，公共利益将被部门私益割据。诸如曾经的假劣疫苗事件之所以出现，其根本原因在于监管程序性权力的行使掺杂了大量无关监管功能的因素，本应承担免疫规划职能的疾控部门沦为了追求经济利润的行政企业。[1] 功能本位要求实现市场监管的程序性权力的赋权实质化，以实现监管功能为核心任务，以权力配置和组织机构的高效运行为目标手段，剔除不必要的权力结构，向有限理性的权力注入服膺高阶利益的使命感，最大限度地限制社会关系和经济联系的相互渗透，保证市场监管程序高效运行这一政治任务的纯粹性。

总之，监管的程序性权力并不当然捆绑于特定监管机构，而应该以实现监管的核心效能为出发点，附着于最适合其发挥特定效用的载体，实现功能法治、实质法治。事实上，所谓职能优化、简政放权、多元共治，皆为功能本位对于现阶段程序性权力归属的价值判断，反映的均为功能法治对形式法治的纠正。

2. 科层权力体系化，规制遵从长效化

利益次序、功能本位是市场监管程序性权力高效运行的法治根基，反映在实践中，法益层次必然要映射在具体的权力运行结构中，而通过法治形成的权力结构之所以能够取代权力的自生结构，就在于它能于程序性权力系统内外更高效地实现维护法益的各项功能。

于内部而言，法治可建构体系化的科层权力。一方面，法治系统依据法益次序，将宪法中高度抽象的国家任务逐步拆解为具象化的权力标的，最终落实到具体的权力运行情境中，通过化约市场信息对焦具体的监管程序性权力。以反垄断法为例，抽象的市场秩序法益在反垄断法的行为模式下转化为具体的竞争者利益和消费者利益的协调，从而衍生出以竞争者和消费者利益为考量因素的监管程序性权力。另一方面，法治的层级和效力阶梯，与监管权力机构的科层具有天然的兼容性，逐级搭构的权力能够无碍地在科层和法制中流转。具体而言，纵向的程序性权力配置依据纵向的制度安排，垂直下设的政治金字塔自然对应权力分化的法制金字塔；横向的程序性权力配置依据横向部门法的分布，不同权力部门分包不同的部门法法益，最终以法律层级实现监管程序性权力的网格化。

联系效率原则，包裹在法治系统内的科层权力体系通过内部权力关系和权力编制的网格化，能够降低不同权力运行程序之间的摩擦力，协调程序性权力间的

---

[1] 例如，"山东疫苗案"中的违法主体即存在挂靠、走票等牟利行为，参见宋华琳：《推进我国疫苗监管制度的法律改革》，载《中国党政干部论坛》2016年第5期。

冲突，补足程序性权力规制视野的罅隙，从而实现制度效益的最大化。比较而言，脱法的科层权力因缺乏体系化的安排，容易形成监管缺位与监管错位，从而降低程序性权力的运行效率。以食品安全领域为例：长期以来，监管权力的纵向配置一直在中央和地方之间来回切换。[1] 地方分权模式的灵活性强，但容易催生地方保护主义和权力寻租问题；中央监管制定高度统一的治理规则，但难免忽略群众多样化的权利需求。权力端的来回摇摆不仅无法回应社会治理的需要，同时也会削弱大众的信任与期待价值。在横向权力配置中，多部门分段监管的模式虽符合食品生产交换的流程与次序，但由于整个监管机制的整体性和协调性不足，部门之间权责模糊，监管空白和监管重叠现象便会由此产生。[2] 概言之，若未有效发挥法治的引领、纠偏作用，该行业将缺乏整体性的监管程序体系，程序性权力的链条也会缺乏联动协调，动员式的运动式治理非但不能增加食品企业的遵从度，反而适得其反，使其有机会就政府周期性程序放宽的空当乘虚而入。因此，有必要以往鉴来，加强对法益次序的考量，建立体系化、网格化的科层权力。

于外部而言，法治的稳定性有利于促成监管程序性权力遵从长效化治理。权力组织法定、职权法定和地位法定不仅意味着内部的关系和编制法定，同样也标示着对外部影响力的确定。根据苏珊·斯特兰奇的理论，国家权力被划分为联系性权力和结构性权力。联系性权力是权力主体对权力受体的强力压制，单向度地控制过程和结果，如国际政治中强国利用不对等的军事政治力量对弱国进行倾轧和控制，就是联系性权力的典型体现。结构性权力是隐含的决定办事方法和流程的权力，是构造国家与市场、政府与人民之间关系的权力。[3] 显然，脱法的程序性权力是联系性的，监管受体忌惮于监管权力主体的强力手段，只能被动地等待结果的发生。而法治化的程序性权力是结构性的，市场主体通过具体的赋权规则能够对向性地获悉权力运行的边界和幅度，从而调整自身的经济对策行为使其符合"权力—权利"的程序性框架，参与建构规范的市场关系。比较而言，法

〔1〕 参见曹正汉、周杰：《社会风险与地方分权——中国食品安全监管实行地方分级管理的原因》，载《社会学研究》2013 年第 1 期。

〔2〕 参见陈天祥、应优优：《遵从取向与执法调适策略：对食品安全监管行为的新解释》，载《行政论坛》2021 年第 3 期。

〔3〕 参见［英］苏珊·斯特兰奇：《国家与市场》，杨宇光等译，上海世纪出版集团、上海人民出版社 2006 年版，第 21 页。

治化的结构性权力能够形成稳定的期待，应对监管程序性权力的信息负担大大降低，从而激发市场主体遵从监管的动力，有利于实现监管长效化、权威化。而对于脱离法治的联系性权力，市场主体难以熟悉程序性权力的边界和幅度，便会倾向选择逃避或俘获手段，试图通过社会、经济关系的渗透来虚化监管程序权力的不确定性，最终导致公共利益难以得到保障。

总之，法治的确定性、普遍性、稳定性从内外两个角度优化了市场监管程序性权力运行的结构，减少了不必要的内部层级损耗和外部市场摩擦，从根本上解决运动式治理、"黄宗羲定律"〔1〕等不稳定现象，最终形成内部协调有序、外部稳定统一的格局，方便程序性权力有层次地发挥效用，以整体政府的面貌提高权力运行效率。

3. 技术方法恰当衔接，发展内容良性互动

监管程序性权力更容易在法治框架内发挥效能，于整体上看是结构优化之功，若从具体实施的角度分析，法治和程序性权力在实现方式上有共通之处，二者的兼容不仅体现在形式上恰当衔接，在实质上也形成了交相辉映的内容互动，具体体现在两个方面：

（1）刚柔相济，宽严有度。法治面对复杂的权力内容，程序性权力面对复杂的监管环境，立法者和执法者在实践中分别发展出一种类似的平衡内外张力的智慧，来缓冲制度安排滞后于时代发展的不适，在刚与柔、严与宽的程序调和中寻求均衡之道。

刚性强调职责至上，程序性权力运行需要在可控的条框下运行。法治的刚性对应严以用权，权力运行和市场运行均在一种受到约束的环境下回归法益所期待的特定秩序，从而压缩权力主体和权利主体的裁量空间。在刚性、严格这一端，程序性权力的张力受到法律文本的严格约束，但如果法律文本对程序性权力的贴合度过高将导致法治的利益协调功能受到市场条件快速变化的冲击，程序性权力可能陷入僵化的困局。

柔性强调职权赋能，在特定的使命下，监管程序性权力被允许在开放的幅度内创新、调整。法治的柔性对应宽以用权，权力主体和市场主体可以在一定范围

---

〔1〕 "黄宗羲定律"，原指"在历代赋税改革中，每改革一次就加重一次"。在这里指监管程序性权力的多次、任意调整往往会导致市场主体负担的加重。参见秦晖：《摆脱"黄宗羲定律"》，载《中国财政》2011年第13期。

内释放活力，以多元化的视角解决市场问题。在柔性、宽宥这一端，法治允许程序性权力为市场的实际情境开辟一些沟通协商、裁量变化的解决通道，但如果模糊度过高将导致法治本身失去解释的可能性，权力主体将向着过于自由的解释路径逃逸，市场主体的规范预期利益也将受损。

就市场监管实践而言，刚与柔、严与宽，过于强调哪一端都是不可取的，应当针对不同行业、不同领域的市场环境和具体特征进行差异化适用。举例来说，对于公共属性较强的食品安全和生产安全领域，应当更加强调刚性力量，严以用权，以保障公民的生命健康和基本安全；而对于市场上的其他普通商品，监管则应更偏向柔的一面，促进商品范围的扩张和商品类型的多样化，实现市场自由蓬勃发展。再比如，对关系国计民生的大规模企业进行监管，应当更多体现刚性色彩，加紧权力的制约与收束力量；对一般的小规模企业，则应以释放市场活力为导向，采取更加柔性、宽宥的态度。[1]

刚柔、严宽本无优劣之别，无非相机而适、有机结合，在法治和用权的过程中塑造一种动态调整的灵活框架，在充分发挥程序性权力运行和市场运作积极性、多样性和创造性的基础上，为市场监管立定底线、画定红线、设定基线。既要实现对权力的约束和控制，又要赋予程序性权力施展手脚的活力，在确定的法治框架内便宜行事。

于内容互动而言，刚性法治与宽以用权互为掣肘，柔性法治与严以用权有限对立，依时代发展的需要，添附一方的比例，即为淡化另一方的锐度，二者根据程序性权力的改革情势适当调整，实现裁量权适于时代的共向发展。

（2）统分结合，集散适当。裁量权之外，在信息处理模式的选择上，法治语言的统分对应程序性权力收束的集散度，监管信息通过在不同模式下的分拣和归入促使监管程序性权力有针对性地发挥效用。

统制强调监管信息的精简和抽象，立法者以统筹全局的视角提炼事实的公因式，从而化约市场环境的复杂性。统制对应相对集中的监管程序性权力，统合的权力配备高度一致的标准，具有突破地域、部门、行业疆界的运行协调性，从而提高监管的权威度并防止监管程序之间相互套利。具体而言，可搭建统一的监管平台，统筹谋划监管的制度规则，实行综合一体化管理，并在此基础上建立健全

---

〔1〕 参见肖京：《经济转型、经济创新与经济法的"刚柔并济"》，载《法学论坛》2017年第1期。

协同监管机制，减少权力间的冲突与摩擦，促进监管体系无障碍运转。

分制强调信息的精细化和类型化，立法者侧重于根据具体的情势对症下药，充分考虑情事变更，为程序性权力运行提供法治化的工具箱，因地、因业、因权制宜。分制对应相对专业化、分散化的程序性权力，高度类型化能充分应对监管环境中复杂的经济、社会参数，由此防止权力运行"一刀切"带来的效率损耗。具体言之，应当根据不同的社会环境和市场特点，实现分行业、分层级、分部门的差异化监管，并辅之以精准精细、具有较强针对性的监管标准与规则。

于内容而言，无论统分还是集散，其本质都是对于监管程序性权力的合理配置，在实践中都要遵循外部性匹配和信息适应的原则，社会外部性较大的事项就要配置统合度较高的监管程序性权力，监管信息较复杂的事项就要配置精细度较高的监管程序性权力。既要发挥权力集中的决策势能，又要发挥权力分化的信息优势；既要注重归纳，又要善于区分；要依据时代发展进程，或以法之统促权之合，或以权之精承法之细，两厢交汇，纵深交流。

以此观之，程序性权力运行与法治在方法上的衔接，不仅促成了形式功能上的耦合，而且在实质内容上形成了交互反馈的良性互动，二者共有的动态调整机制可以分化各自僵化或泛化的危险，打破各自的路径惯性，形成在法治下优化监管，在监管中完善法治的良性循环。

（二）落实法律责任

赋权制度的完善在程序性权力功能、结构、方法上的效率优化虽然理论完备，但如果没有一种兜底的拘束机制的保障，没有一种加固法治框架的黏合剂，法制系统将难以独立地实现规制目标。虽然现代政治依旧强调意识形态的力量，但将关乎社会公共利益的国家任务无条件地寄希望于权力部门的正义感、超越私益的纯洁性，是不严谨的，也不符合"理性经济人"的科学性。因此，监管程序性权力的拘束和监督要通过某种关乎权力主体切身利益的规制手段实现，通过具体的规训和惩戒向不同的部门和个人传导压力和使命感，让抽象的价值和超乎具体部门的法益得以通过被假想为并不高尚的行政部门实现。可以说，法律责任是法治化的兜底条件，它的适当与否直接影响市场规制目标的实现。法律责任适当性体现在形式、内容、效果三个层面。

1. 逻辑贯通的权责一致

权，意味着一种行为能力，表现为权力主体对权力受体的控制能力；责，则是一种行为要求，是对权力主体行为的合法性要求。[1] 自 2013 年《中共中央关于全面深化改革若干重大问题的决定》提出要"严格绩效管理，突出责任落实，确保权责一致"以来，权责一致就一直是行政部门依法行政、合理用权的逻辑主线和基本指导原则。权责一致主要体现为两大要求：其一，要求优化政府组织机构，实现权力的合理化、科学化配置；其二，要求完善政府职责体系，构建差异化、精细化的责任规则。[2] 该原则侧重于从逻辑形式的角度构建责任规则，着重强调要实现权力清单与责任清单的无缝衔接，促进程序性权力在责任机制的全覆盖下运行，尽量杜绝一切有权无责、权大责小、权小责大、有责无权等逻辑缺陷。

就有权无责而言，任何一项国家权力均来源于人民，其运行的目标在于维护广大人民的利益，其运行效果直接关乎国计民生，但权力自身缺乏自制的理性，即使存在法律框架，部门的经济理性也容易促成监管权力的扩张和异化。因此，法律责任必须发挥约束监督的作用，保证每一项权力的运行都要回归人民赋权的工具属性。现阶段政府职能转变，管制型政府要走向服务型政府，关键就是杜绝有权无责的无端信任，以一权一责的严谨态度回应人民的期待，实现监管权力应有的功能。

权大责小作为有权无责的变种，多出现在行政规划、行政指导、行政给付等非强制性领域。[3] 从市场监管领域的权责分配来看，宽权窄责、实权虚责等权责不对等现象，亟需明确相应法律责任，加紧对权力的监督与收束。以食品安全监管为例，食品安全事件之所以出现，主要原因就是在于尚未彻底解决责不配权的顽疾。食品安全法仅对监管部门中滥用职权或不履行职责的主管人员和直接负责人做出了内部处分和刑事责任的规定，但对监管部门自身的责任设置还处于缺位状态，无法对监管权的滥用、乱用起到强有力的威慑和制约作用。

权小责大意味着法律对行政机关及其工作人员的授权明显小于要求其履行的职责范围，或者对行政违法行为的规制处罚手段过于苛刻，以至于与该行为的违法性和社会危险性明显不匹配。[4] 如果说权大责小的潜在风险是监管权力的滥

---

〔1〕 参见张华民：《我国行政问责的法治化思考》，载《行政法学研究》2010 年第 4 期。

〔2〕 参见田玉麒、张贤明：《从"权力本位"到"责任本位"：政府职责体系建设的理念变革》，载《社会科学研究》2020 年第 5 期。

〔3〕 参见宋功德：《行政责任制的结构性缺陷及其调整》，载《中国行政管理》2007 年第 2 期。

〔4〕 参见宋功德：《行政责任制的结构性缺陷及其调整》，载《中国行政管理》2007 年第 2 期。

用和扩张，导致模糊的权力边界不利于市场秩序的维稳，那权小责大就走向另一个极端，容易引发相关监管人员不愿作为、不敢作为、不能作为的怠惰心态，极不利于整个监管流程的展开与推进。权小责大更多存在于基层和一线监管部门中，在用权正当性不足和责任负担过度的双重压力下，基层部门面对复杂的执法环境往往有心无力、畏葸难前。因此，在必要时应促进监管权力的下放，为基层部门增权赋能，确保一线执法工作能够顺利、通畅进行。

就有责无权而言，责任的存在本就是为了加固程序性权力的执行力，如果缺乏拘束的对象，责任就是一种强加的苛责。人民对于监管权力的期待在于完成维护特定法益的功能，人民对于权力本身并不排斥，无端的加责不仅不利于实现监管目标，反而与人民赋权的信赖相违背，同时也会加剧监管体系内的摩擦，在权力部门之间产生抵牾。例如，过去我国食品安全领域的程序性监管责任逐级向基层下压，但基层却缺乏调动足够监管资源的权力，这不仅在实质上影响监管效果，也会打击基层监管的工作积极性，导致很多食品流通的监管流于形式。此外，责任的转嫁有时意味着程序性事权的转移，这和职权法定的框架并不契合，同样存在多重委托代理的脱法风险。因此，责任规制不仅是一种拘束体制，它本身还有赋能和促进的作用，它通过固定事权，保证责任的履行必须与足够的权能相匹配。

总之，权责高度对应的映射关系不仅关系到监管程序性权力的法治化，同时也直接影响权力在边界内运行的实效，有权无责、权大责小、权小责大、有责无权等不对等的权责配置，不仅是对法治观念的违背，同样也不符合效率原则。

2. 明确有效的追责内容

实现逻辑贯通的权责一致，是保证程序性权力于合法边界内行使的第一步，但若要实现权力的高效运行，还需仰赖强有力的责任规制。责任规制的有效实现，又依赖于明确、有效的追责内容。

明确的追责内容指的是追责的完整性，它要求明确的主体指向、责任行为、责任类型和幅度，以及追责的具体程序。具有一定抽象性的程序性权力规则的合理性在于提高法律滞后性与时代发展之间的容错率，但追责内容却要尽量排斥抽象性。一旦抽象的追责内容脱离刚性结构的拘束，追责主体缺乏明确的依据涵摄具体的责任行为，就很容易使同为公权力主体的追责者在裁量中进行从宽处理，这就导致责任主体逃离追责监督，弱化了责任法治的功能和效用。同时，明确的追责内容也可以避免追责主体形成不当扩大的追责权力，减少社会关系运作代替法律运作的潜在可能性。

从现有包含追责内容的省级政府责任清单来看，追责内容的构造主要可归纳为宽泛的责任追究机制、单列追责依据或追责情形、追责依据与追责情形并存三种类型。[1] 宽泛的追责机制只是一个引导性规范，未从行政主体的不同属性和职能特点出发来区分和细化追责内容，并不可取。单列追责依据或追责情形的做法也各有弊端，仅规定追责依据相对抽象，确定性不足；而单列追责情形又无法为现实中的追责提供直接性的法源基础，不能很好地实现实操和规范的有效衔接。因此，更为合适的做法是，采取追责依据和追责情形兼备的模式，注重追责规范性的同时，通过情形枚举的刚性操作摒除监管权力体系内相互蒙蔽、责任无处安放、随意解释的不确定性，保证责任规制的现实性和拘束效果。

有效的追责内容指的是追责标准可动态衡量的属性，它要求责任的考评能够依据具体的标准得出可供比较的结论。虽然诸如市场秩序和市场效率的法益评定难以量化，过于复杂的外部性环境很难通过一些简单的公式推导出精确的结论。但就追责来说，责任必须适配特定情形以保证拘束精确度，如果缺乏可以衡量的指标去考评，那么程序性权力运行的事实就难以转化为明确的责任，责任规制将失去效力。因此，要依循经济、政治、社会规律，在考评机制中注入足以表征市场监管效果的参数，通过定性和定量的有机结合实现精准定责，避免在追责层面出现责任归入的"黑箱"。另外，可衡量的指标应处于动态调整的状态，市场运行瞬息万变，着静态之一点课以责任，以点之成代面之功，不符合实质性的权责一致。因此，有必要以动态发展的眼光审视监管程序性权力运行的效果，在保证追责权威性的基础上留白一些跟踪考察的空间，避免追责体制的僵化。

总之，只有明确追责依据与追责情形，辅之以动态化、实效性的考评内容，权责一致方可在复杂的市场环境中得到落实，责任政府的面貌方具体可感。

3. 张弛适度的问责效果

"权责一致、明确有效"从形式和内容两方面对责任规制作出要求，但究其本质，责任的核心在于促进监管权力高效运行，同时威慑潜在的权力滥用、怠惰

---

〔1〕 参见刘启川：《责任清单编制规则的法治逻辑》，载《中国法学》2018 年第 5 期。

及不当扩张。故有必要在责任强度上作出科学的设计，以期促使责任主体高效用权。

从宏观的角度讲，问责效果的张弛适度在某种层面上遵循市场规制的规律，立法者通过责任形式和幅度的调适，引导用权者作出符合功能期待的行为，类似于监管者创设市场主体的权利义务，助推市场回归高效运行。具体而言，对责任大小、形式、种类的设置应当坚持比例适当和激励相容两大原则。

比例适当原则，作为行政法中的"皇冠原则"，主要是指"通过衡量行政目的和行政手段之间的关系及其背后各自代表的利益，来确定手段是否是适当的、合乎比例的"。[1] 具体来说，该原则又可细分为必要性原则、适当性原则、均衡性原则等三个子原则。在对监管权力进行问责时，应当以比例适当原则为宏观指引，关注程序性事权的影响深度和广度，保证追责资源与监管资源的投入处于同一量级，避免"杀鸡用牛刀"的资源错配。具体来说，需要应用外部性匹配的原理，对溢出效应较强、社会影响较大的程序性权力要附以严格的组织责任和司法责任，必要时可以借助刑事责任的公诉力形成威慑；溢出效应较弱，市场亲和度较高的程序性权力，可以遵照市场自身的拘束机制，甚至通过沟通协商来化解纠纷。总之，要严格控制责任落实的成本，避免在系统内外出现法不责众的失信现象。

激励相容的概念，最初由机制设计理论的创立者哈维茨提出。哈维茨认为，市场上每个人都会基于逐利性作出最有利于自己的决策，如果有这么一种制度安排，使得个人追求私利的行为恰好能够与整体的社会公共利益保持一致，即构成了激励相容。激励相容的措施分为两种，一种是以奖励、鼓励、晋级等手段为主的正向激励措施；另一种是反向激励，主要涉及降职、减薪等处罚手段。[2] 监管权的追责应全力贯彻激励相容原则。相关责任规定要精准切中权力主体的利益要害，形成明显的威慑度或助推力；要充分考虑监管权力运行中各方的利益动机，责任不仅要呈现激励痛感，它预征的代价要迫使责任主体在经济理性下不得不修正行为；但同时也要注意调和威慑度，使其不至于过分严厉以至于影响权力的活性。事实上，激励适当的问责效果应当像是一种催化剂，非但不会阻碍权力

---

〔1〕　参见余凌云：《行政法讲义》，清华大学出版社 2010 年版，第 83 页。

〔2〕　参见钟春洋：《经济发展方式转变中的利益博弈——基于激励相容的视角》，载《科学·经济·社会》2010 年第 3 期。

意志的实现，相反它会促使监管者积极用权，是加速、纯化并提炼程序性权力运行的优质产物。

二、市场监管权力滥用的普遍存在及其原因分析

市场监管权力的正当性依据在于市场在处理特定结构性问题上的无能，公共利益理论、监管公共强制理论、法律不完备理论层层递进，完整论证了在市场失灵的情况下市场监管权力的正当性和必要性。

但是，"权力"和"权力滥用"就如同双生子，天生难以割断。"一切有权力的人都容易滥用权力，这是万古不易的一条经验。"[1] 根据《联合国反腐败公约》第 19 条对滥用职权的表述，权力滥用可以被定义为"公职人员在履行职务时违反法律，实施或者不实施一项行为，以为其本人或者其他人员或实体获得不正当好处。"通常而言，权力滥用表现为：把私人与团体的目标，或好恶渗透到公共决策过程之中。[2]

（一）一般原因

阿克顿勋爵认为，"在所有是人类腐化堕落和道德败坏的因素中，权力是出现频率最多和最活跃的因素"；[3] 恩格斯也指出了权力的负效应，"政治权力会给经济发展带来巨大的损害，并造成人力和物力的大量浪费"。[4] 权力的滥用是不同社会所面临的不可避免的话题，并被多种社会科学所论述。

1. 从哲学视角出发

"从应然的角度说，权力的终极价值，就是为了保护和发展人的自由。"[5] 洛克明确指出，"人们联合成为国家和置身于政府之下的重大和主要目的，是保护他们的财产"；密尔也指出，"国家的价值……归根揭底还在组成它的全体个人的价值"。[6] 而现实中，权力的强制性会对人的自由构成巨大的威胁。相对自

---

〔1〕 [法] 孟德斯鸠：《论法的精神》（上册），张雁深译，商务印书馆 1961 年版，第 154 页。

〔2〕 参见王寿林：《权力制约和监督研究》，中共中央党校出版社 2007 年版，第 67 页。

〔3〕 [英] 阿克顿：《自由与权力——阿克顿勋爵论说文集》，侯健、范亚峰译，商务印书馆 2001 年版，第 342 页。

〔4〕 中共中央马克思恩格斯列宁斯大林著作编译局编译：《马克思恩格斯选集》（第四卷），人民出版社 1995 年版，第 701 页。

〔5〕 后向东：《权力限制哲学：权力限制模式及其作用机制研究》，中国法制出版社 2018 年版，第 41 页。

〔6〕 [英] 约翰·密尔：《论自由》，许宝骙译，商务印书馆 1959 年版，第 137 页。

由而言，"权力就其本质而言是邪恶的，不论其行使者是谁"。[1] 因此，权力自创设以来，便无法按社会契约所假设的方案进行。

权力最终具象化为具体的人。正如康德所提出的那样，"立法权力在一个国家中具体化为立法者这个人；执行权力具体化为执行法律的统治者这个人；司法权力具体化为法官这个人。"[2] 而人性是善是恶是至今仍难以确定的问题。休谟在谈论人性中的骄傲与谦卑时指出，"我们所必须认为原始的这些性质，是和灵魂最不可分离的。"[3] 人性根深蒂固地、本能地追求骄傲。而同时，"那个被认为是最密切而且在其他一切关系中最通常产生骄傲情感的关系，乃是财产权关系。"[4] 财产权是带来骄傲的最直接因素，而权力又与获得财产权有着直接关系。正如罗素在谈论权力时提到的，"在人的各种无限欲望中，主要的是权力欲与荣誉欲"，而"获得权力往往是获得荣誉的最便捷的途径"。[5] 由此可以得出，人性的固有"缺陷"——骄傲，使人始终在追求财产权以及其他美好事物，而权力等同于无限获得美好的能力。[6] 因此，权力的滥用就是必然的。

况且，权力本身就具有不断扩张的特性。博登海默指出，"权力在社会关系中代表着能动而易变的原则。在权力未受到控制时，可以将它比作自由流动、高涨的能量，具有侵犯权利与自由的领地的趋势，而其结果往往具有破坏性。"[7] 权力是具有惯性的。"在权力统治不受制约的地方，他极易造成紧张、摩擦和突变……发展趋势往往是社会上的权势者压迫或者剥削弱者。"[8] "越是有权力，就越是拼命想取得权力；正是因为他已经有了很多，所以要占有一切。"[9] 并且

---

〔1〕［美］E. 博登海默：《法理学：法律哲学与法律方法》，邓正来译，中国政法大学出版社 2004 年版，第 404 页。

〔2〕［德］康德：《法的形而上学原理——权利的科学》，沈叔平译，商务印书馆 1991 年版，第 138~139 页。

〔3〕［英］休谟：《人性论》，关文运译，商务印书馆 1980 年版，第 314 页。

〔4〕［英］休谟：《人性论》，关文运译，商务印书馆 1980 年版，第 345 页。

〔5〕［英］伯特兰·罗素《权力论：新社会分析》，吴友三译，商务印书馆 1991 年版，第 3 页。

〔6〕参见后向东：《权力限制哲学——权力限制模式及其作用机制研究》，中国法制出版社 2018 年版，第 46~47 页。

〔7〕［美］E. 博登海默：《法理学：法律哲学与法律方法》，邓正来译，中国政法大学出版社 2004 年版，第 373 页。

〔8〕［美］E. 博登海默：《法理学：法律哲学与法律方法》，邓正来译，中国政法大学出版社 2004 年版，第 373 页。

〔9〕［法］孟德斯鸠：《罗马盛衰原因论》，婉玲译，商务印书馆 1962 年版，第 61 页。

在区分权力和权力主体的基础上，需要明确权力的边界，否则无界的扩张将导致不平等的扩大并被权力主体所滥用。用阿克顿勋爵的名言表明立场，"权力导致腐败，绝对权力导致绝对腐败"。

2. 从经济学视角出发

经济学的分析方案认为，权力滥用是一种自利行为，行使权力的公职人员会按照成本效益分析决定自己的行为。自 20 世纪 70 年代以来，监管的私人利益理论对监管权力的正当性提出了针锋相对且完全相反的观点。虽然各国在文化和基本价值取向上普遍存在差异，但全人类有着一项共性动机——追逐个人利益。评论家称之为"贪婪"，经济学家称之为"效用最大化"。个人逐利的动机有其社会价值，最正面的例子便是市场竞争，在自由竞争的市场中，个人逐利的动机转化为生产活动，进而促进资源得到有效利用。最反面的例子便是战争，它不仅破坏财富，还破坏资源。"自利的确可能源于邪恶的动机，也可能表现为追求不当的利益，因此自利的一般本性会使人的行为带有机会主义特征。"[1]

贝克尔在《人类行为的经济分析》一书中指出，"当某人从事违法行为的预期效用超过将时间及另外的资源运用于从事其他活动所带来的效用时，此人便会从事违法……基本动机在于他们的利益同成本之间存在的差异。"[2] 据此分析，在效益确定为工资时，公职人员会消极地应付工作以减少个人成本；相反，在滥用权力的过程中，公职人员只考虑个人收益大于潜在的法律风险，至于其他人的利益，乃至对公共利益的影响则无关紧要，但是"对于大多数人的行为所产生的影响往往超乎他们自己的想象"。[3] 新制度经济学通过主流的经济学分析方案分析制度，解释监管者在行使权力的过程中做出选择的动因。

公共选择理论把"经济人"假设扩展到政治领域，把方法论——个人主义，运用于公共部门决策的过程中，把交易活动规则——社会契约，延伸至个人与政府的关系，由此解释政府行为的缺陷，而寻租、贿赂等活动正是源于政府权力的过分运用和不当管理。[4] 所谓寻租，是指"那些本来可以用于价值生产活动的

---

〔1〕 刘京希编：《权力的限度：西方宪制史研究》，婉玲译，商务印书馆 2019 年版，第 336 页。

〔2〕 ［美］加里·S. 贝克尔：《人类行为的经济分析》，王业宇、陈琪译，生活·读书·新知三联书店上海分店 1995 年版，第 63 页。

〔3〕 ［英］伯特兰·罗素：《权力论》，吴友三译，商务印书馆 2012 年版，第 57 页。

〔4〕 参见夏永祥：《公共选择理论中的政府行为分析与新思考》，载《国外社会科学》2009 年第 3 期。

资源被用于只不过是为了决定分配结果的竞争"。[1] 一方面，监管者利用垄断性行政权力干预市场，具有影响经营者收益的能力，诱使经营者向监管者行贿，或以损害经营者利益为威胁迫使其分享收益。显而易见地，特权带来的财富再分配并不增加社会总福利，反而直接导致其减少：经营者为了获取特权所消耗的资源、监管者为了获得"租金"而消耗的资源、其他经营者利益受损而消耗的资源。更不必说权力滥用促成的垄断经营（行政垄断）对社会总福利的损害。另一方面，监管者不是大公无私和仁慈的，公职人员会将个人利益和偏好带进决策过程，导致政府决策的失误、低效率与不公正，从而造成社会资源的浪费。在这一过程中，信息的不对称不完全激励了私利行为。根据"委托—代理"理论，作为公民意志的代理人居于主动地位，掌握着全面信息，而委托人则处于"无知"状态。"如果自身不透明，其监管动机不再是以预防市场失灵为目的，而会被机会主义动机所代替"，[2] 与公众发生互动时就会引发监管者的道德风险，产生权力滥用。

利益集团理论认为，监管的内容和范围、执行的力度和效果受到了组织严密的利益集团势力的广泛影响。利益集团，一般又被称为压力集团，通常是指那些有某种共同的目标并试图对公共政策施加影响的有组织的实体。利益集团以对监管者进行政治支持投资，以换取有利于利益集团的政策制定与执行。根据该理论，集团为达成和维护组织目标，围绕监管决策进行博弈，使得监管决策不再依据公共利益，而变为相互冲突的特殊利益集团之间博弈的结果。而"监管者往往会偏重那些对管制政策具有敏感反应的小利益集团的利益，而牺牲对管制政策反应较弱的大利益集团的利益。"[3] 同时，更为严重的后果是这类特殊利益集团

---

　〔1〕　James M. Buchanan, "Rent Seeking under External Diseconomies", in Robert Tollison、Roger Congleton, *The Economic Analysis of Rent Seeking*, Edward Elgar Publishing, 1995, p. 371.

　〔2〕　吴弘、胡伟：《市场监管法论——市场监管法的基础理论与基本制度》，北京大学出版社 2006 年版，第 73 页。

　〔3〕　王俊豪：《政府管制经济学导论：基本理论及其在政府管制实践中的应用》，商务印书馆 2017 年版，第 58~59 页。

"降低了社会效率或总收入，并且加剧了政治生活中的分歧"。[1]

政府俘获理论则是以利益集团与监管者的关系为起点，分析特定利益集团对监管者的影响力与监管者的动机，得出最终的结论：监管者公共选择的偏离在于其被产业所俘获。这一理论将监管部门"人格化"，认为监管部门以追求自身利益最大化为目标，同时，监管权力属于稀有资源，不同的利益集团之间相互竞争。在斯蒂格勒的论证中，通过三个基础假设："（1）政府的基本资源是权力，利益集团能够说服政府运用其权力为本集团的利益服务；（2）管制者能理性地选择可使效用最大化的行动；（3）政府管制是为适应利益集团实现收入最大化所需的产物"[2] 得出受管制产业并不比无管制产业具有更高的效率的结论，而政策总是倾向于牺牲政治实力弱的团体利益，来帮助政治实力强的团体。在此基础上，根据奥尔森提出的集体行动理论，小集团比大集团更容易组织起集体行动；具有有选择性的激励机制的集团比没有这种机制的集团更容易组织起集体行动。[3] 实际的应用中，监管者希望产品价格等于平均成本，但由于信息的不对称与不完全，监管者只能依靠有限的信息进行决策，不可避免地存在自由裁量的空间，这诱使被监管的利益集团开展游说活动。监管者会偏向组织性较好的利益集团，并诱使他们愿意向监管者分享额外的利益。这是因为被监管的利益集团的成员越多，内部竞争越激烈，搭便车的可能性越大；而被监管的利益集团寻租的

---

〔1〕"大体上讲，一个组织可以通过将社会生产的'馅饼'做大来使其成员获益，因为在分配配额不变的情况下可以得到的那一块更大，也可以在'馅饼'大小不变的情况下通过分享更大的份额使其成员获益。"现实经验表明，利益集团倾向于后一种选择，原因就在于任何一个组织要想促进全社会利益的增加，就要付出高昂的代价，甚至要承担实现这一目标的全部费用。然而，一个组织或者团体纵使规模再大，也只占社会的一小部分，并且无法排除其他集团从中受益。这样，从集体物品提供中获益的集团中的个人与在整个社会中组织参与集体行动是相似的。为整个社会的收益而行动的组织实际上是在为整个社会提供公共物品，集团的地位类似于作为成员向集体提供集体物品的个人。在两种情况下，它们都只能获取其行动效益的一部分（并且通常是极小的一部分），然而却需要承担行动的全部成本。因此，集团承担集体行动的成本与效益的失衡使得任何一个组织为提高全社会利益而进行的努力都是得不偿失的。"一种明显方式就是游说立法者提高某些产品的价格或劳动者的工资或对某些类别的收入比其他类别的收入征收更低的税收。""另一种方式就是建立卡特尔——就像单一垄断者所做的那样，成员们能够就限制产量并因此获得更高价格达成一致。"参见〔美〕曼瑟·奥尔森：《国家的兴衰：经济增长、滞胀和社会僵化》，李增刚译，上海人民出版社 2018 年版，第 55~61 页。

〔2〕王俊豪：《政府管制经济学导论：基本理论及其在政府管制实践中的应用》，商务印书馆 2017年版，第 61~62 页；George J. Stigler, "The Theory of Economic Regulation", *The Bell Journal of Economics and Management Science*, Vol. 2, No. 1. , 1971, pp. 3~31.

〔3〕参见〔美〕曼瑟尔·奥尔森：《集体行动的逻辑》，陈郁、郭宇峰、李崇新译，格致出版社、上海三联书店、上海人民出版社 2014 年版，第 51~69 页。

成本越高，监管者可分享的垄断利润则越少。最终，常出现的结果便是：生产者总能赢得消费者，更集中的产业总能赢得较分散的产业，并且后者的利益往往被牺牲。监管者分享了收益，就会主动为产业创造垄断的条件。[1] 总的来说，监管者在维护公共利益目标上的低效，源于监管者被产业所俘获，导致监管政策的制定和实施实质上是反映了特定利益集团的利益。至于利益集团之间竞争所产生的可能后果，分化出两大学派：芝加哥学派认为，利益集团之间的竞争对社会有利，能够导致帕累托有效政策的产生，[2] 只要存在开放式的竞争，自由进入和退出，就能提高政府运行的效率。[3] 而弗吉尼亚学派则认为，"利益集团之间的竞争纯粹是资源浪费，是一种非生产性活动。"[4] 大相径庭的分析结论使得经济学无法对该问题作出明确答复。

3. 从社会学视角出发

从社会学的视角出发，"权力"通常被认为是个人、团体和目标之间的一种特殊关系。马克斯·韦伯指出，"权力就是在一种社会关系内部某个行动者将会处在一个能够不顾他人的反对去贯彻自身意志的地位上的概率。"[5] 而帕森斯从另一个截然不同的角度，认为权力是系统的资源，是保证集体组织系统内部履行为实现集体目标而被合法化的义务的一般能力，并配有对不顺从现象的相应消极性制裁和强迫执行。[6] 韦伯和帕森斯的观点代表了当代关于权力的探讨的主要派别，从中可以发现权力的核心围绕着"集体行动的一致与合法性"，以及"个体间的冲突因素"，也可以这样说：如果一个接受者不关心自身的活动利益冲突而行动，那么他就处于权力之下。

实践中，权力表现为下级对上级的依从。在组织系统内，权力能够获取资源

---

〔1〕　See Sam Peltzman, "Towards a More General Theory of Regulation", *The Journal of Law and Economics*, Vol. 19, No. 2. , 1976, pp. 211-240.

〔2〕　See Gary S. Becker, "A Theory of Competition among Pressure Groups for Political Influence", *Quarterly Journal of Economics*, Vol. 98, No. 3. , 1983, pp. 394-396.

〔3〕　参见石淑华：《政府俘获理论的比较分析——芝加哥学派与弗吉尼亚学派》，载《福建论坛（人文社会科学版）》2006 年第 12 期。

〔4〕　See George J. Stigler, "The Theory of Economic Regulation", *The Bell Journal of Economics and Management Science*, Vol. 2, No. 1. , 1971, pp. 3-21.

〔5〕　［德］马克斯·韦伯：《经济与社会》（第一卷），阎克文译，上海人民出版社 2019 年版，第 184 页。

〔6〕　参见［英］罗德里克·马丁：《权力社会学》，陈金岚、陶远华译，河北人民出版社 1992 年版，第 61 页。

并进行分配，这些被控制的资源和下级对自身目标（通常是物质、声望、权力）的追求共同决定了权力关系中下级对上级的依赖。在依赖的前提下，如果下级不能成功逃避这种依赖关系，就会处于依从关系之中（即非考虑自身活动利益而行动）。权力关系可以用如图 5-1 表达：

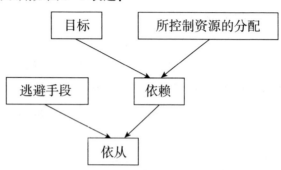

图 5-1　权力关系中的依从性决定路径

由图 5-1 可知，维持权力关系的两个重要方面是加强依赖，以及减少逃避手段。这里所涉及的两个相关工具分别是强迫和权威。强迫包括使用威胁，或者使用诸如致痛、致残或处死的肉体惩罚，或通过限制阻碍运动发生等。而权威的本质是一种合法性，帕森斯称其为"一种社会关系体系中控制他人行为被合法化了的优势地位"。[1]

国家与其公职人员可以用上述权力关系进行表达，国家是拥有权力的一方，公职人员作为下级是接受的一方。国家作为一个偏向政治概念而非地理概念的场域，拥有一种特殊的中央集权的资源能力，这可以独立地被称作"国家权力"。布尔迪厄认为，国家是不同种类的资本集中过程的结果，这些资本包括物质力量，或者是如军队、警察的强制性力量，以及经济资本、文化资本等，因而，这些力量的集中使得国家能够在最高层面上实现对其他不同场域的特殊控制。[2]根据权力关系理论，国家对公职人员授权并要求其以特定的规则行权，公职人员对于规则的违反（即滥权行为）正是权力关系中下级依从性不足的体现。

公职人员依从性不足，有以下原因：其一，目标不一致导致依从性不足。权力关系中上级与下级的目标可能一致，也可能极不一致。当二者目标一致时，上

---

〔1〕　参见［英］罗德里克·马丁《权力社会学》，陈金岚、陶远华译，河北人民出版社 1992 年版，第 67 页。
〔2〕　参见高宣扬：《当代法国思想五十年》（下），中国人民大学出版社 2005 年版，第 525 页。

级和下级的行为可以互为补充；当二者目标不一致时，就会产生冲突及对抗。国家制定的方针政策往往从全局出发，着眼于整体资源和利益的分配。而公职人员作为人类个体，基于功利主义，尽管其可能的目标和渴望与其所处的处境密切相关，但其目标大抵可以概括为"个人的物质生活品、声望、权力"。二者的目标存在天然的差异，因此也必然产生冲突，进而导致行动差异。其二，国家对资源控制力较弱导致依从性不足。尽管国家拥有高于一切的元资本，但在现实的行权过程中，国家作为概念上的主体，缺乏直接掌控其所拥有的资源的能力，而必须要通过授权关系，借助公职人员的行权行为完成资源分配。此时需要监督机制或程序，以保证资源能够依照目标正确分配，如果公职人员现实地拥有对资源分配的高度自主权而缺乏制约，行权程序不完善导致分配的过程和结果不公开，那么公职人员滥权的可能性就会增加。其三，下级具有其他可替代的逃避之路。可能的逃避之路有：下级尝试在其他地方寻找可替代的资源，这种可供选择的资源的替代性能够影响他的服从程度；或者下级试图与具有类似依赖的他人联合起来；或者他认为自己不顾自身利益的行为相对于放弃引起依赖的资源而言付出的代价更高，并因此限制或改变他的目标。[1] 例如，国家公职人员有滥权行为，可能因收受贿赂满足了他对财富的追求目标，或利用职权为自己或亲属谋取利益，所谋取的利益远比其薪资收益更高。

　　相应地，为加强公职人员的依从性，进而保障其廉洁性，应当考虑通过影响他们的目标，使之向国家系统内的目标进一步趋同。尽管人类个体天然是追逐私利的，但马丁认为，不应当将人类的动机简单化，应当重视价值观（如信仰和团体忠诚）对追逐物质生活品、声望和权力具有制约作用。[2] 实现这一目的的手段主要是增加国家的合法性权威。韦伯认为，权威的合法性来源有三：上级的感召力、理性基础、传统基础。拥有感召力的上级通过彰显他们个人的杰出性而获得依从，在社会处于急剧变革的时期就需要感召力权威来应对异常混乱的情况。[3] 但当社会处于比较稳定或渐进变化的时期，应当以合法理性权威作为主

---

〔1〕　参见［英］罗德里克·马丁：《权力社会学》，陈金岚、陶远华译，河北人民出版社1992年版，第86页。

〔2〕　参见［英］罗德里克·马丁：《权力社会学》，陈金岚、陶远华译，河北人民出版社1992年版，第85页。

〔3〕　参见［德］马克斯·韦伯：《经济与社会》（上卷），林荣远译，商务印书馆1998年版，第241页。

导地位，当下级相信上级的地位是合法而不是相反的时候，就更有可能会不顾及自身利益而活动。加强合法理性权威，应当注重国家权力系统内"习性"的培育和构建。根据布尔迪厄的观点，习性是一套整体的性情系统，能够评价、感知和行动，它稳定地根植于权力内部的个体的心智内，能够发生惯性作用。习性对实践的引导，往往是在潜移默化的无意识层面运作的。为塑造习性，其一，可以在国家权力系统内注重党政建设、爱国主义精神和民族自豪感的培养；强调人民公仆地位，或加强反腐倡廉的宣传等。其二，加强对资源的控制，例如，建立更加完善的行权程序，完善监管法律法规，依法进行监督；加强资源分配的年报审核，落实专项专款去处等。其三，加强强迫手段的威慑力，严惩滥权行为，例如，并重追究主管人员及机关责任。

布尔迪厄有以下行为分析公式，可以帮助分析公职人员的行权实践：

$$[（习性）（资本）] +场域=实践$$

其中"习性"可被理解为公职人员基于对国家的合法性权威的相信而形成的一种综合了价值观、后果等因素的惯性考量，"资本"为公职人员对其现实拥有的权力的变现能力，"场域"则是国家权力系统。可以发现，公职人员的实践是三者联合产生的实践，而不是其中之一单独作用的结果，是一种多方面的、综合性的互动。这一公式有助于从社会学的角度揭示公职人员的滥权行为推力，从而更好地引导并防治滥权行为的出现。

4. 从法学视角出发

在法治的框架下，监管者依法行使权力。但"徒法不足以自行"，法律的制定与实施同样依赖于人。归根到底，权力行使的危险来自利益的层次性和层级错位。[1] 卢梭认为，"在行政官个人身上，我们可以区分三种本质上的意志：首先是个人固有的意志，它仅倾向于个人的特殊利益；其次是全体行政官员的共同意志……我们可以称之为团体的意志，这一团体的意志就其与政府的关系而言则是公共的，就其与国家的关系而言则是个别的；第三是人民的意志或主权的意志，这一意志无论对被看作是全体的国家而言，还是对被看作是全体的一部分的政府而言，都是公意"。[2] 依此，权力的行使具有二重性：一方面，权力要维护全体的意志所代表的利益；另一方面，权力也被个人用于追求个人或团体的意志所代

---

〔1〕 参见刘继峰：《竞争法学》，北京大学出版社 2018 年版，第 232 页。

〔2〕 ［法］卢梭：《社会契约论》，何兆武译，商务印书馆 1980 年版，第 82 页。

表的利益，利益冲突就此发生。"公域与私域的利益矛盾，'理性经济人'与'忠实公共人'的角色冲突，极容易致使公职人员丧失公共精神，从而导致公共权力的异化，私权与公权的错位。"[1] 尤其是当监管者具备自由裁量权时，其可以对自身享有的权力在法律范围内进行自由处分，目的本应在于实现良法善治，寻求理性与经验的统一，以及形式正义与实质正义、社会责任与个人责任、公权与私权的平衡。但与之相伴的往往是权力的失衡。人性的"恶"、权力扩张与自由的联系，以及"理性经济人"假设，均表明无边界的权力会恣意妄为，损害权利与自由。实质上便是不同阶层利益的冲突，致使原本处于金字塔顶端的社会公共利益被私人利益或团体利益所剥削。

在市场监管的语境下，政府失灵为权力滥用与异化的具体体现。虽然市场失灵的客观存在被认为是政府干预经济的主要理由，但政府也非万能的。市场监管权力作为外来于市场的因素，虽然产生于市场失灵，但并非与市场完美契合。科斯在《社会成本问题》中指出，没有任何理由认为，政府在政治压力影响下产生的不受任何竞争机制调节的有缺陷的限制性和区域性管制，必然会提高经济运行效率，直接的政府干预未必会带来比市场和企业更好的解决问题的结果。[2]政府失灵，"说到底是一种动态性的权力扩张，它的产生和发展不是突如其来的，而是由权力的本质特征所决定的。"[3] 如果对市场的过度干预得不到有效制约，市场监管权力的滥用将导致预防和救济市场失灵的目标无法实现，甚至损害市场机制。但遗憾的是，至今还未有一种和市场失灵理论一样全面的，能够被广泛接受的政府失灵理论。

（二）我国的特殊原因

在阐述了监管权力滥用现象的普遍存在和论证其具体原因的基础上，有必要进一步探究我国市场监管权力滥用的特殊原因，以对症下药，有针对性地建立和完善相应的约束和救济机制，提高市场监管能力，实现监管目标。

我国市场监管权力的滥用风险与我国特有的政治经济背景、行政权力监督模式以及法律环境紧密相关。

---

［1］　刘继峰：《竞争法学》，北京大学出版社 2018 年版，第 232 页。

［2］　参见［美］罗纳德·H. 科斯等：《财产权利与制度变迁：产权学派与新制度学派译文集》，刘守英等译，格致出版社、上海三联书店、上海人民出版社 2014 年版，第 17 页。

［3］　舒扬、莫吉武：《权力市场化与制度治腐问题研究》，中国社会科学出版社 2008 年版，第 22~23 页。

1. 政治经济背景

(1) 行政主导型社会治理模式。我国以人民代表大会制度为根本政治制度的社会治理模式可以称之为行政主导型，应该认识到在人民代表大会制度之下，我国的行政主导型经济治理体制具有自己的优势。我国的社会主义市场经济是以公有制经济为基础的市场经济，是压缩了发展阶段的市场经济。令世界瞩目的"中国速度"，离不开计划经济体制和市场经济体制，而这两种经济发展手段，均离不开一个强有力政府的大力推进。

计划经济的推行依赖于中央集权下的以中央各部门管理为主的集中性计划管理模式。该管理模式高度集中了有效的人力、物力和财力，目标明确地进行重点建设、发展重点产业。同样，我国市场经济的形成与发展，也是在政府的推动下建立起来的。因为政府是传统计划经济体制的逻辑起点，是计划经济体制的构建者和执行者，所以改革必定是政府主导的，只有政府下定决心推动，改革才能发生。[1]

我国经济在行政主导模式下得到快速发展的同时，一个行政权力异常强大的超级政府也逐渐形成，极易导致权力滥用。此外，通过前文分析，从市场监管权监督模式看，不同于有的国家将行政机关的市场干预权力完全控制在议会权力之下，行政机关与市场相比完全处于次要地位，行政权力很难插手市场活动，我国在坚持人民代表大会对权力监督的同时，行政机关的自我约束和内部监督在行政权力制衡机制上占据了重要位置。[2] 这种"权力集中+主要靠内部监督"的行政主导型社会治理模式，是导致市场监管权力滥用的主要原因之一。

(2) GDP 与政绩观的特殊结合。《现代汉语词典》对"政绩"的定义是"官员在任期间的业绩"。[3] "政绩观"是对政绩的总的看法，包括什么是政绩、如何创造政绩以及怎样衡量和评价政绩等问题的认识和态度。[4] 需要指出的是，官员政绩评价和政府绩效评价是两个概念，尽管个人总是属于集体的一部分，但许多指标可能在集体和个人的评价中并不共通适用。党在不同时期的工作重点不同，对干部的要求也不同，因此也产生了不同的考核评价导向。1978 年党的十

---

〔1〕 参见单新国：《市场监管权法律规制研究》，中国政法大学出版社 2021 年版，第 121 页。
〔2〕 参见单新国：《市场监管权法律规制研究》，中国政法大学出版社 2021 年版，第 127 页。
〔3〕 中国社会科学院语言研究所词典编辑室：《现代汉语词典》，商务印书馆 2005 年版，第 1742 页。
〔4〕 参见赵洪祝：《领导干部要牢固树立正确的政绩观》，载《党建研究》2004 年第 3 期。

一届三中全会召开，决定了党的工作重心转移到经济建设上来。此时，干部的考核标准从政治导向转向到干部的工作实绩成果上。从 1985 年起，经国务院批准，我国正式采用了 GDP（Gross Domestic Product）对国民经济运行结果进行核算。GDP 是了解掌握经济发展速度和运行情况的直观数字体现，也是领导决策的重要参考制度和衡量社会经济发展的重要尺度。

但是，以 GDP 为核心的政绩评价体系也存在明显的问题，"以政治激励为基础的经济发展指标化引导政府注重经济'量'的增长而忽略了'含金量'的增加"。[1]

第一，缺少"政绩成本"的结算，评价结果真实性不够，导致政府官员在任期内容易出现短期行为，忽视长远的公众利益。[2] 一些政府官员在追求政绩的时候过分强调 GDP 总量和增长速度的考核指标，容易导致地方政府官员在落实上级工作时"挑肥拣瘦"，对于任期内有利于经济发展和个人升迁的工作坚决执行，对于其他无益于任期内晋升和个人利益的工作则随意糊弄以蒙混过关。例如，地方政府在投资项目上不问市场前景和还贷能力，在地方大肆举债，追求任期内的政府账面收入，不顾长期以来积累的政府隐形债务压力及信用问题；在招商引资上，给予外商各种优惠政策和税收减免，而不顾这类政策是否真正合理。在城市建设上，政府官员可能热衷于建桥修路，建设园区和广场，却不问财政从哪里来，百姓是否能够承受市政建设的支出。例如，安徽省阜阳的原省长王某忠在任职期间建设几大"形象工程"，透支了阜阳未来 10 年的财力，仅仅为了个人的仕途就以 1220 多万人 10 年的生存发展为代价，挥霍了上百亿的国家财产。又如，江苏省阜宁县政府为了"形象工程"在阜宁县城城南某国道和省道交界处建设了一个占地面积约 4 万平方米的市民广场，广场中央有一座酷似上海世博会中国馆的建筑，耗资 350 万，却几乎没有任何实际用途。[3] 这与科学发展观的要求背道而驰，不利于当地政治、经济、文化、社会的全面发展，难以实现市场监管的应有之义。

第二，官员晋升的机会与本地区的经济增长指标过度挂钩。在实践中，地方政府容易在招商引资目标的设置上确立各种有利于特定企业的优惠手段，从而损

---

〔1〕　刘继峰：《竞争法学》，北京大学出版社 2018 年版，第 235 页。
〔2〕　参见李曙光主编：《经济法学》，中国政法大学出版社 2018 年版，第 241 页。
〔3〕　参见王维国：《政绩四问》，载《领导科学》2003 年第 9 期。

害了其他企业的公平竞争，变相挤压或剥夺了普通民众的利益。同时，权力滥用既包括积极作为，也包括消极不作为，当根据特定的政绩观，公职人员认为自己晋升无望时，就会因为缺乏上升空间导致激励和约束机制失灵。据报道，原四川省绵阳市副市长邱某君在任职四川省三台县县委书记的几年间，当地的财政收入不仅没有增长，反而有所下降。按照过去的考核标准他无法得到提拔，但 2005 年中组部在绵阳进行干部考核试点，经过深入调查分析后发现，当地财政收入的下降是因为该县委书记在任职期间为前任领导还了很多债务。但是，调查组显然无法细致考察到所有政府官员，许多人如果认为即使认真工作也无法晋升，就很可能失去动力，欠缺责任感，能为而不为，出现消极不作为的权力滥用。

2. 行政权力监督模式

（1）疏于对决策环节的监督。追惩性的事后监督难以纠正和避免决策的重大失误。[1] 以国务院为代表的行政机关作为市场经济改革的政策执行者，依法拥有广泛的行政管理授权，对改革政策的推行程度极大影响着市场经济的发展程度。具体行政行为往往以抽象行政行为为基础和前提，说明行政权力滥用现象从法规、规章等行政法律文件的制定阶段起可能就已萌芽。

我国对于决策环节的监督依然较为薄弱。2016 年《国务院关于在市场体系建设中建立公平竞争审查制度的意见》对《反垄断法》中行政机关不得滥用权力限制竞争的抽象行政行为提出了具体的规制措施，不可否认这是一大进步。但目前我国公平竞争审查制度下的审查方式仍主要停留在政策制定机关的自我审查要求。这种模式的问题也比较明显，容易产生程序形式化即所谓"走过场"问题，或审查的质量难以保障。[2] 虽然该国务院意见也要求制定政策措施及开展公平竞争审查应当听取利害关系人的意见，或者向社会公开征求意见，但孱弱的权利在强势的权力面前难以得到保障，正如学者指出，"中国权力限制方面存在的一些问题，与公众参与的渠道和领域都不够充分有关，比如，民众对权力的道德要求难以充分表达或者无从发挥影响力，这就使得以道德限制权力模式难以真正发挥作用。"[3]

---

〔1〕 参见吴振钧：《权力监督与制衡》，中共中央党校出版社 2018 年版，第 225 页。
〔2〕 参见焦海涛：《公平竞争审查制度的实施激励》，载《河北法学》2019 年第 10 期。
〔3〕 后向东：《权力限制哲学——权力限制模式及其作用机制研究》，中国法制出版社 2018 年版，第 260 页。

因此，疏于对决策环节的监督也是导致市场监管权力滥用的一大原因，故应重视对于决策环节的旨在防止权力滥用的规制"工具箱"的建立和完善。

（2）权力监督渠道狭窄。"现代政治学业已论证，任何一个健全的民主社会，其监督指向都应当是自上而下、平行和自下而上的有机统一、平衡配置，不能够畸轻畸重或强弱过分悬殊。否则，就会使监督在失衡状态下运行，从而加大权力的负效应。"[1] "自上而下"的监督体现为系统内组织监督；"平行监督"体现为行政的司法监督；"自下而上"的监督体现为群众监督、舆论监督等。[2]

我国对于行政权力的监督，主要体现在立法机关监督、行政机关自我监督、司法机关监督以及舆论监督。但是，"从中国权力监督的结构来看，自上而下的监督代替了平行制约的监督和自下而上的监督，造成了不少监督环节的空当和误区。"[3] 即立法机关监督无力、司法机关监督受限、社会舆论监督孱弱，而行政系统内的层级监督又存在监督不彻底的先天不足，监督渠道狭窄和监督结构失衡系导致市场监管权力滥用的重要原因。

具体来说：其一，"全国人民代表大会有权对'一府两院'进行监督，但是，究竟通过什么途径使这种理论上的监督权变成事实上的监督权，确是一大难题。"[4] 其二，虽然强调"公正独立司法"，但现实中由于缺乏应有的地位和制度保障，司法部门常常受制于行政机关，出于现实考虑，在行政权面前行使司法监督，仍然存在一定障碍。其三，"权力面前，权利如此孱弱"。权利保护与权力制约存在天然矛盾。一方面，权利要对抗权力，要求权利对权力进行制约；另一方面，权利又依赖权力，要求权力对权利加以保障。[5] 不仅如此，社会舆论与公众参与属于"以道德限制权力模式"中的典型表现。然而，普遍性的社会道德对于掌握行政权力的各级官员，并无直接约束力。由于行政机关更加强调组织服从，并且行政权力的行使过于具体，容易受到比道德强大得多的力量的影响，因此道德对行政权力形成的限制非常有限。[6] 最后，行政系统内的层级监

---

〔1〕 吴振钧：《权力监督与制衡》，中共中央党校出版社 2018 年版，第 224 页。

〔2〕 刘继峰：《竞争法学》，北京大学出版社 2018 年版，第 236 页。

〔3〕 吴振钧：《权力监督与制衡》，中共中央党校出版社 2018 年版，第 223 页。

〔4〕 吴振钧：《权力监督与制衡》，中共中央党校出版社 2018 年版，第 226 页。

〔5〕 参见谢昱航：《当权力没被关进笼子》，南方日报出版社 2014 年版，序第 6 页。

〔6〕 参见后向东：《权力限制哲学——权力限制模式及其作用机制研究》，中国法制出版社 2018 年版，第 244、247、249 页。

督存在监督不彻底的先天不足。行政层级监督制度理想化地认为，行政系统内部权力的设置和运行是一个完美的体系，即行政人员会认真履行职责，偶有出现的行为偏差，也能依系统内部的监督机制及时纠正。然而，监督本身就是外在的强制，而不是行为人内在的道德约束，所以它客观上要求监督主体与监督客体不能共存于一个组织单位之中，要有相对超然独立的地位。[1] 前已述及，行政机关自我约束和内部监督在我国行政权力制约机制上占据重要位置，而行政机关内部由于各种特殊联系，不可避免地削弱了权力制约的效果。

3. 法律环境

即便在政策和制度上重视违法违纪监督和追惩性的事后监督，但此种监督效果并未在法律制度内容上得到充分保障，对于滥用市场监管权力的行为惩罚力度未达到权责统一的标准。

第一，对于行政权力滥用的监督思路和方法上沿用行政法上的监督方式，容易导致监督惩罚的不力。以竞争法律制度为例，《反垄断法》第61条规定了两种监督方式，一是在本部门系统内——"由上级机关责令改正；对直接负责的主管人员和其他直接责任人员依法给予处分"；二是跨部门行政系统内——"反垄断执法机构可以向有关上级机关提出依法处理的建议"。可以看出，要解决行政权力滥用问题，反垄断执法机构只能向实施者的上级机关提出建议，由上级行政机关来决定如何处理。[2] 这将导致前述监督结构失衡问题无法得到根本性解决。

第二，追责机制滞后，权力与责任脱钩。在我国"行使权力而不对结果负责也是导致滥用权力的原因之一。长期以来，许多政府部门存在着重权力、轻责任；强调权力多，明确责任少；注重形式权力，忽视责任追究。权责配置不对等，权力与责任相分离，等于权力行使不受责任制约，滥用权力者就会无所顾忌，胆大妄为。"[3] 此外，对于决策容错机制，容错的空间应建立在行政机关尽了勤勉义务、注意义务的基础之上。

三、建立权力的系统外约束机制

机构改革后由于部门整合，市场监管机构具有更加庞大的"权力束"，但权力越大，权力间的关系越复杂。一方面，由于包含对行政垄断行为的监管，相较

---

〔1〕 参见吴振钧：《权力监督与制衡》，中共中央党校出版社2018年版，第224页。
〔2〕 参见刘继峰：《竞争法学》，北京大学出版社2018年版，第236页。
〔3〕 沈荣华主编：《行政权力制约机制》，国家行政学院出版社2006年版，第96页。

于其他机关的行政权力，市场监管权的位阶更高；另一方面，行政系统内部制约存在监督不彻底等问题，上下级之间可能会基于某种特殊利益关系而形成利益集团或权力派系，这无疑会弱化系统内部监管的效力。因此，建立系统外权力约束机制十分必要。

（一）完善政策制定的公众参与制度

社会公众的监督是权力外部监督的一条重要途径。对市场监管机构来说，公众参与意味着要在决策时倾听和考虑社会公众的意见，并最终促进立法和公共决策的科学性和民主性。公众参与作为系统外部的约束，市场监管机构应当在行使作出立法、制定公共政策、决定公共事务等市场监管职权时，通过开放的途径从公众和利害关系群体了解信息、听取意见，并进行反馈，这是市场主体通过和市场监管机关进行互动以参与到市场维护的过程。公众参与应当遵循公开性、公正性、互动性等基本原则。

1. 公众参与的作用

从总体上看，公众参与有利于完善政策制定，减少权力滥用的现象，对权力进行约束。权力寻租和政策漏洞会引起巨大的社会损失。权力寻租、权力行使不规范等现象已引起世界各国的关注，公众参与是对权力进行外部约束的重要途径。

市场监管机关通过其相关行政行为直接对市场进行规制，一方面，市场监管机关履行职责的基础和对象是市场，市场本身就具有灵活性和专业性；另一方面，"权力"对市场的介入和干预应当遵循审慎的理念，切不可主观臆断、妄加干预。所以，听取公众意见以约束权力行使对于市场监管机关尤为重要。具体而言，公众参与的必要性主要有以下几方面的原因：

（1）科学决策的需要。20 世纪 80 年代左右，随着社会现代化建设的推进，重大决策的公共风险日益加剧，而重大行政决策对社会公共的影响往往是全局性的、长期和综合的。为了避免决策的高风险，应当在行政决策中引入公众参与制度。公众参与具有如下决策优势：一是弥补决策者的信息不足。由于存在信息不对称的天然属性，公众参与可以在一定程度上减少这种信息不对称，在政府和公民之间建立理性沟通的桥梁，有利于机关收集和评估各类风险信息，也有助于对可能的风险提前防备。二是避免决策失误。决策由人执行，是人就有可能会犯错误。受到各方面的因素影响，决策机构作出的决策可能会存在不同程度的瑕疵。三是避免俘获。所谓"俘获",指的是决策者以自身的利益与相关企业利益进行交换。价格调控的决策往往涉及重大公共利益,公众有效参与调控的决策过程,不仅可以弥补决策者信息之不足,而且可以避免决策失误和决策俘获,是公众直接维护自身利益的有效途径。四是有利于治理主观性风险。公民是社会生活最直接的参与者,也是公共政策的直接感受者。公民对政策的认可程度和理解度与政策推行及实施效果具有直接关系。公众参与能够从主观上保障公众内心的安宁,增加对政策落实的支持和理解。

(2)相关利益主体进行博弈的需要。国家行政机关也不是行使行政权的唯一主体,其应"部分"还于社会。在发达国家,大量同业公会、消费者组织、环保组织等社会自治力量在决策中扮演越来越重要的角色,市场监管制度的最终形成一般是部门间或不同利益团体间谈判、妥协与平衡的结果。例如,在推崇法团主义的德国,很多重要的监管机构本身就是公团法人(受公法约束的自治机构),公众参与实质上成为了这些不同的法团机构之间的较量。

(3)建设和谐社会的需要。和谐社会的构建,需要解决的问题甚多,但对政府行为的法律规制无疑是最关键的环节之一。市场经济的发展促进了社会主体的多元化和利益的多元化,公众的利益需求和价值取向日趋分化。公众的民主意识、法律意识、权利意识、公平意识增强,对信息公开、社会参与、反腐败的要求越来越高。公众参与政策制定,能够增强公众的教育和学习能力,在这个层面,"参与者对足够信息的拥有和分享,构成参与过程的公共知识,这是参与者采取理性、有效行动策略的基础性条件,是参与者学习的基础。"[1] 公众通过公开辩论、听证会等方式了解和学习政府决策的相关背景,从而能够充分认识到重大决策对社会公共利益及个体利益的影响,这类教育更具有实用性。公众参与还具有共同体整合的功能。从新公共服务理论的角度理解,"新公共服务理论的核心是将行政过程开放为一种通过协商和对话来完成对社会共同规范和公共利益的表达过程,这是一种在更高的层次上将社会建构为共同体的过程,而对共同体的建构正是国家社会公共治理的成就所在。通过在结构上的开放,将自身和社会相互嵌入,鼓励社会成员的相互对话和加强自身和社会的对话。通过社会行使权力,国家将有效地将社会整合为一个共同体。在增强自身制定和执行公共政策的

---

〔1〕 王锡锌:《公众参与和行政过程——一个理念和制度分析的框架》,中国民主法制出版社 2007年版,第 117 页。

能力的同时增进整个共同体的福祉和能力。"[1] 若公众在公共政策制订、政府监督等方面缺少发言权，将导致社会发育不良，公共政策就会存在问题，如城乡差距、地区差距、行业差距、贫富差距问题，公众的不满会增加，社会冲突可能加剧，社会稳定形势可能恶化。因此，政府应该更多关注社会建设，落实"以人为本"，有效化解各种社会矛盾，建设和谐社会。

（4）促进绩效提高的需要。随着监管改革对监管质量的追求，监管程序也呈现了从"防止监管权滥用"到"促进监管绩效提高"的发展趋势。监管程序更加透明、开放，扩大市场主体对监管的参与，能够有效增强市场主体对监管的认识，减少监管实施的服从成本。世界银行评估规制治理成效有一套相对标准的分析方法，其"十项原则"中就有一项是"透明和公众参与"。

2. 公众参与的途径

公众参与来源于英国普通法上的"自然公正"原则，其内涵是任何权力必须公正行使，对当事人不利的决定必须听取他的意见。而公众参与广泛应用于公共行政领域是在 20 世纪中后期，目前公众参与已经成为现代公共行政发展的世界性趋势。从世界范围看，公众参与的实现途径主要有：

（1）政策制定时进行民意调查。民意调查制度是体现公众参与理念的最直接的方式。有些国家规定，法律所规定的相关政府重大政策出台前都要进行民意调查。民意调查除了可以保障公众参与、获取民意外，还可以起到对政策的宣传作用，从而更容易获取公众的理解和支持。民意调查机构中，既有政府成立的民意调查机构，也有研究咨询性的民间调查机构。民意调查对于市场监管权的行使具有一定的借鉴意义。

（2）举行公开听证会。听证会既在政策制定过程发挥着重要作用，也是立法的重要环节。在法治社会中，法律的制定基本上都需要经过公开听证；许多国家的立法程序规则规定，立法必须经过听证性程序。听证制度包括发布听证公告、选择和邀请参会人、收集证言与准备材料等。在实践中，举行听证会是对市场监管机关进行约束的重要制度，对市场监管权的行使有重要意义。

（3）专家参与制度。在重大行政决策的实践中，专家具有中立、理性的身份和特点，能够在政府、利益集团和普通民众之间实现交流和沟通，平衡各方的

---

[1]　杨利敏：《论行政法对服务型政府的双重构建》，载《法律适用》2009 年第 3 期。

利益。"专家倡导的功能还可以制衡利益集团的过分垄断，使政府决策侧的内涵不致产生偏颇，形成权威性价值分配。"〔1〕在重大行政决策的不同环节，专家参与模式会呈现出不同的表现形态，主要有直接咨询模式、委托调研模式、公民运动模式和公益诉讼模式。专家的身份兼具行政属性和公众属性，从长远角度来看，随着民间社会化、企业化的咨询机构的完善，专家属性的去行政化是未来的发展趋势。

(4) 政策制定过程中新闻媒体的介入。新闻媒体介入最典型的方式是对政策制定过程进行实时转播或者跟进报道。例如，在美国，全国有线电视网中的两个频道每天全天候对国会活动现场直播。对所直播的内容，没有编辑和间断，以体现公正无偏见的报道态度。对于市场监管机构来说，新闻媒体可以辅助具体制度更好地保证信息的公开和交流。

(5) 专家政策建议制度。在有些国家，存在院外集团进行公开化的活动从而对政策制定产生公开化的影响。在这些国家中，院外游说制度培育出大批职业化的政治游说者队伍。例如，在英国，有大量的政治咨询公司为不同利益集团服务。不过，考虑到国情的不同，该制度对我国的借鉴意义不大。在我国可以建立专家提供政策建议等方式，将有关问题的解决方式和方法提供给权力部门，以供其决策时参考，并保障权力行使的合规性。

(6) 行业协会参与制度。在一些对市场主体限制性的规范制定中，需要听取行业主体的意见和建议，其形式可以是专题调研，也可以是意见反馈。一项监管权力的设置如果能事前为被监管者所了解，可以为监管权的配置合理性提供现实基础，同时，也有利于监管措施的落实。

3. 公众参与制度的落实与完善

公众参与尽管有上述的重要现实意义，对市场监管权的行使能起到约束作用，但同样有缺陷和一定的风险，如果不按照合理的方式运行，甚至会导致对市场环境和秩序的破坏。其一，在人数众多的情况下，公众情绪往往相互影响、难以控制，特别是存在少数激进分子或者别有用心之人的情形下，公众很可能失去理智判断、主观臆断，反而对市场决策产生负面影响。其二，公众有时会受个人、团体等短期或长期利益的诱导或驱使，利用公众参与制度改变本身合理的政

---

〔1〕 徐文新：《专家、利益集团与公众参与》，载《法律科学（西北政法大学学报）》2012年第3期。

策，损害社会公共利益和市场经济的长期发展。其三，在上述问题的基础上，公众有时会因为缺乏特定的专门知识、经验，以及无法掌握完整的、全面的相关信息而无法做出正确决策和决定，甚至可能导致一些正确的决策决定被否决或改变。虽然可以通过相应宣传以及加强信息公开等手段加以缓解，但却不能从本质上消除这种问题。其四，公众对市场监管机构的具体行政行为的参与主要是当事人和相关利害关系人的参与，而无法做到全体公众的参与，如果缺少其他力量予以制约和平衡，很有可能导致对一般社会公共利益的忽视。其五，公众的参与方式，往往是通过选出代表参与，因此，代表的产生方式、权利的分配和相互平衡往往至关重要，另外，防范代理人风险也是一项重要的问题。由此可见，不合理的公众参与不仅不能保障公正，反而可能会导致比没有公众参与的市场监管机构单方面决策更大的不公正。所以公众参与需要完善的法律制度加以落实和完善。

（1）完善信息公开制度中的公共利益标准。政府信息公开是当代各国政府在社会、政治、经济、文化和教育等全方面保障公民权利的一项基本义务。另外，随着电子政务的蓬勃发展，公众对信息资源与政府信息公开的关注度不断上升，要求政府建立与之相适应的信息公开制度。我国《政府信息公开条例》颁布实施后，信息公开工作取得了可观的进展。

2019年《政府信息公开条例》修订，更加强调公开原则："行政机关公开政府信息，应当坚持以公开为常态、不公开为例外"。并扩大了主动公开范围：对涉及公众利益调整、需要公众广泛知晓或者需要公众参与决策的政府信息，行政机关应当主动公开。其中第20条详细列举了行政机关应当主动公开的信息，包括实施行政处罚、行政强制的依据、条件、程序以及本行政机关认为具有一定社会影响的行政处罚决定，财政预算、决算信息，等等。同时，条例优化了依申请的公开程序，公民、法人和其他组织申请获取政府信息的，应当向行政机关的政府信息公开工作机构提出；申请时应提供身份证明，但不再要求申请人说明"生产、生活、科研等特殊需要"。条例修订后也明确了信息公开申请时间的确定方法，这些规定旨在保障公民、法人和其他组织依法获取政府信息的权利，提高政府工作的透明度，充分发挥政府信息对人民群众生产、生活和经济社会活动的服务作用。

（2）完善涉及公益事项的听证制度。听证制度是保障权力正当行使和决策科学的程序制度。经听证的决策既可以涉及私人利益，也可以涉及公共利益。前者如行政复议听证、反倾销听证等；后者如价格听证。涉及矫正"团体性目的偏移"的听证主要是维护公共利益的听证。

为了保证听证的公正性，应当根据听证代表的不同类型而采用不同的选聘程序。依与听证事项的直接利益关系，听证会代表可分为利益型代表和专家型代表两类。利益型代表由于与听证的事项有直接利害关系，在选聘时要注意公正和民主的要求，以充分反映社会公共利益。而专家型代表要考虑其专业素质和知识结构，以增加听证会的理性成分。利益型代表的选拔可以由政府部门对代表的来源、地区、阶层及对代表个人能力和资质等方面提出基本要求，但不由政府部门挑选，而应由行业团体落实推荐人选。

（3）明确规定公众参与国家和社会公共事务的范围、途径和程序。无论是国家立法机关制定法律，还是市场监管机关制定的规章，凡是其中规定了公众参与相关内容的，都应在相应法律、法规以及规章中明确规定公众参与范围、参与途径、参与方式。例如，明确规定公众参与主体的范围、参与事项的范围，以及采用何种形式（座谈会、论证会、听证会）等问题。

除此之外，为了保障公众参与的有效性与公正性，采用各种不同类型、不同途径的公众参与程序是非常必要的。对于听证会这种形式而言，正如前文所说，为了解决诸如利益的影响、代理人权力等问题，对听证会的公众代表选择的程序和方法、主持人产生的程序和方法、听证会的程序如举证质证以及辩论的程序、听证会记录的规范、听证会具体的效力等问题，都必须在法律上予以明确。否则，市场监管机关的公众参与制度就难以落实，效果不理想，甚至对市场产生诸多负面影响。

（4）将公众参与理念与信息公开制度以及公民的知情权紧密结合。信息公开是公众有效参与的前提和基本条件。如果信息公开不完善，公民就不能很好地了解市场政策的事实依据、现实情况、预期目标以及效益等情况，那么真正落实公众参与更是天方夜谭。因此，需要通过法律建立完善、规范化的市场监管信息公开制度。除此之外，需要明确并扩大市场主体知情权的边界和范围，这对于公众参与的落实和完善也是极为重要且必不可少的。就方法而言，可以充分发挥公民的结社权，在公众参与的过程中，个人的声音较弱小，而社团的声音则较为有分量，比较容易引起人们重视；另外，还需要保护公民言论自由的权利，发挥新闻舆论的作用。通过新闻媒体表达对市场中各种政策、问题的看法意见是公众参与的重要方式。当然，对于造谣生事、恶意扭曲等诽谤性、攻击性言论，应当严厉打击。所以，一方面要对言论自由加以保障，另一方面也要对具体言论的形式加以规范。只有这样，才能使公众参与对于市场监管权的行使起到正确、积极的制约。

（二）健全保障公益的司法权对行政权的制约

司法权，具体而言可以理解为国家行使的审判和监督法律实施的权力。在中国，司法权包括两种权力：法院行使审判权和检察院行使法律监督权。而在现代意义上，司法除了传统意义上的法院审判和检察院监督，还应包括仲裁、调解等以当事人的合意为基础、国家强制力为最后保障的其他纠纷解决机制。而行政权，可以理解为国家机关进行行政管理的权力和一系列活动的总称。对于我们社会主义国家来说，我国一切权力属于人民，而行政机关是国家权力机关的执行机关，所以行政权是执行权，市场监管权就属于该性质的权力。

要健全司法权对行政权的外部制约，就要首先明确司法权与行政权的两者关系。首先二者在权力性质和特点上存在本质区别，行政权是管理性权力，而司法权是判断性权力。在此基础上，二者的职能特征也具有根本区别。在现代法治社会中，司法权与行政权分工配合，司法权能对行政权起监督作用，并对行政权行使过程中造成的公民权利的侵害进行法律救济。司法权除了传统的维护公平正义、救济私权功能之外，还可以配合、制约政府机关的行政工作，在市场领域积极主动落实市场经济发展路线、政策，参与市场维护和治理。

另外，现代政府管制理念经由行政管理法、行政控权法转到行政平衡法，其变革的核心是承认行政权力接受司法监督，这也是现代社会区别于传统社会权力行使的最突出的特点。在这一前提下，结合我国深化经济改革的目标和现行制度并以权力行使目的性监督为中心，可以从以下方面完善相关实体制度。

1. 健全反竞争行为的司法监督制度——建立行政垄断的司法审查制度

对于转型国家来说，因权力不当介入经济关系阻碍竞争而形成不公平的竞争秩序是较为普遍的现象。其中，滥用行政权力阻碍竞争是转型国家市场经济发展中危害最大的行为类型。治理这种权力的滥用已成为转型国家能否成功转型的一个主要的标志。在我国，社会主义市场经济的最大障碍同样是权力不当介入经济关系，阻碍良好竞争秩序的形成。

而对于行政垄断行为的规制，我国目前主要依赖于行政系统自身以及内部的监管进行规制，市场监管机构仅拥有建议权，缺少相应的法律效力，且没有其他有力且有效的外部监督，因此对行政垄断的规制在实践过程中依然存在很多问题。对此，可以借鉴俄罗斯反垄断法对行政垄断行为的规制措施，即对具体行政行为型的行政垄断，反垄断执法机关可以直接认定无效（行政机构不服的，可以向法院起诉撤销反垄断机构的决定），直接利害关系人也可以向法院提起无效之诉。对抽象行政行为型的行政垄断确立两种规制路径：反垄断执法机关有权对行政机关制定的涉嫌反竞争的未生效的规范性法律文件进行审查，并确认该文件的法律效力；行政机关对反垄断机关认定的无效结论不服的，可以向法院提起确认效力之诉；反垄断机关对涉嫌违法的生效抽象行政行为可以向法院申请，由法院最终认定其效力。

因此可以构建"行政—司法—行政"的交互监督机制，以提升制度的整体效率。如果反垄断执法机关的建议有约束力，则对政策制定主体就具有了强制性，政策制定主体主动纠正了其中包含的问题，则相关政策可以进一步实施；如果不进行纠正，反垄断执法机构可以向人民法院提出司法审查。反过来，如果政策制定主体认为有关修改或删除的建议不合理，也可以请求法院进行司法审查。

当然，这需要系统性的制度构建予以协调。经过理论界十几年的呼吁，对抽象行政行为的司法审查在2014年修正的《行政诉讼法》中有了明显的进步。可以在此基础上部分改变以往司法审查的事后性、间接性、附带性等特性。一并审查的基本条件已经具备：首先，2014年《行政诉讼法》第1条修改明确增加"解决行政争议"，同时删除"维护"，保留"监督"作为行政诉讼法的目的，为抽象行政行为司法审查的试点扩张提供了可行性。其次，将1989年《行政诉讼法》第2条规定的"具体行政行为"改为"行政行为"，这解决了抽象行政行为的可诉性问题。再次，2014年《行政诉讼法》第12条第1款第8项增加了"认为行政机关滥用行政权力排除或者限制竞争的"，这将反垄断法和行政诉讼法直接关联起来。最后，审查内容是规范性文件的合法性和合理性。既包括抽象行政行为的依据是否符合反垄断法的规定，也包括内容是否合理。以往法官不进行合理性审查，主要惮于因没有相应的行政管理知识和技术而作出错误的认定。现在审理反垄断案件的法庭已经明确，对法官专业知识和技能的基本要求便是对反垄断法的准确理解。所以，合理性审查的担心已无必要。实践中，最高人民法院发布的第二批指导性案例中，鲁潍（福建）盐业进出口有限公司苏州分公司诉江苏省苏州市盐务管理局盐业行政处罚案[1]的裁判指出：法律及《盐业管理条例》（已失效）没有设定工业盐准运证这一行政许可，地方政府规章不能设定工业盐准运证制度。盐业管理的法律、行政法规对盐业公司之外的其他企业经营盐的批发业务没有设定行政处罚，地方政府规章不能对该行为设定行政处罚。可见对抽象行政行为的司法审查已经有了开拓性的进展。

推行行政垄断司法审查的主要障碍可能是诉讼主体，现行《行政诉讼法》第 25 条第 1 款规定："行政行为的相对人以及其他与行政行为有利害关系的公民、法人或者其他组织，有权提起诉讼。"这里的法人，通常理解为"经营者"，而不包括行政机关或司法机关（检察院）。在 2012 年修正的《民事诉讼法》增加公益诉讼制度后，已经将民事公益诉讼的主体确定为国家海洋环境保护部门和环境保护法所规定的社会组织。因此有必要将"法人"细化，将反垄断执法机关和行政机关解释为符合《行政诉讼法》第 12 条第 1 款第 8 项中类型案件的主体。

2. 建立无直接利害关系人的司法监督制度

依我国现行《行政诉讼法》的相关规定，私人无权对不涉及个人利害关系的公益损害提起诉讼。申言之，如果政府行为侵害了社会公共利益，因侵害与私人没有直接利害关系，私人提起诉讼被排除在司法监督范围之外。行政机关的层级监督和对行政机关的司法监督都存在制度上监督不彻底的先天不足。行政层级监督理想化地认为行政系统内部权力的设置和运行是一个完美的体系，预先假设了行政机关完全尽善职守地履行职责。偶有出现的偏差，依行政系统内部的机制可以及时纠正。但现代社会政府机关及其公务员不可能超脱于一切利害关系之外，尤其是同类行政机关或公务员上下级之间，他们本身也会不显化地组成若干利益集团或阶层，互相之间有形形色色的利益关系。这样，为了防止权力滥用，国家建立的控权体系将一项权力授予某一机关行使的同时，也设立并授权另外一个机关对其进行监控；这另外一个机关如果滥用权力，再设立第三个机关来干预和控制。因内在的团体利益关系或共同的个人利益关系不同程度地弱化了监督的效力，于是就产生了怠于行使监督权、截留监督权的大量事实。建立在国家行政人员都是尽善职守、忠于正义、廉洁奉公的"完人"基础上的监督制度在一定

---

[1]　参见《江苏省苏州市金阊区人民法院（2009）金行初字第 0027 号行政判决书》。

程度上和现实发生了偏离。

现有的法定公民监督制度——对国家机关有损公益的违法行为，公民可以向上级机关检举；对检举有功的公民，国家给予适当奖励——因监督渠道单一和缺乏再监督，使公民难以获得其提出监督行为后期望得到的真实信息或正式的结果。常常发生的"石沉大海""不了了之"的公民检举案件除了再行提起检举外，没有其他的监督渠道，尤其是没有司法监督渠道。这种隐含着亚当·斯密式的市民社会和政治国家二元分野的制度设计，已不能适应解决现代社会矛盾的要求。现代社会，市民不仅仅是公益的构成因素，也越来越积极地关注公共利益如何实现。在我国诸多法律制度中都规定有任何人都享有检举、揭发的权利，这些制度体现的是民众维护公益的责任心和正义感。所以，为提高民众参与公共治理的积极性和相关事项处理结论的公信力，有必要将行政系统监督转交社会司法监督。公益诉讼便是这种司法监督的有效方式之一。由此可见，设立公益诉讼制度是开通行政监督的司法监督。这样，公益诉讼产生的根本原因就应该是，对国家行政职权不正当行使导致的社会不公平而产生的一种替代机制，本质上是公民借助司法公正力对行政监督的再监督，是国家行政监督转交社会司法监督的一种方式。

"利益一旦被法定国家机关选择和确认为法律利益，它就成为法律权利"，公益诉讼的本源是公民的参与管理权，建立公益诉讼制度是由参与管理权的性质和法律的性质决定的，也是权利获得法律保障的必然要求。我国宪法明确规定，公民对国家机关和国家工作人员有提出批评和建议的权利；对其违法失职行为有向国家机关提出申诉、控告或者检举的权利。法律对参与管理权的保障应该体现为权利行使的有效性。宪法上规定的权利是应然的权利，其落实还需要一个制度化的过程，公益诉讼可以将这种应然权利变为实然权利。

公益诉讼制度一般可具体细分为民事公益诉讼和行政公益诉讼。2012年修正的《民事诉讼法》已经在公益诉讼制度化的进程中迈出了可喜的一步——规定"机关和有关组织"可以就有关事件涉及的公共利益侵害向法院提起诉讼。在德国、美国等国家同类制度中，公民个人、机关、有关社会组织均可以成为公益诉讼的主体，例如，德国《反限制竞争法》第33条第2款规定："为促进营业时或独立职业上利益而具有权利能力之产业团体，其成员如涵盖同一市场上生产或销售相同或类似商品或服务之相当数量事业，且依该团体之人事、业务及财务配置条件，其实际上有能力维护章程所定的任务，即追求营业或独立职业上之利益者，于其成员之利益受到违法行为妨害时，亦得行使前项所定的请求权。"另外，波兰《禁止不正当竞争法》第31条第1款也规定："对违法行为涉及众多消费者或者引起重大不利后果的当事人的诉讼，在受害的消费者个人不能被确定的情况下，竞争监督机构或者消费者利益保护机构可以参加诉讼，提出消费者的民事请求。"但限于我国现有司法资源的有限性，将公益诉讼主体放大到"任何组织和个人"既不现实，也不效率。建议对于个人的公益诉讼采取类似于德国的"私人检察官"制度，即将公民个人的公益诉权与检察官职权结合起来，公民可就侵害公共利益事件提请检察官提起诉讼，由检察官决定是否起诉并将决定公示，接受社会的监督。这一方面减少私人起诉中可能存在的"滥诉"，另一方面也实现了公民司法监督权的行使。就有关组织的诉权而言，建议立法赋予行业协会和消费者协会以公益诉讼的诉权，并确立这些社会团体的诉讼资格条件，以防止社团林立情况下诉权的滥用。限定的资格条件包括具有权利能力；有进行诉讼的经济能力；为实现法定的保护利益，该诉讼的目的属于该团体章程所定的目的；团体应当具有一定数目的成员，其所能代表的主体有普遍性等。另外，行政公益诉讼是针对国家行政机关的违法行为而由特定主体提起的诉讼。行政公益诉讼区别于民事公益诉讼，它主要适用于行政机关乱作为或不作为等情形。由于行政权力本身就承担着维护或增进公共利益的职能，市场监管机关维护着市场秩序，其作为的不规范，极有可能对公共利益造成很大侵害，以行政公益诉讼促使行政权力正确行使意义重大，是全面依法治国的题中之义。

除此之外，尽管司法审查的逻辑起点是行政行为，行政诉讼是其主要模式，但是在市场监管行为规制中政府常常与市场私主体紧密联系在一起。在这种行为具有"复合型"或者"间接性"的情形下，根据责任主体的不同，进行救济时既可以选择行政诉讼程序展开，也可以选择民事诉讼程序，但是两者责任的必要前提都是市场监管行为不合理，即行为具有违法性。在民事诉讼中，对案涉行政行为的审查是其认定责任和赔偿的基础，因此这实际属于"行民交叉"的问题。在目前的体制下，很难通过民事诉讼追求政府主体的行为责任，只能通过对"间接"实施主体或者可能在行为中受益者追究责任来实现救济的最大化。以市场监管的核心制度——竞争法制度为基础，在我国缺乏强大的反竞争执法力量和执法经验的现实情况且私人民事诉讼的激励性不足的现实背景下，对市场主体行为的规制便倾向性地依靠政府执法。此外，现有立法未能明确规定行政性垄断受益经营者的责任可能是一个重大缺陷，不管是主动还是被动接受利益，接受政府不当援助的受益主体都应当在一定程度上承担相应的民事责任，可以探索建立"不当受益者的权益返还责任"，与民事责任中的财产返还相比较，只不过此处的"返还"需要先满足对原告方的利益补偿和损害赔偿。

3. 完善行政公益诉讼相关法律规定

首先需要在行政诉讼法中明确并完善检察机关的主体地位、行政公益诉讼受案范围与对应程序。除此之外，还需要通过人民检察院组织法等法律明确检察机关有提起行政公益诉讼的职权。在实践中，检察机关以主体身份发出的检察监督意见比较常见，而提起行政公益诉讼的情况并不多见。一些制度上，关于公益诉讼的规定不断增多，如《个人信息保护法》第70条，《反垄断法》第60条。相比较，民事公益诉讼的实施及其效果比较突出，而行政公益诉讼相对落后。从主体资格上，人民检察院享有代表国家和社会公共利益提起诉讼的主体资格。在行为的类型上，检察机关提起的行政公益诉讼主要针对哪些行为？这需要进一步明确。结合市场监管中的权力运用，总体上，涉及如下两种情况时，可以由检察机关提起行政公益诉讼。一是应当进行市场监管而不监管，如市场上涉及民生的商品有商家在囤积居奇；二是不应当监管而监管，如一些城市排除共享单车的进入，其理由是与市政美化不符。当然，对于人民检察院对行政机关的违法行政行为损害公共利益提起行政公益诉讼的条件、程序等相关内容尚未有明确的规定，这些内容也很难从检察院组织法、行政诉讼法等角度来细化，为此，建议最高人民检察院实施类似最高人民法院那样的指导性案例制度，通过具体的案件细化相关内容。

(三) 发挥人大对市场监管权力的制约机制

人民代表大会是我国的国家权力机关，人民代表大会制度充分体现了人民当家作主的要求。全国人大和地方人大在国家治理和地区治理层面承担着诸多职能，其对于行政权力的制约和监督是人大重要的职能之一。人大作为监督主体，其独立性是最强的，其对行政机关的制约也是最具权威性的。在市场运行的过程中，为了更好地应对"市场失灵""不合理竞争"等状况，政府将介入市场，利用其行政权力对市场主体及其市场活动进行监管。政府市场监管权力的运用，需要严格遵循相应法律法规的要求，依法对市场主体的市场行为进行监督和管理。

在市场监管过程中容易出现的监管不到位、不合理、不合法等困境加剧了市场竞争的恶化。人大作为行政权力的监督主体，有权对政府的市场监管权力进行制约，这也是营造公平有序竞争秩序的重要保障。充分发挥人大对于市场监管权力的制约机制，是实现人民主权的必然要求，也是监督政府廉洁的重要保障，有利于构建高水平社会主义市场经济体制，构建和谐社会和法治国家。

根据《宪法》《地方各级人民代表大会和地方各级人民政府组织法》和《各级人民代表大会常务委员会监督法》，人大对行政权力的监督制度主要包括：听取和审查政府工作报告、政府规范性文件的备案审查、执法检查、代表视察、撤职、询问和质询以及特定问题调查等内容。可见，现行法律赋予了人大监管行政权力的职能，但更多地体现为原则性的规定，对于人大监督的形式、内容、程序、责任等尚未形成明确具体的规定，致使制约机制缺乏可操作性。进一步而言，现行法律法规在人大对市场监管权力的制约机制方面的规定更加模糊，甚至留有很多空白，这更是为制约的执行带来了挑战，使得人大对市场监管权的监督难以落到实处。同时，《监察法》只规定了人大常委会的监督主体地位，缺少关注人大作为权力机关的主体机关的监督作用。另外，人大的监督手段主要体现为沟通性的监督方式，而质询、撤职等较为严厉的制裁性手段使用甚少，这也反映了人大监督机制的强制力与保障力需进一步强化的问题。结合我国人大的监管职能和运作现状，可以通过以下层面调整以更好地发挥人大对市场监管权力的制约效用。

1. 完善制约机制的法律制度体系——实现人大制约机制的法制化

人大在制度上的权力有待向现实的权力转化，其对于市场监管权力的制约需要完善的法律监督体系予以保障。完备的制约法律体系是人大对市场监管权力充分进行制约的前提。人大制约机制的法制化，一方面可以为人大的监督行为提供规范具体的法律依据，使得人大能够依法进行对市场监管权力的制约工作；另一方面也可以为政府的市场监管行为提供可参考的行为依据，提升法律的可预测性，明确滥用市场监管权力的后果和责任，从而降低政府滥用市场监管权力的可能，为更好地规范市场竞争行为奠定坚实的基础。为实现人大对市场监管权的有效制约，可从以下三方面完善人大制约机制的法律制度体系：

首先，加强全国与地方各级人大及其常委会作为监督主体的建设。应明确将人大纳入《各级人民代表大会常务委员会监督法》的监督主体，使得人大及其常委会同时成为监督者。在此基础之上，再分别明确全国与地方各级人大及其常委会的监督职责与监督措施，使得全国与地方权力机关、人大与人大常委会在对市场监管权力的监督上形成明确分工与配合。例如，人大闭会期间，人大常委会将代表人大行使部分权力，其监督权应如何设置、如何行使都应当由具体的法律制度予以明晰。

其次，通过法律进一步制定和完善人大行使监督权的具体内容、程序与后果，将监督权落到实处。通过对人大制约机制的内容、程序、后果等方面进行细化规定，提供具有可操作性的实施机制，才能更好地落实人大的制约职能。如明确人大及其常委会在监督过程中具有相应的财政权力、人事权力及审计权力；再如明确市场监管权滥用或不作为情形下人大监督的处置权，明确人大监督失职的法律责任，以及在监督过程中将监督工作事项与流程向公众公开，从而避免人大监督机制的形式化，并促使人大的监督职落到实处。通过这些完善措施来保障监督权行使的力度，既使得人大监督权的行使更具可操作性，又使得市场监管部门的监管行为与人大的监督行为更具可预测性，从而形成统一、规范的市场监管秩序与人大监督制约机制。

最后，还应根据市场监管权的特点细化和完善已有监督方式，创设相适应的新型监督方式并通过法律法规的形式认可。其一，加强法律监督。我国在诸如证券市场等许多市场监管领域都存在立法较为原则性，需要依靠大量的部门规章或规范性文件将监管规则细化的现象。这些监管规则冗杂繁多、更新较快，时常出现交叉和冲突，给市场监管带来不小挑战。因此，人大有必要积极行使法律监督权，及时督促各行政法规、规章及规范性文件的修改和清理。其二，加强对市场监管部门决策和执行环节的监督，并通过将实践中行之有效的制约方式以法律的形式公布，使其具备规范性和权威性，实现"刚性"监督，加强人大的制约力度，有利于更好地规范人大对于市场监管权力的制约行为。如设立政府市场监管行为的定期报告制度，由人大对内容进行审议，如果涉嫌市场监管权力滥用，则需要对其进行相应的制约措施。人大在履行制约职能时应当对政府的市场监管行为进行规范执法检查，对政府市场监管的结果进行评估。在制约政府市场监管权力的过程中，人大还可以采取质询的方式对政府的市场监管行为深入了解并进行评估。人大对政府市场监管行为可以采取口头或书面质询，通过对政府行使市场监管权力的行为进行质询，起到监督检查政府市场监管工作的作用。通过将质询常态化、公开化，有利于将人民群众引入监督过程，督促政府更好地履行市场监管职能。其三，对市场监管权力配置情况进行监督。例如，我国根据试点创新的理念将地方经济区域划分为普通行政区、经济特区、城市经济区、自贸试验区、保税区、经济技术开发区等。这些地方经济区划在经济管理的特点和权限上各有差异，因而市场监管权内容也会有所不同。同时，目前这些经济特区仅基于国务院的批准而获取其资格，尚未受到人大的正式监督。因此，在试点成熟的时候，人大应该及时制定经济特区法、自由贸易区法等法律，正如不少国家已针对特殊经济区域制定了诸如俄罗斯《联邦经济特区法》、美国《对外贸易区法》等专门法律，这既是对市场监管权力配置的总结，也体现了权力机关对市场监管权力配置的监督。[1]

2. 提升人大代表的综合素质——实行部分人大代表的专职化

发挥市场监管权力的制约机制要求人大代表具备较强的专业素质和能力，制约效果很大程度上取决于人大代表的水平和素质，因此，人大代表的综合素质是充分发挥人大制约效能的重要保障。当前，在社会生活的各个领域，社会分工不断细化，商品经济不断发展，专职化的人员通过利用其专业能力，使得业务工作完成效率更高、产出成果更多、发展更快。

人大代表大多在一定领域有着突出的贡献或成就，能够代表人民的利益参与到人大的工作中。人大代表往往既承担着复杂又重要的代表工作任务，其自身又还有本职工作岗位，因此，可能存在人大工作与本职工作都需要履行的紧迫局面。在任务冲突的背景下，对于人大代表而言，其面临着行使人大职权与承担自身工作的平衡抉择。这一现象为人大对市场监管权力的制约机制带来了巨大的挑战，致使制约工作可能得不到及时落实，实施细节、工作质量以及后续的跟进都难以保证，不利于实现人大对市场监管权力的制约。

基于上述原因，人大对市场监管权力的制约机制需要进一步提升人大代表的综合素质，推行部分人大代表专职化，从制度上明确人大代表的职能，从根本上解决人大代表的身份冲突现状。要想更好地落实人大对市场监管权力的制约机制，需要选拔道德品质优秀、政治素养较高、专业知识精湛、工作能力突出、社会责任心强的人才，为其设立相应的工作岗位，明确其工作职能，使得对于政府

---

〔1〕 参见单新国：《市场监管权法律规制研究》，中国政法大学出版社 2021 年版，第 198 页。

滥用市场监管权力的行为能够得到及时的监督和制约，降低权力滥用的可能，减轻权力滥用的后果，为打造公平竞争的市场提供外在保障。人大代表的专职化建设有利于充分发挥人大对市场监管权力的制约效能，提升制约工作的效率，有利于更好地实现人大代表一切为了人民的宗旨。

3. 设立专门的监督委员会——推动人大制约机制的制度化

专门的监督机构是人大行使制约职能的组织保障，也是人大制约机制走向制度化的必然要求。当前，我国各级人大及其常委会通过下设的各专门委员会或工作委员会来协助其完成监督职责，并未下设专门的监督机构对市场监管权力进行制约。由于各专门委员会面临人手不足、机构设置不全面等现状，其仅能完成一般的事务性监督工作，对于复杂的市场监管权力滥用行为难以及时完成制约工作。因此，为了充分实现人大对市场监管权力的制约机制，可以建立专门的人大监督机构——监督委员会，并明确其职权、编制等内容，使其独立行使对行政权力的监督和制约，为制约市场监管权力提供保障。

随着社会的飞速发展，社会信息公开化成为大势所趋，基于互联网的便利，公众参与社会舆论监督的热情日益高涨，在监督政府市场监管行为方面也起到了不可忽视的作用。但在实践中，舆论监督缺乏常态化、规范化的法治机制加以保障。此外，由于舆论的传播具有非理性的特征，可能会损害公众利益，因此有必要对社会舆论进行甄别，对夸大事实、恶意传播不良舆论的现象进行抵制。为更好地协助人大对市场监管权力进行制约，可以充分吸收舆论监督的力量，合理运用舆论监督中有利的部分。应当在人大常委会机构中设置舆论监督委员会，负责社会舆论的监控研究，通过新闻线索开展对行使市场监管权力的监督，基于社会公共利益，引导舆论走向。舆论监督委员会的宗旨即是维护国家利益和人民利益，营造公平公正的舆论监督氛围，督促政府依法行使市场监管权力。委员会成员的选拔应当充分考虑具有新闻学、传播学、法学等专业知识背景的人才，通过管理和规范本区域内的相关舆论，对有关市场监管权力滥用、不行使市场监管权力等不合理和违法现象的舆论进行跟踪和了解，及时纠正失实报道。在收集舆论的过程中对不合理的市场监管行为进行初步审查，为更好地制约市场监管权力提供坚实的证据基础。

4. 重视刚性问责机制——促进人大监督力度的强化

全国人大作为最高权力机关，必须有作为和担当，其监督职能不能流于形式。而最能体现实效的监督方式便是刚性问责机制，即各级人大及其常委会通过行使监督权，督促国家机关及其公职人员履行职责，依法对其因违法或不当履行职责造成的不良后果追究责任。长期以来，部分地方人大及其常委会有权却不主动问责的消极态度使得刚性问责机制半休眠化，导致人大的监督机制"柔性有余而刚性不足"。因此，重视并重启各级人大及其常委会的问责机制，是解决人大监督制度刚性不足、提升监督的实效性的根本对策以及有效对监督权再监督的重要保障。[1]

人大对市场监管权力监督力度的强化，既需要以发现问题为目的的督查机制，又需要以解决问题为目的的问责机制。同时，还应将督查机制与问责机制妥善衔接，以避免因有督查无问责而浪费监督资源，特别是对质询、执法检查等"刚性"监督手段，更应做到有责必问。首先，应明确问责方式。一方面，应针对监管权力滥用或不作为的特定市场监管部门进行问责，具体包括根据质询结果作出的否定性决议、根据特定问题调查作出的否定性决议以及撤销不适当的决议和规范性文件。另一方面，还应将对市场监管权的监督结果落实到具体责任人，对其进行撤职和罢免等形式的问责。其次，还应规范问责程序和情形。例如，由一定数量的人大代表或者承担具体监督工作的专门监督委员会根据监督过程中发现的问题提出问责议案，经由人大或其常委会作出问责决定，并责令相关单位予以执行。问责的情形应当是由于不履行或未正确履行法定市场监管职责，致使公民合法权益或社会公共利益遭受严重侵害并造成恶劣社会影响。最后，还应当依法向社会公开问责结果。这既有利于规范人大的监督工作、提升监督实效，又能对市场监管体制起到广泛警示作用，从而促进市场监管行权的规范化。

四、权力滥用后果约束制度的完善

权力滥用的后果既可能损害私人利益，也会造成社会利益的损失。涉及监管权的法律制度对于监管者的滥用行为都规定了相关法律责任。在监管者个人承担法律责任这种约束的基础上，还需要进一步完善对组织的后果约束。

（一）建立政策（规范）影响分析评估制度

政策或规范的实施将产生社会性影响，包括积极的，也包括消极的。为了防止其实施产生消极的社会影响，需要进行社会影响评估。

---

〔1〕　参见周佑勇：《对监督权的再监督　地方人大监督地方监察委员会的法治路径》，载《中外法学》2020 年第 2 期。

1. 政策影响分析评估制度的理论依据

公共政策影响分析评估是一项由政府等有关机关对政策执行情况通过说明、考核、批评和量度等分析手段来检验政策执行效果，并通过将对政策评估所得到的信息回馈给政策制定者的方式达到改善政策实施过程、决定政策未来走向的政策分析工具。其具体内容一般包括：衡量一项进行中的政策所达成的预期目标；根据研究设计的原则区分方案效力与其他环境力量作用的差异；通过所得反馈信息对方案进行修正，使得政策趋于完善。[1] 绩效评估兴起于 20 世纪 90 年代，资本主义国家先后实行了以成果为导向的预算改革，通过法律和实施机构，对各个政府机构进行预算实施情况的绩效评估。1993 年美国专门制定了《政府绩效与成果法案》，明确了政府绩效评估的制度框架。我国在行政管理体制改革过程中也开始进行政府绩效评估，以推进行政效率效能的改善。温家宝总理在 2008 年 3 月第十一届全国人大第一次会议上所做的政府工作报告中提出要推行"政府绩效管理制度"，绩效评估开始在各级政府普遍施行。[2] 但是政策影响分析评估制度的确切含义并不等同于政府绩效评估，政府绩效评估仅仅是其中的一部分。通常来说，公共政策绩效评估与公共项目、公共部门与政府整体绩效评估构成了现代政府绩效评估的体系。[3] 有学者认为相较于政策评估，公共政策绩效评估实质上就是用绩效标准衡量公共政策工作的成果。[4] 还有学者认为公共政策绩效评估主要侧重于对政策的结果认定，而公共政策评估强调对公共政策包括科学性、可行性以及效果与效益的综合动态考察，为后续政策的修缮或终结提供依据。[5] 政策影响分析评估制度已经超越了政绩考核的含义，还包含着监督管理以及评估结果对政策实施的反作用等其他内容。作为市场监管权力的制约机制，当然不能仅仅满足于对结果的评估。因此，毋宁称之为绩效管理制度，而绩效评估只是其中一环。

政策影响分析评估制度具有事后评估的特征。在某个公共决策从萌芽、发展

---

〔1〕 参见上海社会科学院政府绩效评估中心：《公共政策绩效评估：理论与实践》，上海社会科学院出版社 2017 年版，第 4 页。

〔2〕 参见单新国：《市场监管法律规制研究》，中国政法大学出版社 2021 年版，第 197 页。

〔3〕 参见上海社会科学院政府绩效评估中心：《公共政策绩效评估：理论与实践》，上海社会科学院出版社 2017 年版，第 5 页。

〔4〕 参见上海社会科学院政府绩效评估中心：《公共政策绩效评估：理论与实践》，上海社会科学院出版社 2017 年版，第 5 页。

〔5〕 参见姚刚：《公共政策视角下的政府绩效评估》，载《求索》2008 第 4 期。

并至终结的过程中，政策评估事实上可以作用于任一决策环节。从提出政策问题，到审议、制定和执行政策方案，最后评估政策绩效，政策评估的出发点存在两种不同的面向。一种思路是解释性政策评估，而另一种思路是效果性政策评估。解释性政策评估的意图在于发现政策实施过程中的相互作用，通过研究理论政策机理的可行性进而评价拟实施的政策工具。相反，效果性政策评估着眼于评估逻辑的后端。它并不关心政策发生作用的内在结构。它主要意在建立政策中不同因素与绩效之间的关系，以便之后作出政策上的调整。[1] 如果接纳此种观察视角，政策影响分析评估制度应是效果性政策评估。政策产生影响之后，以回顾性视角审查政策制定过程中诸要素与最终结果之间的联系，以便为之后的政策调整做准备。

就市场监管领域而言，政府监管政策绩效评估是指，根据管理的能力、效率、公共责任、服务质量和社会满意度等指标，对政府市场监管部门在监管过程中的投入、产出和最终效果进行评定，以发现并解决监管过程中的出现的问题，从而为进一步完善监管职能提供科学依据。典型的政策社会影响评估是公平竞争审查。按照《公平竞争审查制度实施细则》的规定，规范性文件的发布，需要进行自我评估，疑难问题可以采取联席会议的形式评估。此外，政策制定机关可以根据工作实际，委托具备相应评估能力的高等院校、科研院所、专业咨询公司等第三方机构对有关政策措施进行公平竞争评估，或者对公平竞争审查有关工作进行评估。通过对市场监管工作的绩效测评来考察是否达到了监管的预期目标，从而了解市场监管权的配置是否合理，市场监管权的行使是否有效，并促使市场监管权的配置和行使趋向科学和完善。具体而言，其作用体现在：其一，提升经济与消费者福利，即通过评估发现以前没有预见的问题，进而将其纳入监管措施的制定和调整方案；其二，改善管理质量，即评估中的磋商机制可以反映公民的利益诉求，并以此更好地实现对监管过程的监督，提高监管的可问责性；其三，提升公共服务的效率，即监管影响评估可以为提高相关监管法律法规与政策的质量提供更多有益的信息。[2]

2. 建立政策影响分析评估制度的原因

（1）建立政策影响分析评估制度的必要性分析。在分析完毕政策影响分析评

---

〔1〕 参见赵德余：《政策绩效评估：地方部门案例》，复旦大学出版社 2011 年版，第 4 页。

〔2〕 参见王蕾：《政府监管政策绩效评估研究》，首都经济贸易大学出版社 2012 年版，第 18 页。

估制度的含义之后，首先需要解释建立该制度的必要性。必要性是指为了达到一定目的所需要的条件，它表达了客观上必不可少、不可或缺的特性。下文将从"供"（制度功能）与"求"（我国现状）两个角度分析建立这一制度的必要性。

第一，该制度能对公共政策本身以及其直接作用对象之外的经济社会等其他方面产生重要作用。首先，就公共政策本身的有效性而言，建立评估制度是必要的。作为一种结果性审查机制，公共政策评估制度最直接的功能就是检验政策的效果或收益。在此基础上，上一个政策评估结果将作为下一个类似决策的依据。这些直接作用于公共政策本身的功能显现出理性决策的思维模式。理性决策真正重要的是对拟作出的政策结果的预测。[1] 而有效的结果预测同时也有赖于事实经验上的判断，其中就包括对之前政策决策得失的总结。其次，公共政策评估的作用将会延展于政策本身之外的领域。承延如上的论述，公共政策评估对每下一个（或几个）政策的纠正将产生资源导向的作用。资源配置的优先级以及比例将会在公共政策评估的过程中逐渐明晰。最后，因为公共政策评估本身也是一项公共政策，因此政策评估过程中也会产生附带性的效果。随着民主行政理论的发展，政府与公民之间的关系从统治关系转变为合作关系，公共政策评估因而在内容上要考虑政策承担者的意见。例如，有学者认为公共政策评估的审查标准包含政策回应度，即特定政策实施后特定团体需求的满足程度。[2] 这里的政策回应度理应包含民众的满意程度。同时，公共政策评估程序上也需要民众的参与，形成良性沟通机制。所以，在如今，公共政策的评估也能够产生提高民主参与和优化沟通渠道等辅助功能。

第二，我国目前欠缺完善且规范的公共政策评估制度。我国并非缺失政府绩效评估制度。从绩效评估的角度，中央纪委监察部在 2010 年 7 月就增设了绩效管理监察室。随后自 2011 年起，全国 30 个省份陆续开展了政府绩效管理工作。[3] 甚至早在 2009 年，哈尔滨市就出台了《哈尔滨市政府绩效管理条例》（已失效）。但是，我国公共政策评估制度缺少评估与政策之间的互动关系，这

---

〔1〕 参见 ［美］德博拉·斯通：《政策悖论：政治决策中的艺术》，顾建光译，中国人民大学出版社 2006 年版，第 244~245 页。

〔2〕 参见陈振明编：《政策科学——公共政策分析导论》，中国人民大学出版社 2003 年版，第 311~312 页。

〔3〕 参见上海社会科学院政府绩效评估中心：《公共政策绩效评估：理论与实践》，上海社会科学院出版社 2017 年版，第 31 页。

种问题或许根植于政府绩效评估被引入之初的错误理念。某种程度上，政府绩效评估从本质上体现了政府的政治性广告，是当权政府为了辩护施政政绩采用的一种科学方法。但我国在引入政府绩效这种"链式工具"时忽视了其象征性特征，甚至有学者认为这导致了我国"形象工程"和"面子工程"的泛滥。[1] 尽管我国绩效评估制度在制度具体设计方面存在其他多多少少的缺陷，如评估主体单一、评估指标片面和评估方法落后等,[2] 但是最重要的问题不是规范层面的问题，而是事实层面上政府能在多大的程度上将绩效评估的结论落实。再加上由于执政者任期限制可能导致的短视、绩效责任缺失、民众参与不足等其他因素的影响，政府绩效评估符号化的现象将难以避免。有学者通过层次分析法研究 2010 卷、2012 卷和 2016 卷的《中国政府绩效管理年鉴》后得出以下结论：政府对政府绩效管理的理解仍然处于绩效考核和评估的阶段，很少关注政府绩效评估结果对绩效目标实现和民众满意程度的影响。[3] 因此，在我国现阶段的治理能力和治理水平的基础上，建立以绩效管理为导向的政策影响分析评估制度是非常必要的。

（2）建立政策影响分析评估制度的可行性分析。如果建立该制度是有必要的，那么就目前而言我国是否有能力建立该制度呢？如果将政策影响分析评估制度视为绩效管理体系的缩影，那么绩效管理的落地在我国有诸多障碍。有学者认为政府绩效管理的实施受制于"官本位"意识、不求精准且不尚实证的思维方式和行为习惯、政绩冲动的困扰、政府政绩管理体制的缺失以及技术手段落后等多方面的因素。[4] 还有学者认为公共物品的不可测量性、绩效数据收集困难、评估对象的策略行为以及官僚主义的抵抗等因素都影响着我国绩效管理制度的有效性。[5] 从既往学者的分析中可以看出，阻碍政策影响分析评估制度建立的原因主要包含两个维度：其一是技术规范方面，如绩效评估制度不够先进和科学。其二是事实层面，某些客观存在的因素阻碍了该制度的建立，如文化观念。技术

---

〔1〕　参见尚虎平：《我国政府绩效评估的总体性问题与应对策略》，载《政治学研究》2017 年第 4 期。

〔2〕　参见李庆：《基层政府绩效评估中存在的问题及对策探究》，载《经贸实践》2018 年第 7 期。

〔3〕　参见王学军：《我国政府绩效管理的治理转型》，载《理论探索》2020 年第 6 期。

〔4〕　参见伍彬编著：《政府绩效管理——理论与实践的双重变奏》，北京大学出版社 2017 年版，第 405~412 页。

〔5〕　参见张长立、许超、曹惠民主编：《政府绩效管理》，中国矿业大学出版社 2018 年版，第 230~234 页。

层面的问题可以在制度实施的过程中不断完善，真正阻碍该制度实现的因素来自事实层面。

尽管存在这些困难，但是不得不承认这些困难都有具体可行的解决方案，进而使得建立政策影响分析评估制度是具有可行性的。首先，可通过将激励、教育等柔性措施与惩罚、考核等强硬措施相结合的方式，形成正面与负面的双向激励，保障该制度的实施，如绩效合同、审计或申诉制度。其次，因为观念转变具有滞后性，所以可以通过制度拆分的方法将最具可行性的环节先行推进，如首先推进绩效评估制度，再引入绩效计划、监管和反馈等关联制度。这样让易行的制度先行以改变社会氛围，进而逐渐完善绩效管理制度，最终彻底实现政策影响分析评估制度的落地。最后，打通官民沟通机制并完善第三方独立评估制度。阳光是最佳的防腐剂，通过民间主体形成的倒逼力量加速政策影响分析评估制度在事实层面的实现。上述策略可以最大限度上保障政策影响分析评估制度的实现，因此，该制度在我国是具有可行性的。

3. 政策影响分析评估制度的内容设计

(1) 政策影响分析评估制度的主体制度设计。

第一，健全政策影响分析评估的层次与分类。公共政策与公共政策的实施主体都具有层次性，因此政策的影响评估制度也应依据其层次性加以分类。在国家层次，主要是对宏观政策进行绩效评估。例如，"国民经济和社会发展五年规划""供给侧结构性改革"等宏观政策应立足于政策的有效性、可持续影响力、社会与经济效应，乃至环境效应与国际效应等宏观方面的评价。在国家部委层次，主要是对各基本政策的影响进行评估，例如，市场监管领域中的公平竞争政策、金融监管政策与食药安全监管政策等基本政策。基本政策作为宏观政策与具体政策的连接，具有承上启下与协调整合的作用。在对基本政策的绩效评估上，首先其不能与宏观政策的基本原则相抵触，同时因其是宏观政策的细化，对其的绩效评估的专业性也有了更高要求。在地方层次，则主要侧重于对具体政策绩效的评估。其针对特定而具体的问题而作出，且应由具体部门来实施，对其的绩效评估主要是基于该政策在特定地区实施的社会效益和经济效益来进行。

第二，促进政策影响分析评估工作机制的建立。首先，应通过立法明确政策影响分析评估制度的地位，明确各级市场监管部门制定和实施各项监管政策所需要进行的不同程度的政策影响评估，并通过法律规范评估主体、评估权力与责任，同时对评估程序、类型和原则作出明确规定。例如，对于各级市场监管部门制定和执行的监管政策，可由同级人大常委会或其专门委员会进行评估。其次，还应构建政策影响分析评估工作的运行机制。建立政策影响分析评估制度需要同时关注绩效计划、绩效监控、绩效评估、绩效反馈和绩效改进等诸多方面的内容。正如上文所述，政策影响分析评估制度并非仅仅包含绩效评估这一方面内容，它是有关整体绩效管理的有机体。在制定绩效计划时最重要的是明确绩效目标。绩效目标的制定应注意整体目标与局部具体目标的配合，避免出现政策冲突。绩效目标的确定也并非一次性的过程，要经过申报、审议和调整等诸多环节。绩效计划实施过程中可以将主动收集信息与被监管主体主动提交信息等多种信息采集方式相结合，甚至在高度数字化的现在，在保障信息安全的情况下，可以试图通过技术手段打通信息收集渠道。绩效数据收集之后需要进行绩效评估，绩效评估应以绩效目标为核心展开。在做出绩效评估结论后，政府有关部门要将评估结果反馈到政策改进中，进而形成一个良性循环的政策运行机制。就评估的标准而言，一方面应通过政策的成本、效益、效率和执行力来衡量和评价政策的效果和科学性；另一方面对政策的目标与价值取向、政策导致的社会利益分配变化等问题进行进一步的社会学分析，从而促进社会的全面健康发展。最后，由于市场监管涉及领域通常具有高度专业性，还可鼓励建立专业化的第三方评估机构，并使参与评估的机构、公众、组织在条件与资质上高度规范化。大量经济、社会政策研究型人才的加入，将使评估主体既能贴近决策层，又可保持其独立性并对政府决策形成外部牵制，从而增强了评估的信息充分性与客观公允性。[1] 同时，还应健全政策影响分析评估的公众参与制度，突显公众满意导向原则。公众是公共服务的消费者和公共政策的服务对象，因此，绩效评估结果应当向社会公众公开，以实现评估结论的客观公正，提高评估质量，并保证政策从开始到结束都处于接受公众评议和监督的状态。并且还需要注意保持民意沟通渠道的畅通，例如，通过听证等形式征求民众意见。

具体就政府市场监管政策影响分析评估制度而言，还需要特别注意以下的问题。首先，市场监管政策影响分析评估需要特别关注监管治理与监管激励两项内容。通常认为，监管制度涉及监管治理与监管激励两个方面，二者共同对监管绩

---

〔1〕　参见上海社会科学院政府绩效评估中心：《公共政策绩效评估：理论与实践》，上海社会科学院出版社 2017 年版，第 52 页。

效产生影响。监管激励涵盖各种监管工具、方法和政策手段，指的是各种具体的监管政策及其激励性特征，通常包括价格、市场准入、补贴、竞争和互联互通等政策或规则。监管激励可划分为经济性监管与社会性监管。经济性监管目的在于保障公平并防止低效率的资源配置，从而使被监管者能适当运营，在维护公众利益的同时，能合理健全自身发展。社会性监管则强调缓解或消除信息不对称、外部不经济及内部性问题等非经济性目的。[1] 监管激励对监管绩效产生最直接的影响，但需在监管治理下才能最终发挥有效监管的效果。监管治理是一种限制监管者权限，平衡监管机构与利害关系者（如被监管者、法院、其他行政机关等）之间的利益关系，并协调其冲突和矛盾，以保证监管决策和政策的科学化并实现监管目标的机制。监管治理主要包括监管治理结构和监管治理机制。监管治理结构反映了监管权力的法律安排和组织结构，规定了监管职能、权力和责任的划分。恰当的监管治理结构是监管有效性的保障。监管治理机制则强调监管功能的负责、透明、自洽和清晰界定，以有效实现监管目标并约束监管者的机会主义行为。[2] 其次，政府市场监管的绩效目标应该是市场有序运转，以避免市场失灵的现象出现。这一宏观监管目标在更为具体的监管领域还可以进一步细化。例如，在消费者保护的监督管理中，市场监管的绩效目标就应该从市场有序运转转变为消费者权益保护。再次，在绩效监控的过程中，因为市场千变万化，所以要充分利用市场主体收集绩效信息。例如，市场监管部门执法过程中要充分利用听证会等方式一方面听取当事人对案件的意见，另一方面收集有关本部门执法过程中的不足之处。同时，绩效评估标准要准确体现绩效目标导向，将多主体评估相结合。绩效评估标准的制定同样要听取市场主体的意见。另外，绩效反馈与改进要及时跟进，市场监管政策影响众多市场主体，因此要及时将其公布。最后，如果某项监管政策针对特定市场主体，还应当向特定市场主体反馈评估结果。绩效改进可以采取日常改进与年度相结合的策略。当前市场业态变化快且政策对市场影响大，因此重要监管政策应该注意时效性。但是，某些市场监管政策，如市场监管体制，牵涉众多相关制度，修改难度大，可以待时机成熟进行修改。

---

〔1〕 参见王蕾：《政府监管政策绩效评估研究》，首都经济贸易大学出版社 2012 年版，第 129~130 页。

〔2〕 参见王蕾：《政府监管政策绩效评估研究》，首都经济贸易大学出版社 2012 年版，第 120~122 页。

（2）政策影响分析评估制度的配套制度设计。除了上述与绩效管理直接有关的制度之外还存在辅助该制度运转的其他制度。首先，可以通过多种既存的制度手段保障绩效管理的顺利运转，并有效提升监管政策质量。对监管质量的改进主要可以从三方面进行：一是对既有监管政策的重审与更新。系统并定期地对多年累积的监管政策和程序进行评估和检查可以保证监管政策能长期维持较好的监管效果，废除已不适应新社会、经济发展的低效监管政策，而根据现行的发展要求制定新的监管政策。二是减少监管的繁文缛节。行政监管的烦琐程序若长期未经改善，往往会降低市场的交易效率和投资者的投资意愿，从而形成一种反竞争效力，产生监管俘获和竞争力衰退等现象。因此，监管政策的绩效评估应与行政监管程序的简化相互配合，从而减少监管政策的实施成本。三是强化监管间的协调合作。现今监管政策的绩效评估面临的一大难点就是在众多不同的监管领域与监管法律法规之间寻求管理的一致性。监管领域与监管法规的专业化和复杂化，要求在制定一项新的监管政策时，全面了解新的监管政策是否与已有监管政策发生竞合。因此，在监管政策绩效评估中还需关注政府在监管中的统领和协调能力，以避免监管政策各行其是。此外，有学者认为绩效评估还应当包含绩效合同、绩效审计和绩效申诉等内容。绩效合同是指政府为实现绩效目标，利用合同化的管理模式对相关绩效作出的合同规范。绩效审计是一种二次监督的方式，通过审计的方法为纠正绩效管理部门的不良举措提供决策依据。绩效申诉与政府责任紧密联系，它意在对公民、法人或者其他组织提供的申诉意见进行审查、调查并给出处理办法。[1] 基于市场监管的复杂性，应该采取多制度相配合的方式进行绩效管理。其次，需要注意政府监管政策绩效管理制度与有关制度衔接的情形。设计绩效计划时需要注意与政府预算相衔接，在设计绩效监控时需要与政府的行政责任相衔接，在设计绩效反馈时需要与政府信息公开的有关制度相衔接。如果还涉及绩效合同、审计或申诉的内容，还需要注意不要与合同法、审计法和行政复议法等法律相冲突。

（二）在某些方面引入国家赔偿制度

政策评估更多的是在事前控制风险，在某些情况下还需要进行事后救济。

---

〔1〕 参见卓越主编：《政府绩效管理导论》，清华大学出版社 2006 年版，第 12~17 页。

1. 国家赔偿制度的理论依据

同样作为事后的救济方式，区别于国家补偿基于效益权衡和公平负担对特殊相对人损失的救济弥补，[1] 国家赔偿建立在涉案行政行为具有非难性基础之上，要求对该行政行为进行先行否定性的价值判断。其背后的理论支持主要有以下几个方面：

首先，根据人民主权原则，主权本身归属于人民，其无法分割且不得让与。我国《宪法》第 2 条也确定了"一切权利属于人民"。人民主权原则下，国家主权作为国家的最高权力，其本源来自最广大人民授予的权力，而主权者是全体人民公意所孕生的集体意志，国家和政府是依人民委托而对该权力进行实践的执行者。根据社会契约论的表述，人民通过缔结契约条款的方式，组成一个联合的共同体，将部分自身权利的集合让渡于此，赋予其足够的权力，然后通过这些权力来进行统治，以此维持良好的秩序。[2] 这种共同体并非本身一个团体下存在着一群人的静态情形，它来自人与人的血肉之躯的集合，强调聚合的动态。作为集合体中的一分子，个人既是统治者也是被统治者，需要承担相应的容忍和服从义务。然而，当政府违反该契约、没有按照主权者的意志进行执行时，在法治状态下，政府也当承受相应的违法责任，对所侵害的人民权利进行救济和赔偿，也以此作为对政府行为不当的惩戒。

其次，根据基本人权原则，公民最基本的权利应当被严格保障。宪法作为国家的根本大法，明确了国家对人权的尊重和保障，基本人权原则的建立也为国家赔偿法等对公民基本权利保障的具体践行奠定了基础。原则必须通过具体的规范来实现，而国家赔偿法就是在宪法的人权原则框架下的具体表达，通过一系列实体程序条款，将国家赔偿的构成要件、标准和程式等进行细化，以可操作性的规范将公民权利救济和行政失范预防落到实处，使得人权理论得以现实化实践。

最后，国家赔偿制度的规范化还离不开法治的大环境，其背后蕴藏着权力制约的要求。法的普遍性和正式性可以保证国家赔偿的公平性和有效执行，作为正义的实现方式，稳定规范的法是国家赔偿以看得见的方式保障正义的最佳路径。我国《宪法》第 41 条第 3 款确认了公民权利因国家职权行为受损的获赔权利，国家赔偿法就是宪法得到普遍服从的具体体现。而国家赔偿诉讼以司法适当介入

---

〔1〕 参见姜明安：《行政补偿制度研究》，载《法学杂志》，2001 年第 5 期。

〔2〕 参见［法］卢梭：《社会契约论》，何兆武译，商务印书馆 1980 年版，第 76 页。

的方式，有助于弥补行政内部监督的不足，实现司法对行政有效监督。

2. 国家赔偿制度的适用范围分析

总体上，国家赔偿适用于国家机关及其工作人员在行使职权时对公民、法人或其他非法人组织的财产权或人身权侵害的情形。市场监管权的异化将导致"社会契约"的违背，且可能对市场经济主体的行为和决策产生明显不利的引导，甚至直接压制社会的创新并造成市场主体的权益损失。对于因市场监管不当的受损，相应的受害人理应依法获得相应的行政赔偿法律救济。当然，理论上也存在着因经济法独立性以及经济责任独立性导致的市场监管领域能否直接适用行政法领域的国家赔偿的问题，但对于此问题理论界和实践上都已经达成了共识。由于市场监管往往是涉及特定具体的相对人，行为具有针对性，能够为市场主体明显感知，其与行政行为存在紧密的联系，或者说，市场监管"是在突破后者藩篱的过程中发展起来的，"[1] 甚至更进一步，市场监管本质上属于行政行为。这种藕断丝连的关系蔓延到了国家赔偿领域，可以说，市场监管领域的国家赔偿基本与狭义上一般行政法的国家赔偿别无二致。除《国家赔偿法》外，赔偿责任也散见于其他更为细致的市场监管法律法规中，如《食品安全法》第146条就规定了食品安全监管部门对因违法检查强制导致的生产经营者损失负有赔偿责任。

在国家赔偿中，受领救济与给付赔偿是一体两面的关系，其于公民而言是权利的法律救济，而从市场监管部门主体的角度来看，实则映照着监管主体的赔偿义务。这种赔偿并不止步于惩戒，其更看重背后的预防机理。显然，与其通过"损害—事后救济"的模式来尽量恢复原状，公民更期望自始就保持原状而从未受过侵害，因为背后存在着过程中的时间成本，而这类成本损失是目前法律并不予承认赔偿的，此时预防就显得尤为重要。国家赔偿应运而生，惩戒只是表面性的最基本的道义性责任，其背后目的还在于通过这种对具体个案适用的否定性评价，[2] 来防范潜在的监管风险，以此前车之鉴提示其他监管主体依法规范市场监管。

对于一般的市场监管失范，如不当的行政处罚或其他典型权利克减行为，可

---

[1]　张守文：《经济法责任理论之拓补》，载《中国法学》2003年第4期。

[2]　参见王成栋：《政府责任论》，中国政法大学出版社1999年版，第11~13页。

以参照监管行为、损害后果、因果关系以及违法情况进行分析确认赔偿与否。[1]市场监管与规制中行政主体实施的行为多为具体行政行为（如查封、罚款、吊销执照、责令停业等）。对于这些具体行政行为的不作为问题，其可诉性和可救济性在理论和实践上已基本定论，即这类行为引发的政府财产责任一般可通过行政诉讼和行政赔偿而解决。[2]早在 2001 年，最高人民法院的一则批复就对公安机关不履行法定职责致公民合法权益受损时的行政赔偿适用进行了确认，并明确应当重点考察该不作为在损害结果中的作用占比。[3]该态度在 2018 年的《最高人民法院关于适用〈中华人民共和国行政诉讼法〉的解释》第 98 条中得到了重申，并将适用范围从公安领域的具体个案扩大到了所有的具体行政行为的不作为。

但市场监管行为并不完全等同于具体行政行为，部分市场监管义务也无从被行政法领域的具体行政行为义务所包涵。市场监管领域存在着制定市场监管规范的授权，市场监管主体依据上位法制定相应细化具体的监管规范可看作是抽象行政行为，目前尚不属于我国行政诉讼的受案范围。另外，市场监管不作为本身往往并不直接导致损害发生，而是形成了"市场监管不作为—民事侵权—损害结果"的模式，权益损害因直接来源于其他民事主体的侵权，而排除了国家赔偿的适用，但对于特殊领域中出现的民事无法妥善处理的情形，国家赔偿是否存在适用空间？

（1）抽象行政行为。有观点认为，法院无权审查行政法规、规章等行政立法

---

〔1〕 当然，对于国家赔偿的构成要件尚存争议，理论和实务上基本认为需要判断是否为职权行为（具体行政行为）、损害后果以及因果关系，但是对于归责原则的应然性选择尚有较大的探讨空间。基于公平负担理论，一般国家赔偿少以民法上的主观过错原则归责。我国现行国家赔偿法改以结果归责原则和违法归责（客观过错）原则为主。限于篇幅，对于归责原则的讨论本书予以不展开。参见江必新：《国家赔偿与民事侵权赔偿关系之再认识——兼论国家赔偿中侵权责任法的适用》，载《法制与社会发展》2013 年第 1 期；马怀德、孔祥稳：《我国国家赔偿制度的发展历程、现状与未来》，载《北京行政学院学报》2018 年第 6 期。另有学者认为过错的客观过错和主观过错区分是伪命题，过错的认定应当以注意义务为标准，参见沈岿：《国家赔偿：代位责任还是自己责任》，载《中国法学》2008 年第 1 期。此外，有学者指出违法与有责应当进行区分，违法的行政行为未必构成赔偿，违法应作为与过错并列的构成要件，参见杜仪方：《行政赔偿中的"违法"概念辨析》，载《当代法学》2012 第 3 期。

〔2〕 参见季奎明：《经济法中特殊法律责任的类型化研究》，载《福建论坛（人文社会科学版）》2013 年第 7 期。

〔3〕《最高人民法院关于公安机关不履行法定行政职责是否承担行政赔偿责任问题的批复》（法释〔2001〕23 号）。

的合法性，但对于规章以下的规范性文件，仍有一定适用选择权与法律评价权。因此，国家不对行政立法造成的损害承担赔偿责任，但对其他抽象行政行为造成的损害不能免责。[1] 就市场监管领域而言，部分市场监管主体依照《宪法》和《立法法》的相关规定享有其监管领域部门规章的制定权限。并且在实际的市场监管执法中，为保障监管的可操作性和规范性，该部分市场监管主体也不可避免地制定对上位法的细化规范。然而，这种作为"准立法"的规章以下规范性文件的制定，由于其面向的是不特定多数人而无具体特定的对象，目前尚未在我国行政诉讼的受案范围外延内。依照一般的先认定违法再确定赔偿等责任的程式，此类抽象行政行为也无法导致行政赔偿。

一方面，该设计是考虑到，通常的抽象行政行为都不会直接导致损害结果，而后果往往会存在对该抽象规范的具体执行，后续的执行实施行为符合具体行政行为的可诉性，从而可以实现后续的赔偿救济；另一方面，因规范面向的是不特定的大众，倘若确实进行赔偿，赔偿对象的人数实在过于庞大将导致财政的过重负担。更何况，国家本身也是个人的集合，财政的相应支出实际来自纳税人自身缴纳的税款，过分扩大赔偿的适用将导致最后结果的实质不公正。

而对于抽象行政行为的纠正，可以通过具体行政行为的行政诉讼进行附带审查申请、司法通过不予适用、司法建议等方式引发合法性审查程序，或通过上级行政机关的责令改正等进行修正和完善，保证监管的合法秩序。

（2）食品安全等重点领域不作为。2008 年三鹿集团等三聚氰胺奶粉事件的余震仍未消止，此次大型公共卫生安全事件后，三鹿集团宣告破产，其对外普通债权的清偿率为零，尽管先前通过多方协调筹集了一次性赔偿金并成立了用于相关疾病跟踪治疗的基金，但其实效仍受到质疑。[2] 此次大规模的公共卫生安全侵权导致的权利侵害范围之广、程度之重引起了广泛关注，在私人市场主体的民事赔偿能力显然不足的情况下，国家赔偿的适用可行性走进了讨论的视野。

---

〔1〕　参见沈岿：《国家赔偿法：原理与案例》，北京大学出版社 2011 年版，第 201 页。

〔2〕　中国乳制品工业协会彼时筹集的赔偿金总额 11.1 亿元，其中 9.02 亿元来自三鹿集团的借款，也即赔偿金实际上仍停留在民事赔偿层面，其责任承受上限仍受限于一个自身即将被清出市场的私人企业。根据当时卫生部的规定，全国近 29.4 万名的患儿的赔偿标准分别为死亡赔偿 20 万元、重症赔偿 3 万元和普通症状赔偿 2000 元，但这个数额对于患儿的生命健康的救济弥补只能是杯水车薪。参见《乳协回应 08 毒奶粉案赔偿质疑 27 万患儿已获赔》，载中国法院网，https：//www.chinacourt.org/article/detail/2011/06/id/453165.shtml，最后访问日期：2021 年 4 月 23 日。

此次事件中主要存在两类行政行为合法性争议：一处在于当地政府的隐瞒和迟报；另一处在于质监部门的免检制度。传统上，行政行为的作为义务来源被认为限于法律明确规定或至少是规章层级的规范性文件，因为仅就道义上的行政责任转化成法律上的国家赔偿存在很大的困难。但现在学界逐渐认为应当对其进行必要的扩大，如若规章以下的其他规范文件也会对公民权利造成严重影响的，也应当纳入作为义务的渊源。[1] 因此，对于前述政府迟报的问题，根据当时的《突发公共卫生事件应急条例》及相关具体实施办法，当地政府具有在接到报告后 2 小时内向上一级人民政府报告的法定义务，政府的隐瞒和推迟报告的行为构成了该行政义务的违反，符合"具有作为义务—条件达成应当作为—没有实效作为"的构成要件，属于行政不作为的范畴。对于后者，《产品质量法》规定了质监部门的监督检验义务，原国家质量监督检验检疫总局以免检制度的设立来免除此检验职责是否构成行政不作为值得讨论。但结合免检制度本身的适用范围和责任惩治，只有长期稳定抽检合格、自查标准不低于国家标准的少部分产品才能获得免检资格，且在被举报核实或出现质量风险时将丧失相应资格，免检的设立并不意味着质检机关检验职责的免除，其制度初衷在于防止地方保护主义和减轻企业负担。该制度在质检的裁量权范围内可发挥实益，也不能因而将其合法性与合理性全然排斥。

即使认为二者都构成不作为，由于上述两种不作为与最终的损害结果之间存在着明显的民事第三方主体行为的阻断，责任奶粉生产企业的违法生产销售才是婴幼儿生命健康侵害的直接原因，因果关系被中断的情况下国家赔偿的路径延续出现了明显障碍。此时，先前的行政监管主体不作为更像是催化剂或容器瓶，给民事侵权创造了抽象的危险助推环境，有学者建议对此类不作为的因果关系不应过分苛责并建议引入保护规范理论作为国家赔偿适用的认定工具。[2]

按照保护规范理论，只有明确在规范中体现出个人私益的保护目的时，相关个人才能获得公法上的请求和救济。否则，个人权益将只是该规范的"一种有利之附随效果"，[3] 仅构成反射利益。如此，就政府迟报的问题而言，限于政府的

---

〔1〕 参见章志远：《司法判决中的行政不作为》，载《法学研究》2010 年第 5 期；周佑勇：《论行政不作为》，载罗豪才主编：《行政法论丛》（第 2 卷），法律出版社 1999 年版，第 258 页；毕雁英：《论行政不作为的司法治理研究》，载姜明安主编：《行政法论丛》（第 19 卷），法律出版社 2016 年版，第 4 页。

〔2〕 参见杜仪方：《行政不作为的国家赔偿》，中国法制出版社 2017 年版，第 185~186、261 页。

〔3〕 吴庚：《行政法之理论与实用》，中国人民大学出版社 2005 年版，第 104 页。

作为义务主体是上一级政府而非消费者，是对上一级政府的责任，相应的，按照公权理论（保护规范理论[1]），其只能相应受到上一级政府的政治苛责和行政责任，消费者利益由于不在此条款的保护目的之中而无法因此获得公法上的请求权，更无从获得可能的行政赔偿。而对于质检部分，虽然免检制度设立的本身这一抽象性行为并不构成不作为，但是在具体执行时，可能存在将不应当纳入免检范围的企业或产品授予了免检资格，出现具体的监管错误或怠于监管的情形。当然，质监部门在免检资格认定上本身存在着一定的裁量权，考虑监管的专业性要求，对此司法也不可进行判断代置，但裁量空间会随着具体个案而情境化变动。如就三鹿事件而言，在此之前不久已经出现了因蛋白粉原料违法添加三聚氰胺导致的宠物食品污染情况，原国家质量监督检验检疫总局为此也紧急对奶粉、液态奶、面包等相关食品进行了专项抽查，[2] 在此情况下对奶制品是否维持免检的裁量应当进行限缩，倘若承认此时质监机关对于奶制品的免检认定的裁量极小甚至限缩到零时，质监机关将构成监管不作为而可能适用国家赔偿。

（3）行政指导、约谈。随着市场监管方式的丰富，同时考虑到市场自身的调节能力和政府介入的强度限制，行政指导、约谈等柔性监管方式成为常态，此类行为的特点在于并不会对监管对象产生实质的权利义务影响，被约谈或被指导的市场主体可以对监管主体提出的建议进行选择性采纳，此类行为实为事实行为而不属于具体行政行为行列，是否符合"行使行政职权"的构成要件存疑。一般而言，其非强制性的特性也意味着其通常不会直接导致行为对象蒙受权益损害。

然而，因此彻底将行政指导等柔性监管排除在赔偿之外，将意味着后续可能出现的损害情形直接在性质上被剥夺了行政赔偿的救济渠道，与行政赔偿的目的和宗旨并不相和。我国《国家赔偿法》在经数次修正后，已经明显表现出其扩大赔偿范围的意旨，旨在为公民提供更为完善充分的救济。随着经济社会的发展，行政指导、约谈等能否实际致损并不可一概而论，仅以抽象性的判断而将行政指导等划出赔偿范围，不利于个案实质正义的实现。也即，从损害到救济应保持情境化的判断，不可以目前的理想预断完全排除整体的适用。另外，也有学者

---

〔1〕 在行政诉讼法领域，我国已经通过 2017 年公报案例的"刘广明案"引入了保护规范理论。参见《最高人民法院（2017）最高法行申 169 号行政裁定书》。

〔2〕 参见原国家质量监督检验检疫总局：《质检总局通报输美植物蛋白涉嫌污染调查结果》，载央视网，http://www.cctv.com/community315/20071211/103130.shtml，最后访问日期：2021 年 4 月 23 日。

从指导的单向性、权力性、约束力的角度论证行政指导的赔偿必要性，并建议通过修法的方式以正向明确纳入的方式进行完善。[1]

当然，对于名为行政指导或约谈，但实质产生了强制约束的监管行为，可以通过对该行为的实质解释，将其还原成具体行政行为的模样进入赔偿适用队列。如日本此前就通过判例指明，对于可以转化成强制处分执行的行政指导，由于其未满足充分的相对方同意和自愿，客观上具有强制要素，而将其认定为"公权力的行使"。[2] 然而，对于可能的柔性违反效果，如信用名单、综合评分等激励或诱导，应当视其刺激的强度具体判断，若能够达到类似处罚等明显程度的类强制影响，也存在赔偿适用的空间。

（三）明确违法权力主体的社会责任

1. 违法权力主体社会责任的内涵与当代发展

（1）权力主体对社会的义务。如果从政府起源的角度论述权力主体的社会责任，那么社会责任并非一个法律概念，其中的责任不是法律意义上不履行某种义务的不利后果，而是主体应以作为或者不作为的方式向社会履行的义务。尽管政府的起源有多种其他的解释方式，如考古学解释或经济学解释，[3] 但是如果采取西方经典政治哲学中契约论的视角，那么政府的权力来自其中每个个体自然权利的让渡。因为权利与义务相对应，所以在社会契约的搭建过程中形成了一种本不存在的相互义务关系。在民众交付自然权利的同时，政府对民众承担某种政治义务，这种政治义务要求政府回应社会对政府建立之初的种种需求。人类社会建立之初是为了保障每个个体能够在自然环境中存活，换言之，政府对民众最初的需求回复是保障每个个体的生存权。在基本生存需求满足的基础上逐渐衍生出其他社会需求，如社会福利保障或基础设施建设。

这种观点也可以从其他学者的论述中得到支持。例如，有学者认为责任有两种含义，一种是关系责任，即义务；另一种是指不履行义务应当承担的不利后果。企业的社会责任并非一个法律概念，其中的责任是企业应当以作为和不作为方式向社会履行的义务。[4] 尽管这里论述的是企业承担的社会责任，但是由于

---

[1] 参见孙萍、邓小川：《论行政指导的国家行政赔偿救济》，载《学习与探索》2016 第 11 期。

[2] 参见［日］《判例时报》第 826 号，第 20 页，转引自曾祥瑞：《日本国家赔偿特别领域要论》，载《行政法学研究》2004 年第 1 期。

[3] 参见顾平安：《政府发展论》，中国社会科学出版社 2005 年版，第 21~81 页。

[4] 参见薛克鹏主编：《经济法学》，中国政法大学出版社 2018 年版，第 106 页。

其是从责任概念进行着手切入，因此责任承担主体的变换并不影响社会责任本质的诠释。再如，学者认为尽管学界对社会责任的论述多局限于企业，但是政府也具有组织性，所以政府承担的社会责任也具有类似特征，他们将政府的社会责任定义为政府行为或不作为对社会产生的影响。[1] 还有学者认为政府的社会责任是对企业社会责任的拓展，政府作为公权代表，负有将公共利益最大化的使命。[2] 可见，政府的社会责任被理解为行政主体对社会共同体承担的义务，而这种义务主要体现于满足社会共同体的需求。这种理解也更加接近伦理学对责任的看法，《中国伦理学百科全书》中指出："道德责任是人们主动意识到的义务，具有良心成分。道德义务与道德责任是同一种道德'命令'在人之外和在人之内的两种表现形式。"[3] 换言之，责任是人们自觉意识产生的义务，义务是责任的外化。因此，政府的社会责任在早期是一种伦理或道义责任，政府因为社会整体普遍接受的政治伦理而履行相应的社会责任。

（2）权力主体违反法规范的不利后果。政府满足社会需求的方式发生了微妙的转变，从满足伦理道德上的要求转而变为避免对法律制度的违反。相应地，与义务紧密联系的责任概念不再仅仅是对规范的主观回应。随着法律基本范畴的重建，权利与义务相对应。而为保障特定义务的履行，即特定需求的满足，责任成为了一种第二性义务，即对第一性义务违反承担的不利后果。[4] 这种责任的理解方式体现了人们长此以往对政府的畏惧与不信任。在法学的语境下，政府的社会责任对应着强制性或禁止性规定产生的不利后果，而倡导性规定或道德式义务尽管仍然包含在社会责任的词源义中，但随着法治社会的建设逐渐失去与规范体系的必然联系。那么违法的权力主体社会责任是指在重要的社会需求被转变为法律之后，该权力主体违反这类法律规范应该承担的不利后果。在市场监管领域，这种社会需求就是对市场秩序的维护。当这种需求同样被固定为法律之后，市场监管主体的社会责任便就此成形了。

---

〔1〕　参见陈思融、章贵桥：《政府社会责任演进、可持续发展与完善政府会计职能》，载《贵州社会科学》2013 年第 7 期。

〔2〕　参见范燕宁、赵伟、陈谦：《"社会责任"：当代社会发展理念的新发展》，载《湖南社会科学》2012 年第 1 期。

〔3〕　罗国杰主编：《中国伦理学百科全书》（1 伦理学原理卷），吉林人民出版社 1993 年版，第 341 页。

〔4〕　参见张文显：《法哲学范畴研究》，中国政法大学出版社 2001 年版，第 122 页。

　　如果以发展的眼光看待社会需求，那么随着社会需求的不断膨胀，政府的社会责任在当代社会有了新的发展。社会需求的膨胀要求政府组织扩大来满足不断出现的新的需求。但是，由于政府的自利性以及社会资源的有限性等其他原因，社会将抑制政府组织的无限膨胀。这就导致部分社会需求无法得到满足，而其中某些社会需求是如此重要使得政府无法回避，进而产生承担社会责任的风险，例如，特定行业的管理或基础社会的建设。同时，同一市场发展过程中由于不同需要的存在，市场出现层次化发展，例如，同样是计算机芯片产业，普通消费者需要的笔记本芯片与国家发射的人造卫星使用的芯片就完全不同，这种差异化需求在公共领域更加明显。因此，难以想象只依靠政府的力量能够无差别地有效满足如此众多的社会需求。

　　在这种背景下，社会共同治理模式更加能够满足当代社会多层次且不断膨胀的需求。权力共享或者权力"去中心化"成为一种公共治理的发展趋势。但是在这种情况下，权力的相对分散并没有导致政府社会责任的转移。同时，公私合作的模式还可能进一步导致"委托—代理"问题的恶化。按照契约论的观点，政府本身就是代为处理共同体问题的组织，而政府又将本应由自己处理的问题再交由私人组织处理，在不断延长的"委托—代理"链条中，最终受益人民众的监管成本以及机会成本逐渐增加。[1] 为了减轻权利共享过程中产生的"委托—代理"问题，政府在管理策略上发生了变化，从直接满足社会需求转变为对特定资金或者组织的管理。例如，政府可能会将部分社会需求转化为政府投资项目，以实现社会需求满足的效率最大化。但是在这个过程中，政府的社会责任并没有解除，它以预算法或招投标法等其他的形式继续存在。再如，由于特定行业的管理难以全部由政府承担，政府通过将社会管理的权力下放给部分的非政府组织以最终实现社会需求的满足，如行业协会。但是，政府仍然通过各种方式监管着行业协会的行为。例如《反垄断法》第 21 条规定，行业协会不得组织本行业的经营者从事本章禁止的垄断行为。这种监管方式的转变在市场监管领域也同样普遍存在，如上文列举的对行业协会的监管。

　　综上所述，政府的社会责任在起源之初与义务的含义相同。伴随着法律制度的出现，最重要的社会需求被上升为法律，并通过处罚违法者的方式保障重要的

---

　　〔1〕　参见［美］唐纳德·F. 凯特尔：《权力共享：公共治理与私人市场》，孙迎春译，北京大学出版社 2009 年版，第 31 页。

需求能够实现。此时，政府的社会责任是指权力主体违反这类法律之后的不利后果。而如果将视野移转到市场监管领域，有关权力主体的社会责任就是权力主体在违反有关市场监管法律法规后应该承担的不利后果。同时随着社会需求的膨胀，权力主体社会责任的内涵发生了变化，因部分社会需求由其他非政府组织满足，政府的社会责任转变为对资本或非政府组织进行控制的要求。

2. 明确违法权力主体社会责任的必要性分析

在分析完毕权力主体社会责任的含义以及当代发展之后，自然而然需要进一步回答的问题是，为什么需要明确违法权力主体的社会责任呢？权力主体的职责能够通过其他的方式，如政治问责或者道德压力实现吗？实质上，这些问题的讨论都在指向一个中心：法律相较于道德或者政策有什么优势？

相对于道德，法律具有可控性、强制性和明确性等特征。在讨论法律相较于道德的优势之前，我们需要首先明确法律与道德是不同的范畴。当代法理学道德与法律的关系在自然法学者与实证法学者的眼中是非常有争议的话题，本书并无意开展讨论。后文采取实证主义的视角展开论述。

首先，法律相较于道德具有可控性。道德也有相应的规范内容，只是某一个特定社群的集体意识形成是非常漫长的过程。哈特认为在前法律社会中，由于仅仅存在施加义务的道德规则，因此存在诸多缺陷，其中一个缺陷就是这种社会持有的静态性格。由于不存在可以变更规则的方法，道德规则的变动是非常缓慢的，而解决这个问题的关键是引入变更规则。[1] 可见，法律制度相较于道德规则而言具有可控性，能够通过人为颁布法律的方式使得有关规则建立或者改变。在市场监管领域，市场瞬息万变，如此之快的市场演变当然需要更加可控的法律制度担任政府施政的工具。

其次，法律相较于道德具有强制性。在社会学结构功能主义学者眼中，社会事实是外在与个体独立存在的。社会事实对个体具有强制力，而道德作为一种社会事实，也能在某种程度上对个体施加控制。迪尔凯姆认为社会公德通过对公民行为的监督和自身拥有的特殊的惩罚来制止一切侵犯纯道德准则的行为。[2] 但是，法律制度的强制力与道德的强制力相比是完全不同的概念。法律制度通过国家机器得以强制实施，而非通过社会压力等其他方式，法律制度的强制效力比道

---

[1] 参见 [英] 哈特：《法律的概念》，许家馨、李冠宜译，法律出版社 2011 年版，第 88 页。

[2] 参见 [法] E. 迪尔凯姆：《社会学方法的准则》，狄玉明译，商务印书馆 2009 年版，第 24 页。

德更明显和直接。

最后，法律相较于道德具有明确性。就算是在非成文法国家仍然也有明确的判例以供参考。道德被视作是同质化社群所接受的一套行为准则，被群体所普遍接受的行为准则必然具有一定的模糊性，否则就难以具有足够的兼容性容纳足够多的个体并最终成为某一类个体的信念。现代市场经营追求效率，不明确的规则只能导致效率低下，所以，道德压力与现代经济发展本身就是冲突的。根据上文的论述，某些重要的社会需要难以通过道德压力满足。这些社会需要具有紧迫性，如维护市场秩序，如果通过道德压力实现，很可能会造成难以弥补的损失。而且因为某些社会政策会牵涉的既得利益群体，相对柔性且不明确的道德规则在某些社会群体的阻挠下难以发挥足够的效力。就此，法律具有足够的独特性与优势，使得在完成重要社会需求时更为有力，特别是市场监管领域的政策需求应当通过法律的形式而非道德压力的形式实现。

相对于政策，法律具有稳定性，法律制度相较于政策更具有稳定性，因而能够发挥更显著的社会功能。拉兹认为法的功能可以分为规范功能与社会功能，其中对个人产生影响的法的规范功能包括告知、指引、评价、预测、教育和强制等功能。[1] 社会功能建立在规范功能基础上，探讨法律对社会产生的影响。社会功能又分为直接功能（direct functions）与间接功能（indirect functions），二者的区别主要在于它们发挥功能的途径不同。直接功能是通过法律的遵守和适用来确保法律功能的实现，根据作用对象不同还可以分为主要功能（primary functions）与次要功能（secondary functions）。主要功能主要包含防止不利行为并保障有利行为、为私人安排提供便利、提供服务和福利以及解决法无规定的争议。间接功能主要包含修改并执行法律程序。而当法律发挥间接功能时，需要法律首先影响人们的态度、情感和观念等方面，进而对社会产生影响。[2]

公共政策虽也具有告知、指引、评价、预测、教育和强制等功能，但是由于公共政策会随着社会经济生活的变化而不断更新，这种不稳定性阻碍了通过对个人的影响建立与社会的互动的可能。尽管公共政策在一定程度上或具有某些直接

---

〔1〕 *See* J. Raz, *On the function of law*, in A. W. B. Simpson ed., Oxford Essays in Jurisprudence (2nd, series), Oxford University Press, 1973, p. 280. 转引自张文显主编：《法理学》，高等教育出版社 2018 年版，第 78~79 页。

〔2〕 参见 ［英］ 约瑟夫·拉兹：《法律的权威》，朱峰译，法律出版社 2005 年版，第 145~148 页。

社会功能，但是由于作用时间短且效力等级低，难以在人们心中形成稳定的法信念。相反，稳定的法律制度更容易在人们心中形成一种遵守义务的内在面向。哈特认为义务是具有内在面向（the internal aspect）的。被承认规则（a rule of recognition）正当化的制度使被规制主体将这个制度所指引的行为视为整个群体必须遵守的行为。这种必要性并非来自外部的强迫或者对结果的预测，而是来自批判性反思。[1] 因此，更加稳定的法律能够发挥更加显著的社会功能。如果权力主体需要完成的社会需求能够固定为法律制度并得以稳定地实施，那么将指引行政机关在做出形成行政决定时充分考虑市场主体的需求。并且这种制度安排一旦形成信赖利益将为私人之间的生活提供便利，例如，有关广告监管的规则可以便利经营者推销商品。长此以往人们对有关法律制度的信任足以形成一种官民协助的良好政治氛围，进而最终实现市场运行效率和政府行政管理效率最大化的目标。

综上所述，法律制度相较于道德具有可控性、强制性、明确性等优点，相较于政策具有稳定性的优点，因此在要求政府满足市场需求时应以法律作为制度设计的基础。

另外，就市场监管领域而言，在已有的对市场监管权力的制约机制下，市场监管主体承担的责任通常仅包括责令改正、行政处分等方式。这些责任形式相较于被监管者所承担的责任而言程度较轻且形式较为单一。并且，这些责任形式在法律上仅体现为一个模糊的概念，有待进一步细化。[2] 甚至在某些领域，虽建立起了对市场监管权力的制约框架，但责任机制的缺位使得该制约机制无法有效发挥对市场监管权的有效监督。例如，《公平竞争审查制度实施细则》建立了对政策制定机关的监督举报机制，但其还应在公平竞争审查制度法制化的基础上构建相关责任机制，通过建立责任制度，做到责任可追溯。因此，我国法律有必要进一步明确和拓展市场监管主体滥用权力或不作为时的责任形态与承担方式，以使市场监管权力制约机制能够形成对市场监管部门的有效监督。

3. 违法权力主体社会责任的内容与表现形式

基于前述关于权力主体社会责任内涵发展和必要性的讨论，可以确定在当代强调依法治国的法治背景下，将违法主体的社会责任以法的形式予以明确并得到

---

〔1〕　参见［英］哈特：《法律的概念》，许家馨、李冠宜译，法律出版社2011年版，第78~86页。

〔2〕　参见焦海涛：《经济法责任制度再释：一个常识主义立场》，载《甘肃政法学院学报》2016年第3期。

严格执行是刻不容缓的。然而，通过考察我国目前关于市场监管的社会责任规范（见表5-1），我们可以发现其中关于监管机构的责任规范是存在明显缺失甚至匮乏的。如《证券法》第十三章关于法律责任的部分，从第180条开始用了近40条细述证券公司、发行人、保荐人等相应违法后果，却仅用第216条来概括国务院证券监督管理机构违法监管时直接负责人的相应责任，并以第217、219条提示其他法律的适用可能。这很大程度上源自我国历史上长期以来的国家本位的思想影响。在传统计划经济体制下，国家权力几乎直接参与和掌管社会经济活动的方方面面，过去很长一段时间内以来对个人利益的不重视和个人利益应当绝对让步于国家利益的价值导向，"过分强调权力的至高无上地位和个人的绝对服从。"[1]

表5-1　现行法中违法市场监管权力主体的主要责任

法律规范	违法行为	责任形式
《价格法》	第45条越权定价调价或不执行法定措施	责令改正，并可以通报批评；直接责任人行政处分
	第46条价格工作人员提示规定	提示刑事责任；处分
《反垄断法》	第61条行政垄断	由上级机关责令改正；直接责任人处分；向上级机关提出依法处理建议
	第66条执法工作人员提示规定	提示刑事责任；处分
《反不正当竞争法》	第30条、第31条工作人员提示规定	提示刑事责任；处分
《消费者权益保护法》	第61条工作人员提示规定	由所在单位或上级机关行政处分；提示刑事责任

---

〔1〕　薛克鹏：《论经济法的社会本位理念及其实现》，载《现代法学》2006年第6期。

法律规范	违法行为	责任形式
《食品安全法》	**第142条、第144条**安全事故处理不及时；未及时整治；隐瞒谎报等	直接责任人记大过处分；降级或撤职；开除处分；引咎辞职
	第143条、第145条未健全监督、监管职责，未落实责任制等不作为	直接责任人警告；记过；记大过处分；降级或撤职处分
	第146条违法检查强制执行等	赔偿；直接责任人处分
《产品质量法》	**第65条**工作人员提示规定	行政处分；提示刑事责任
	第66条违规收取费用或超量样品	由上级或监察机关责令退还；情节严重的，直接责任人行政处分
	第67条违法推广参与产品经营	由上级或监察机关责令改正，消除影响，没收违法收入；情节严重的，直接责任人行政处分
	第68条工作人员提示规定	提示刑事责任；行政处分
《电子商务法》	**第87条、第88条**工作人员提示规定	提示治安管理处罚；提示刑事责任
《旅游法》	**第109条、第110条**工作人员提示规定	提示刑事责任；处分
《广告法》	**第71条**违法作出审查批准决定	直接责任人处分；提示刑事责任
	第72条发现、接受举报投诉后未依法查处；提示规定	直接责任人处分；工作人员处分；提示刑事责任
《证券法》	**第187条**工作人员违反禁止交易规定	责令依法处理非法持有股票或其他股权性质证券，没收违法所得，罚款，处分
	第217条工作人员提示规定	提示法律责任
	第219条提示规定	提示刑事责任

续表

法律规范	违法行为	责任形式
《刑法》	第 219 条【侵犯商业秘密罪】；第 253 条之一【侵犯公民个人信息罪】；第 387 条【单位受贿罪】	对单位判处罚金，对直接责任人拘役，有期徒刑，罚金等
	第 397 条【滥用职权罪】【玩忽职守罪】；第 408 条之一【食品、药品监管渎职罪】	工作人员拘役，有期徒刑等

此外，就监管机构的责任承担来看，我国现行法中权力主体违法时社会责任主要表现在对内部的主要负责人及其他直接负责人员的行政处分，监管机关本身的社会责任被忽略。[1] 其背后实质折射的是对上述国家本位的进一步拓展，即监管机构是被拟制的人格，其实际操作的是主管人员和其他责任人员，故在责任上应当对后者进行处罚；而监管机构基于人民的委托是不会犯错的，监管不当中的危害行为实际上脱离了监管主体本身的利益意志范围，该结果应当交由个人买单而非权力主体。

问题是，即使考虑到经济法中政府的介入本身出于对市场自我调控的有限性，这并不意味着权力主体本身的绝对正确而不可责。无论是市场个体还是任何社会组织，包括政府在内的权力主体，其本身都不可避免地具有追求自我利益最大化的天性，权力主体可能在其应履行的国家意志之外形成自身内在的为本单位成员的经济福利的自我意志。[2] 完全将国家利益混同为社会利益的代表，而忽视对其执行机关自利性的规制，将导致监管主体的法定义务和职责最终无法有效执行，出现社会利益的实际阙如，缺乏责任在手段上的辅助，权利和义务的目的也将难以实现。[3] 故应当明确和丰富以权力主体整体名义承担的责任。

就前述被法律固定下来的社会责任的表现形式的分类来看，理论和实践中存在着多种方法。传统观点采用的是按照其主要违反的法律规范的性质，区分民事

---

〔1〕 参见郑海峰：《经济法中政府的双重角色及其法律责任的实现》，载《山西师大学报（社会科学版）》2014 年第 S3 期。

〔2〕 参见黄晓亮：《论我国"单位犯罪"概念的摒弃——以域外比较为切入点》，载《政治与法律》2015 年第 3 期。

〔3〕 参见薛克鹏：《经济法基本范畴研究》，北京大学出版社 2013 年版，第 289 页。

责任、行政责任、刑事责任和经济法责任，甚至违宪责任；[1] 一种观点认为市场规制主体在传统法外对其不当规制主要应承担经济法上的国家赔偿责任和补偿责任；[2] 也有观点认为对于违反市场监管相关义务或滥用经济权力的行为，其责任的承担关键在于其损害的对象，区分对个体承担的社会责任和对整体承担的责任；[3] 此外，亦有观点依据责任关系的功利性和道义性，从责任目的的角度将责任形式区分为补偿和惩罚两类。[4]

本书以为，仅以部门法为基础对法律责任进行大块的划分，其意义不大，各个部门法之间存在着交叉和提示规定，且将部门法割裂为三大块或四大块本身也存在争议，或有未穷尽之嫌。社会责任作为权利和义务的保障手段，应注重对目的把握，侧重其救济、惩戒和预防等功能性价值的实现。

（1）修正性责任。该类责任主要是从监管主体行为的合法性角度出发，其目的首先在于维护良好的监管行为秩序本身，当然其也会反射性地实现对监管受害者的行为救济效果。就责任的具体形态而言，包括撤销、重作、变更（责令改正）以及实际履行。我国行政复议法在受案范围中明确涉及诸多与市场经营性行为相关联的监管，复议机关可以对此作出要求原监管机关限期履行或撤销、变更、确认违法的决定；相应的，依行政诉讼法司法机关也可以判决撤销或部分撤销、重新作出行政行为，并可以对部门不作为的监管判决限期作出，也即实际履行。

（2）救济性责任。救济性责任主要是从受害人角度，意在实现对其损害的基本救济，尤其是财产性上的救济。其中最常见的形态是之前着重讨论的国家赔偿中的行政赔偿，在此不再赘述。此外，对于最终主要责任在市场经济主体的部分情形，由于该肇事的经济主体往往赔偿能力有限，且造成的往往是大规模微型侵害，受害者通过诉讼救济的时间成本过高、诉讼意向不强，导致最终常常难以获得及时救济甚至完全无法获赔。对此，可以考虑引入监管主体的先行赔付责任，通过设置或组织专项赔偿基金的方式，保障受害者的权利救济，实现实

---

[1]　参见王成栋：《政府责任论》，中国政法大学出版社 1999 年版，第 17 页。当然，由于此为市场监管的语境下讨论监管主体的责任，民事责任一般很少出现。

[2]　参见焦富民：《论经济法责任制度的建构》，载《当代法学》2004 年第 6 期。

[3]　参见刘水林：《经济法责任体系的二元结构及二重性》，载《政法论坛》2005 第 2 期。

[4]　参见孙笑侠：《法的现象与观念》，群众出版社 1995 年版，第 202~213 页；张守文主编：《经济法学》，北京大学出版社 2018 年版，第 73~74 页。

质正义。

（3）惩罚性责任。监管机关监管不当不仅会造成监管秩序的破坏和可能的权利损害，还会导致公众对于监管主体的信任降低，对违法监管的遏制也离不开惩戒性的责任形态。首先，为促进公信力的恢复，可以引入公开道歉的方式。民事主体中的公开道歉往往是出于对受害人道义上名誉的行为救济，但是在市场监管领域，监管违法可能影响到的不限于私人主体，还可能波及整个社会法益，也正是基于这种社会性，公开道歉意在挽回和澄清监管主体受社会契约委托的基本信誉，履行对社会公共利益的责任而非局限在对个体权利一隅。与此同时，上级机关或其他责任权力主体也可以对其进行通报批评，如《行政诉讼法》第 96 条就规定了司法机关对行政机关拒绝履行判决、裁定的情况公告措施，由此实现对其的外部名誉惩戒。当然，其他权力主体之间也可以基于同样的机理，通过建议等方式向违法权力主体的上一级进行相关通报。

除上述名誉上的惩戒之外，罚金也是监管主体的惩罚性责任之一。目前，刑法上的单位犯罪在责任上分为只处罚责任主体的单罚制和同时对单位科以罚金的双罚制。其中仅单位受贿罪明确了国家机关作为犯罪主体的可能性，并在处罚设置上对单位安排了相应的罚金。而对于其他单位犯罪，国家机关能否作为犯罪主体存在较大的分歧。反对观点的主要理由在于，国家机关代表着国家的意志，这种意志显然是不应当作为犯罪意志进行否定的。换言之，此观点是站在前述国家本位的视角考量；此外，对国家机关的罚金处罚最终是来自国家财政，难以实现刑罚效果。[1]另外也有学者指出，将权力机关的责任交由其工作人员代为承担的安排，主要是考虑到权力主体负有持续性维护社会公益之义务的无奈之举。[2]

但本书认为，在承认任何组织都具有自利性的背景下，当能够判断不当监管行为来自监管主体本身意志时，对其予以罚金的相应惩罚并无不妥而是十分必要。该罚金虽最终不可避免地来自国家财政，但其无论是形式表象还是实际操作中都存在相应的资金流通，仍然是财产的相对性转移，且财产的转移与否关键在于圈定的范围，若将视角放在整个世界经济市场，或许还会得出整个社会财产守

---

〔1〕 参见马克昌：《"机关"不宜规定为单位犯罪的主体》，载李洁、张军、贾宇主编：《和谐社会的刑法现实问题》（上卷），中国人民公安大学出版社 2007 年版，第 12 页。

〔2〕 参见张守文：《经济法学》，中国人民大学出版社 2018 年版，第 79 页。

恒的结论，不能因此而否认罚金的惩戒形式。相反，虽然监管主体可能通过对内追偿的方式将最终财产损失确定给具体主管人员，但其对外性的罚金记录将导致名誉、业绩等方面的减损，适当地引入罚金惩戒，将有利于监管主体内部的自我检讨和自我管理。